Retazos de mi vida

testimonio de una revolucionaria salvadoreña

```
. . . . . . . . . .
:colección:
:contexto:
. latinoamericano .
. . . . . . . . . .
```

*Con*texto Latinoamericano es una revista trimestral de análisis político publicada por la editorial Ocean Sur. Su propósito es fomentar y divulgar el intercambio de ideas entre los líderes y activistas de los partidos, organizaciones y movimientos políticos y sociales de la izquierda, con la participación de especialistas de las ciencias sociales, comunicadores y artistas comprometidos con la emancipación de los pueblos de América Latina y el Caribe.

En esta ocasión, la revista ofrece a sus lectores una colección de textos sobre política, historia, sociedad, economía, cultura, medioambiente, género y otros temas de interés. Valiosas reflexiones en ensayos, artículos, entrevistas y testimonios, dan vida a esta nueva serie de Ocean Sur.

Retazos de mi vida
testimonio de una revolucionaria salvadoreña

Lorena Peña Mendoza

Editorial Morazán

ocean
sur

una editorial latinoamericana

ISBN: 978-1-921438-42-4

Library of Congress Control Number: 2009920344

Primera edición 2009

Impreso en México por Quebecor World, S.A., Querétaro

PUBLICADO POR OCEAN SUR

OCEAN SUR ES UN PROYECTO DE OCEAN PRESS

México: Juan de la Barrera N. 9, Col. Condesa, Del. Cuauhtémoc, CP 06140, México, D.F.
                        E-mail: mexico@oceansur.com ▪ Tel: (52) 5553 5512
EE.UU.:   E-mail: info@oceansur.com
Cuba: E-mail: lahabana@oceansur.com
El Salvador: E-mail: elsalvador@oceansur.com
Venezuela: E-mail: venezuela@oceansur.com

DISTRIBUIDORES DE OCEAN SUR

Argentina: Cartago Ediciones, S.A. ▪ Tel: 011 4304 8961 ▪ E-mail: info@cartago-ediciones.com.ar
Australia: Ocean Press ▪ Tel: (03) 9326 4280 ▪ E-mail: info@oceanbooks.com.au
Bolivia: Ocean Sur Bolivia ▪ E-mail: bolivia@oceansur.com
Chile: Editorial La Vida es Hoy ▪ Tel: 2221612 ▪ E-mail: lavidaeshoy.chile@gmail.com
Colombia: Ediciones Izquierda Viva ▪ Tel/Fax: 2855586 ▪ E-mail: ediciones@izquierdaviva.com
Cuba: Ocean Sur ▪ E-mail: lahabana@oceansur.com
Ecuador: Libri Mundi, S.A. ▪ Tel: 593-2 224 2696 ▪ E-mail: ext_comercio@librimundi.com
EE.UU. y Canadá: CBSD ▪ Tel: 1-800-283-3572 ▪ www.cbsd.com
El Salvador y Centroamérica: Editorial Morazán ▪ E-mail: editorialmorazan@hotmail.com
Gran Bretaña y Europa: Turnaround Publisher Services ▪ E-mail: orders@turnaround-uk.com
México: Ocean Sur ▪ Tel: 5553 5512 ▪ E-mail: mexico@oceansur.com
Perú: Ocean Sur Perú ▪ Tel: 330 7122 ▪ E-mail: oceansurperu@gmail.com
Puerto Rico: Libros El Navegante ▪ Tel: 7873427468 ▪ E-mail: libnavegante@yahoo.com
Venezuela: Ocean Sur ▪ E-mail: venezuela@oceansur.com

ocean
sur

www.oceansur.com
www.oceanbooks.com.au

Índice

Prólogo   1
   Roberto Lorenzana

Prólogo   7
   Doris Tijerino

Presentación   11
   Iosu Perales

Primera parte
   Mi retaguardia estratégica   17
   El tío abuelo   24
   Mi abuelita Anita   25
   El Padre Juan de Planke   26
   La magia de mis hermanas y mi hermano   27
   El despertar de la conciencia   29
   Mi hermano Felipe   31
   Mi primer «encuentro» con la Guardia Nacional   34
   Las fresas de la amargura   37
   La complicidad del jardín   41
   La iniciación en la guerrilla (trabajo o estudio)   42
   Adiós a la niñez y a la casa materna   44

Segunda parte

De la independencia a la guerrilla 47

Las FPL 51

Vladimir, maternidad y guerrilla 54

A más represión, más lucha 58

Duelos clandestinos 61

Incursión en el mundo del proletariado 64

Eva, Francisco y Antonio 68

Eva 71

Francisco 72

Antonio 72

Tercera parte

Nuevas responsabilidades, nuevos conflictos 75

Un maestro que llegó a Comandante 76

La escuela clandestina y Ruth 77

Vivencias en Nicaragua y Cuba 79

Sara 88

Martín 89

Cuarta parte

Por primera vez en el Frente Occidental 91

La ofensiva del 10 de enero de 1981 97

Vietnam 106

Quinta parte

Comandante Guerrillera en el Frente Paracentral 113

Un buen equipo 122

«Quitar el agua al pez». La persecución del pueblo 124

En el cerro de Guazapa. Julio de 1985 130

Graciela 132

Una flecha clavada 133

Inés Duarte 136

El operativo Fénix 138

Adiós a Susana 143
El «dentista veterinario» 145
Carlitos 147
Ana Virginia, Vladimir y Adriana. Managua 1987-1988 149
De regreso al Frente Occidental Feliciano Ama, 1988 157
Samuel 160
Se prepara una nueva ofensiva estratégica 164
¡Al tope y punto! 166
Viuda 176
Por fin en «La Gloria» 177

Séxta parte
Un cambio drástico: de guerrillera a diplomática 181
Un reencuentro diferente del soñado 183
Comienza la negociación estratégica 188
Rodrigón 193
México lindo y querido… 193
Las mujeres estábamos despertando 195
La guerra tocaba a su fin 196
Jesús Rojas «Chusón» 198

Séptima parte
Chapultepec… el gran final… la paz… la esperanza 201
De vuelta a casa 205
Las Mélidas 209
Las Mélidas, Mélida por siempre 212
Dieciocho años después 213
La Huelga de Hambre 215
La red de colaboradoras 221
Pilar, Dolores y Bego-Bego 223
El horizonte entró en duda y apareció
    un enorme abismo 225
La Señora Diputada 227
Doris Tijerino 232

Octava parte

Las batallas del siglo XXI 235

Schafik Handal 237

La oficina en el Cementerio 239

Los Peña y los Mendoza 241

Angelita 244

Epílogo 248

Anexo 251

Notas 255

Prólogo

"La historia que no se escribe no existe"

Han transcurrido dieciséis años de la finalización del conflicto armado, casi treinta años desde el golpe militar de 1979 que marcó el fin de los gobiernos del Partido de Conciliación Nacional y casi cuarenta años de la guerra entre El Salvador y Honduras, que sin ser la causa fundamental, abrió un nuevo momento político en la izquierda salvadoreña, de mayor pluralidad y de maduración de la opción armada como forma de lucha en nuestro país.

A este período de cuarenta años se refiere Lorena en *Retazos de mi vida*, un libro escrito mediante el ejercicio de la memoria que reconstruye la vida de una revolucionaria salvadoreña y su visión sobre el desencadenamiento, desarrollo y desenlace de la lucha popular y revolucionaria en lo que ha venido a ser la época más apasionante e importante de la historia política en nuestro país después de la independencia de España.

Lorena es el forjamiento de la mujer salvadoreña en el taller de nuestra cultura, de nuestra idiosincrasia y de nuestra sicología. Lorena es el producto de la conciencia social que se origina en el hogar y en la escuela y las cualidades que desarrolla en la lucha política son valores creados y cultivados en una familia inigualable por su espíritu de sacrificio, solidaridad, identidad con los pobres y resistencia a la injusticia.

Cuántas Lorenas hay en nuestra historia reciente que son conocidas o que han quedado en el anonimato, cuántas mujeres se sacrificaron dejando la comodidad de sus hogares, la alegría y el cariño del grupo familiar, cuántas mujeres abandonaron sus estudios para entregarse a los demás, cuántas mujeres como Lorena perdieron sus hermanos en la lucha, cuántas mujeres parieron a sus hijos y las circunstancias históricas se los arrancaron para no exponerlos y poder dedicarse a la gran tarea revolucionaria, cuántas mujeres combinaron angustias, limitaciones, amores, dolores profundos, satisfacciones por las victorias, cuántas mujeres heroínas tenemos que ahora cuando se vuelve la mirada hacia atrás podríamos hasta pensar que lo que hicieron nos parecería imposible que pudieran realizarlo. Pero lo hicieron con convicción, con devoción y con entusiasmo.

Este libro no sólo describe la vida de Lorena, también sintetiza el testimonio de las mujeres revolucionarias salvadoreñas, su heroísmo, su valentía, su entrega, su disposición al sacrificio y su indignación ante cualquier manifestación de injusticia. Una revolucionaria es una mujer que persigue los sueños todos los días de manera apasionada y apasionante, una mujer que se entrega a lo que cree, que le indigna la injusticia, que tiene un sesgo a favor de los de abajo, que cree en la solidaridad y la practica, que se sacrifica cuanto sea necesario para alcanzar los objetivos de la lucha, que estudia para enriquecer el pensamiento y hacer de las ideas una fuerza efectiva y transformadora, que ve con rigor crítico la realidad y su propio quehacer, que descubre la alegría y el sentido de la vida en medio de las adversidades, una mujer revolucionaria es aquella que cambia y trabaja por los cambios como eje de su conducta cotidiana. Ésta es Lorena, yo le conozco pero de nuevo la descubro en este texto que de manera pedagógica y hasta jodedora describe sus rasgos y su vida en una conjunción indisoluble con nuestra historia, con lo mejor de nuestra historia.

Santa Ana, Chalatenango, San Salvador y San Vicente son los departamentos que marcaron huella en la vida guerrillera de Lorena y sin duda donde se sintieron más sus aportes de conductora político-militar y social.

Lorena nació a la vida política como luchadora social; de origen estudiantil, urbana, forjada con el pensamiento católico progresista, esto último fue también un rasgo fundamental de las Fuerzas Populares de Liberación (FPL). Lorena fue receptiva a las primeras influencias en su educación básica recibida en el colegio Sagrado Corazón y su posterior relación en su ciudad, la ciudad de San Salvador, con diferentes líderes católicos, entre los que destaca Monseñor Rosa Chávez a quien conoció como seminarista y de quien como lo relató después una de sus hermanas, Ana Margarita, estaba enamorada.

San Salvador fue la cuna que forjó la convicción social y política de Lorena para llevarle a la lucha revolucionaria, fue el escenario que le permitió desarrollar una agudeza táctica y conspirativa, fue la escuela de su pasión política como característica permanente de su personalidad.

Santa Ana fue el escenario de trabajo de Lorena para la ofensiva de 1981 que habría sido concebida como la ofensiva final, pero que en realidad fue el primer esfuerzo estratégico del FMLN en que participaron de todas sus organizaciones. En este titánico esfuerzo Lorena se gradúa de estratega en la conducción de un frente guerrillero que más parecía en ese momento un frente de masas por la composición de sus fuerzas y la novatez de la mayoría de sus miembros.

A Chalatenango Lorena lo define, sin decirlo, como la retaguardia estratégica, como el santuario de su organización; esto queda reflejado en la visión de zona liberada que define en las páginas que le dedica, en la comodidad y seguridad que se refleja en su estadía y particularmente en la estabilidad de la conducción estratégica de su organización desde la geografía chalateca.

San Vicente fue para Lorena su principal postgrado de comandante guerrillera, el escenario de consolidación de su liderazgo político-militar, al estar al frente de una organización poderosa, masiva, con enormes raíces populares de apoyo, con control político de un territorio expandido y con una fuerza militar consolidada. En esta zona Lorena conoce a Medardo González con quien conduciría conjuntamente de manera alterna el Frente Paracentral Anastasio Aquino.

Lorena vuelve a San Salvador en los últimos años de la guerra, a su periferia, en el volcán de San Salvador desde donde el FMLN orientó sus comandos urbanos, el movimiento social y sus estructuras logísticas.

En más de una ocasión teniendo la oportunidad de escribir con Lorena algunos documentos políticos, siempre observé su capacidad de elaboración, su habilidad de redactora y la belleza creativa de su formulación escrita. Hoy, que me toca comentar este trabajo, ratifico lo anterior y no me queda duda que hay en ella una gran escritora, que está plenamente descubierta amalgamada por el arte de la guerra y el arte de amar.

En diferentes pasajes del libro se encuentran figuras literarias o simplemente anécdotas y pasajes de la vida que por sí solos reflejan la identidad con la belleza, su imaginación creativa, su amor por la literatura. Me sorprendió por ejemplo, la pintada del pelo del compañero *Carabina* como arte del camuflaje, su pasión por la jardinería que la llevó a tener una colección de orquídeas en la zona del conflicto, la búsqueda de los mejores libros de la literatura universal en medio de la guerra y por supuesto el valor altísimo del deleite intelectual, que la llevo a sacrificar cualquier cosa en la mochila por un libro de Gabriel García

Márquez que, aunque no lo menciona con nombre y apellido, si
sé que lo disfrutó en la profundidad de la montaña.

Un día, cuando hablábamos sobre una posible candidatura
a alcaldesa de Lorena por San Salvador, Schafik la definió como
la compañera que tenía el mayor olfato político (en el frente) y
la mayor agudeza critica dentro del partido. Me lo decía porque
confiaba en ella y aprendía de ella, me lo decía por su capacidad
de anticiparse a los acontecimientos y penetrar a la profundidad esencial de las cosas, muy lejos de su superficie; este pensamiento de Schafik es la valoración que otros tenemos de ella.
Sin duda así es Lorena, así son sus cualidades, no sé si innatas,
pero si dominantes en su personalidad. Hoy, estas cualidades
expresan toda su fuerza en estas páginas y espero que la lleve
consigo para siempre.

Roberto Lorenzana

Prólogo

*La memoria histórica es un patrimonio de
los pueblos que hay que defender...*
Adriana Chiaia

Hace ya más de una década que no se siente que la lucha guerrillera camina por América Latina. Los tiempos han cambiado aunque la miseria y la injusticia sigan siendo el pan nuestro de cada día. Hoy los antiguos guerrilleros y guerrilleras se ocupan de la transformación de nuestros países por otros métodos, muy distintos a los del siglo pasado. Algunos son presidentes, ministras, diputados, senadores, concejales y concejalas, lideres sociales, dirigentes de ONGs... etc, aunque muchos también deambulan por las calles agobiados por el desempleo y el abandono, cuando no por el estigma. En esto último, las mujeres llevan la peor parte. Pero ya la vida no pende de un hilo ni depende de la frágil seguridad de la vida clandestina.

Para llegar a estos tiempos cuánta sangre derramada, cuánto sacrificio invertido, cuánto dolor ofrendado. Todavía las madres de la Plaza de Mayo continúan la búsqueda de sus hijos e hijas desaparecidas y también de la de sus nietos nacidos en las cámaras de torturas y arrebatados a sus madres combatientes para darlos en adopción a cualquiera, a desconocidos.

A las mujeres nos fue especialmente dolorosa nuestra participación en la lucha. Muchas debimos abandonar a nuestros tiernos hijos para incorporarnos a la gesta de derribar las tiranías y conquistar la libertad. Otras ni siquiera llegaron a tenerlos por las exigencias de la dura vida de las combatientes y hoy, las que lograron sobrevivir, son mujeres solas, acompañadas únicamente de sus recuerdos y añoranzas.

Pero nos sentimos inmensamente orgullosas de haber estado en la primera línea de la lucha por la libertad. Somos las pioneras de la participación política de las mujeres. Abrimos el camino para la conquista de los derechos de las mujeres en la América Latina. Por eso es importante contar nuestra historia. Para que no se invisibilice nuestro aporte. Y eso es lo que hace en este libro Lorena Guadalupe Peña Mendoza, combatiente y jefa guerrillera del FMLN.

Ella, puesta en el dilema de arriesgar la vida de su hijo, optó por entregárselo a su madre pero sintiendo que le quitaban «un brazo o la cabeza sin anestesia». Pasó mucho tiempo como de luto y debió refugiarse en su formación ideológica para encontrar fortaleza y conformidad.

Como militante de las FPL, desde el inicio asumió sus tareas revolucionarias con una entrega total, como solemos hacer siempre las mujeres cuando nos comprometemos. Esto la llevó al Comité Central, máximo órgano de dirección del Partido. La jovencita de veintidós años fue electa al Comando Central y a partir de allí se ocupó de nuevas tareas, asignadas en razón de su alta responsabilidad. Pero como siempre, tuvo que pagar un alto costo: el divorcio. Su amor, su compañero de vida manifestó su inconformidad con la mampara de los celos. Puesto en la encrucijada, aquel hombre que sí le ayudaba con el hijo a cambiarle los pañales, hacerle la pacha y que en general compartía el trabajo doméstico, no supo ser soporte y apoyo para que ella cumpliera con la máxima eficiencia el trabajo político. Pero el colmo es que el partido se tomó la atribución de «discutir» el caso de la separación bajo el prisma de que él era campesino y ella pequeño burguesa y por eso había perdido la perspectiva revolucionaria. Entonces, además del divorcio, se ganó una sanción.

Pero su trayectoria continuó imparable. Con el corazón en un puño —por la separación de su hijo; la clandestinidad y cárcel de su padre; la muerte de sus hermanos y de muchísimos compañeros y compañeras a los que amaba entrañablemente— fue jefa guerrillera, docente, responsable de la salud de la tropa y también se dio el espacio para un nuevo amor. Ella lo describe mejor:

> En el Frente Paracentral me curtí como guerrillera rural, llegué a ser parte del paisaje, aprendí a diferenciar algunas especies de árboles y otras plantas, a caminar de día y de noche hasta 10 ó 12 horas seguidas. A poner bien mi hamaca y a hacer algunos nudos. Trabajé en el colectivo sembrando frijoles. A cargar mis pertenencias y mis armas sin mayor dificultad. Aunque siempre a paso de «Rebeca». Es decir, despacio.

Leyendo este hermoso, aunque muy doloroso testimonio me vi a mi misma en la vida de Lorena Guadalupe. También vi a otras como Celia Sánchez y Haydee Santamaría; como Tamara Bunke o Arlen Siu, Claudia Chamorro, Luisa Amanda Espinoza y todas nuestras heroicas mujeres que a lo largo y ancho de la América Indohispana —como la llamó Sandino— lucharon con las armas en la mano por un mundo mejor.

Valió la pena el esfuerzo y por eso hoy me honra y me alegra saber que esta mujer está cumpliendo con el deber de contarle a las generaciones actuales y futuras lo que sufrieron nuestros pueblos cuando las dictaduras azotaban el continente. El Salvador es un ejemplo de ello. Nosotras —las mujeres como Lorena Guadalupe— somos las artífices de los nuevos aires que recorren América Latina y eso no puede quedar en el olvido. De allí la importancia mayúscula que encierra este testimonio.

Doris Tijerino

Presentación

Este libro se lee desde la razón y desde el corazón. Provoca una oleada de sentimientos que generan empatía con su autora y protagonista, para vivir con ella gozos y tristezas, sobresaltos y épicas, en un recorrido que retrata en un primer plano a Lorena Peña y, siempre a su lado, a toda su familia movida por ese motor al que llamamos ética.

Este relato nos muestra como la inconformidad, el reverso de la comodidad, es una constante en la familia Peña Mendoza en constante búsqueda de unión con los sufrientes, de solidaridad con la gente pobre. Así, en el principio fue la ética. Lo fue porque en este viaje que comienza en los primeros años de la década de los setenta, la ética o dicho de otro modo la moral pensada, es la palanca primera. Una ética con rasgos religiosos pero a la vez con una dosis de humanismo laico, es la que empuja al hermano mayor Felipe y enseguida a Virginia, Ana Margarita y a Lorena, a comprometerse como reformadores sociales frente a una realidad de injusticias que les rompe los ojos. Junto a los cuatro hermanos, sus padres inmediatamente detrás. Como esos padres leales a sus hijos que en lugar de replegarse a una vida segura se despliegan y no dudan en compartir los riesgos, convirtiéndose ellos mismos en referencia.

Precisamente este libro me hace reflexionar sobre todo lo que significa *vivir para el otro y para los otros*. Ese otro cercano que tiene nombre y apellido y esos otros que son el pueblo, la multitud a la que no conocemos nominalmente. Vivir la vida en abierto es lo que hace la familia Peña Mendoza: en la entrega al otro, en la solidaridad con los otros, en la receptividad que confía y aprende de los demás, en el riesgo que se juega la vida, en un humanismo que no se reduce a la *idea de* humanidad sino que ama a la de carne y hueso. Esta ética es anterior a la ideología misma entendida como un conjunto de ideas o un sistema de creencias vinculadas a un proyecto político. Algo que para mí es vital, pues es lo que hace posible que cuando Lorena llega a un ideario de y para la política, lo hace para abrazarlo, para fusionarlo con unos valores previos, y por fin para interiorizarlo dotándole de una profunda calidez humana.

En la vida de la autora de este libro no hay saberes fríos, ideas envasadas en la teoría, sino ideas vivas encarnadas en la acción pero además abiertas en la relación con el mundo. Algo de extraordinaria importancia, pues no debemos olvidar que las ideologías son un arma de doble filo: abren o cierran nuestra relación con la vida, según como sean abrazadas. Nuestra ideología de izquierda, para que lo sea, plenamente, ha de ser receptiva y en permanente relación con la multilateralidad de la vida para tomar conciencia de nuestra propia necesidad de evolución, de cambio, evitando que se vuelva conservadora. Y, es justamente esta riqueza espiritual e intelectual la que muestra Lorena: una disposición permanentemente revolucionaria, entendida como movimiento, como reflexión de lo nuevo, como un remover las aguas propias, como deseo de no dejar de aprender.

En este tiempo que nos toca vivir, en el que es fácil apelar a las dificultades para transformar la realidad social, e incluso a las no-victorias electorales o de otro tipo, para justificar un cambio radical en el modo de estar en el mundo, pasando del despliegue al repliegue que significa búsqueda de la seguridad, individualismo, acumulación de bienes materiales, dinero, dispersión de valores... la vida de Lorena nos invita a seguir pensando que sigue habiendo una jerarquía de principios que merece la pena cuidar, haciendo de la ética el principal proyecto del ser humano.

En la lectura de este libro descubrimos un hilo conductor que conecta vivamente una experiencia personal y familiar con la de una izquierda latinoamericana compuesta por hombres y mujeres de variadas procedencias sociales que lo dieron todo, hasta la propia vida. Esa izquierda que estuvo en todas partes y peleó todas las batallas, la misma que sembró semillas y soñó todos los sueños es la *gran familia* de la que forma parte esa otra menor que son los Peña Mendoza. Es una historia épica y ética que ha sabido ser consecuente en la relación entre palabras y hechos, desde una infinita solidaridad con los excluidos, con los empobrecidos, con los de abajo y sus sufrimientos, sus luchas, sus anhelos y sus palabras no-dichas. La ética de los hombres y mujeres entregadas a la causa de la liberación responde casi siempre —en el caso de Lorena y su familia de forma clara— a una visión desgarrada de la realidad social y política, una visión que incubó ese otro valor al que llamamos *pasión*.

¡Cuánta de esa pasión de la que hablaba el inolvidable peruano José Carlos Mariátegui hay en los hechos que narra este libro! Si la revolución no es una ciencia sino la fuerza de la pasión traducida en una entrega hasta las últimas consecuencias a la construcción de una nueva realidad, la historia de los Peña Mendoza es una parte íntima de la historia revolucionaria de El Salvador. Sí, es la pasión lo que explica la ofrenda de la propia vida, pero es también la que nos da respuesta a la pregunta: ¿cómo han podido Lorena y su mamá Ángela sobrevivir moral e ideológicamente a tanta adversidad? Felipe, Virginia y Ana Margarita muertos en lucha contra la dictadura, el papá —José Belisario Peña— militar revolucionario, también muerto. ¿Cómo han podido? Es la pasión de ambas mujeres la que les ha conducido por la vida, el ideal de justicia y belleza lo que les impulsa, la mística como cemento invencible de sus pilares. ¿No es para maravillarse este triunfo sobre la tragedia?

En la historia de Lorena y su familia, está muy presente la tragedia. Hannah Arendt en su obra *La condición humana* vincula lo trágico a la incertidumbre sobre los resultados últimos. Ciertamente son abundantes los momentos en los que la autora de este libro vive la tragedia: al tener noticia de la muerte de su venerado Felipe, de sus amadas hermanas, de tantos compañeros de batalla; al tomar conciencia de su propia levedad, de su vulnerabilidad en las casas clandestinas, en los frentes de guerra, en la separación inevitable de sus seres queridos. Son hechos que agravan la tragedia que deviene de la propia incertidumbre sobre el desenlace final de la lucha. De todo ello nos habla Lorena en este libro que es un canto a la ética y a la pasión, un gracias a la vida, a pesar de todo. No es un ejercicio nostálgico de su autora, sino un modo de mirar hacia delante recordando de dónde viene, cuáles son sus raíces, cuáles los juramentos que prometió no romper jamás.

Iosu Perales

Para Angelita y Chepe
Felipe, Virginia y Ana Margarita

1

Mi retaguardia estratégica

Me llamo Lorena Guadalupe Peña Mendoza, nací el 20 de diciembre de 1955 en San Salvador, en el pensionado del Hospital Rosales, un lugar modesto que se pagaba en ese tiempo, según dice mi mamá. Mi madre se llama Ángela Concepción Mendoza de Peña, tiene ahora ochenta y cinco años y mi papá, que tuviera la misma edad, se llamaba José Belisario Peña. Mi mamá es originaria de San Salvador y mi papá de un pueblito que se llama Zaragoza, en el departamento de La Libertad, pero él vivía en San Salvador.

Mi mamá era una pequeña comerciante, tenía un negocio en el centro de San Salvador en el que vendía artículos del hogar, granos básicos y también artículos para fiestas, casamientos, piñatas, dulces, juguetes, bolsas y gorritos.

Mi papá tuvo diferentes etapas en su vida. Fue militar y se graduó en la Escuela de Cadetes. Sus convicciones democráticas le llevaron a incorporarse al fallido golpe de estado contra el dictador Maximiliano Hernández Martínez en 1944, por lo que le dieron de baja en el ejército y fue condenado a muerte. Anduvo huyendo e intentando nuevas revueltas contra el dictador Martínez un buen tiempo; curiosamente conoció a mi mamá cuando estaba escondido en la casa de un tío de mi mamá. Después se calmaron las cosas y se hizo técnico en cultivo de café, fue a estudiar a La Habana antes de la Revolución Cubana y más tarde trabajó en cuestiones de agricultura. De modo que su azarosa vida le llevó a tener diferentes trabajos. También participó en el gobierno del PCN,[1] siendo uno de los fundadores de ese partido, creyendo que sería la continuidad de los militares progresistas que pelearon contra el dictador Martínez.

Mis padres crecieron en el tiempo de la Gran Depresión de 1929, que golpeó severamente a El Salvador y generó un gran empobrecimiento de indígenas, campesinos y obreros, y propició la radicalización de los movimientos democráticos y progresistas de las capas medias de la ciudad. Ellos leían y admiraban a Pancho Villa y la Revolución Mexicana, sobre todo eran personas sensibles a las injusticias y de ideas muy democráticas.

Mi papá tenía un maestro político a quien admiraba mucho: el tío de mi mamá en cuya casa había estado escondido. Se llamaba Manuel Mendoza, un abogado muy cercano a las ideas democráticas, conocedor del marxismo aunque no era marxista y muy influido por toda la lucha de la revolución mexicana; mi papá lo frecuentaba y, cuando fue condenado a muerte por el dictador, se refugió en su finca, llamada Quinta El Retiro, ubicada en la periferia de San Salvador, en la salida hacia Chalatenango. En ese ambiente de esa época se conocieron mi papá y mi mamá; toda la vida de ellos, hasta que se murió mi papá estuvo vinculada a esfuerzos de mi papá, apoyados por mi mamá, por lograr transformaciones sociales estructurales en el país.

Cuando yo nací mi mamá puso el negocio y mi papá trabajaba en Contribuciones Indirectas del Ministerio de Hacienda. Éramos cuatro hermanos, yo era la menor, mi hermano mayor, Felipe, era cinco años mayor que yo, después nació Virginia que era dos años menor que mi hermano, y más tarde Ana Margarita que era un año menor que Virginia y dos años mayor que yo que fui la última en nacer. Sólo yo quedo viva.

Mi hermano Felipe murió en un enfrentamiento con la policía en San Salvador cuando ya participaba en la guerrilla en 1975. Ana Margarita fue desaparecida por la dictadura militar salvadoreña en 1981. Virginia murió combatiendo con el ejército gubernamental en 1986 en Cuevitas, Chalatenango, estaba incorporada a la guerrilla del FMLN[2] en el Frente Norte Apolinario Serrano.

Primero vivíamos en esa finca llamada la Quinta El Retiro en la periferia de San Salvador, y después en la Colonia Centroamérica donde tenemos la casa familiar desde hace cuarenta y cinco años. Yo hice la primaria en un colegio que todavía existe, se llama Centroamérica, era laico y mixto, de hombres y mujeres, en él estudiamos todas las hermanas y mi hermano. La secundaria la estudié al igual que mis hermanas en el Colegio Sagrado Corazón, un colegio de niñas, católico, de clase media y alta. En mi casa la educación primaria fue laica y mixta hasta la primaria. En la secundaria mi hermano se fue al Colegio Externado San José, que era de hombres y dirigido por sacerdotes jesuitas.

Hacer la primaria en el Colegio Centroamérica fue muy útil para mí. Daban una educación muy rígida que tenía la virtud de dar buenos fundamentos en matemáticas, lenguaje, en todas las materias; en el centro estudiaban desde hijos de presidentes a hijos de vendedores del mercado, Roquito, el hijo de Roque Dalton,[3] Florencia Castellanos cuyo papá era secretario general del Partido Comunista de El Salvador... el origen del alumnado era pluriclasista. Lo cierto es que las señoras (hermanas Echegoyen) dueñas de ese colegio tenían la idea de que el que entraba a estudiar allí no debía irse, entonces no sé cómo hacían, porque a los más pobres les cobraban menos que a los otros; no hacían un estudio de ingresos, de beneficios, no tenían preferencias clasistas.

Fue muy buena la primaria. Estas hermanas Echegoyen eran de una familia de maestros, el hermano de ellas era el fundador y director del Colegio Salvadoreño Alemán. Como el Colegio

Centroamérica llegaba solamente hasta primaria, nos cambiamos de colegio. Del Colegio Sagrado Corazón salí bachiller.

En mi familia he tenido una enorme retaguardia para mi vida. He salido y vuelto a ella siempre, sin que me falle. Y no sólo me ha acogido, sino que me dio la brújula de valores que me ha orientado en lo fundamental hasta este día.

Practicamos valores muy positivos. Mi familia ha estado siempre vinculada a las luchas democráticas y contra la corrupción, por ejemplo, mi papá la mayoría de veces que se quedó sin empleo en el gobierno fue o porque descubrió un robo y no estuvo de acuerdo y renunciaba, o porque se metía a un golpe de estado contra un dictador de turno y lo metían preso. Su activismo le llevaba a una inestabilidad personal: por tiempos trabajaba, andaba fugitivo o estaba desempleado, pero era inclaudicable en sus ideas. Mi mamá también era persistente en el sentido de apoyarlo siempre; hoy día oigo hablar de que hay depresiones en parejas porque uno de los dos está desempleado y reflexiono que aquí en mi casa no había ruido si mi papá quedaba preso o desempleado, mi mamá siempre lo apoyaba y respetaba.

El valor de la honestidad y de la solidaridad fueron muy fuertes en mi familia y hoy lo siguen siendo. Para tener una idea, basta decir que en mi casa castigaban al que delataba al otro, mi papá no admitía que un hermano pusiera queja de otro, el castigado era el que ponía la queja; por otra parte mi mamá nos llevaba a visitar y conocer las comunidades donde vivía gente con muy escasos recursos y mi papá nos llevó a ver el barrio de las prostitutas, cuando tenía yo como once años. Nos explicó claramente por qué esas mujeres estaban allí, que vida llevaban, fue una labor de concientización muy fina la que realizaron con nosotros.

Mi papá nos dejaba fumar, nos daba llave de la casa desde los once años, pero nadie abusaba, no éramos abusadores, nos enseñó a todos a manejar automóvil, entonces tuvimos por un

lado mucha libertad, por otro una educación académica muy rígida, en eso eran inflexibles. A mí nunca me dieron un sorbete
porque aprobé el grado, eso era obligatorio digamos, no había
celebración, pero eran muy flexibles en respetar bastante nuestras decisiones, en nuestra forma de autodeterminarnos y de re-
lacionarnos con la gente.

Son valores muy esenciales que a mí me han servido toda la
vida, lo de la rectitud, lo de decir siempre la verdad, la fidelidad,
la solidaridad y estar contra los que humillan a otro ser humano. Puedo decir con certeza que lo único que odio en mi vida
es la injusticia, las discriminaciones y la humillación. Y eso lo
aprendí desde pequeña con Chepe y Angelita que es como les
decíamos a nuestros padres. Así por ejemplo, Chepe (mi papá)
no era cómplice de cosas injustas. Durante un tiempo fue con-
tratado como gerente de la construcción del puerto de Acajutla,
de la CEPA;[4] en esa construcción entraban los obreros a escar-
bar el mar; un mes tenía Chepe de trabajar ahí cuando se murió
un obrero en la draga, entonces mi papá trata de gestionar la
indemnización de la esposa y se da cuenta que eso no existe,
mi papá renunció a ese trabajo y decía: «Yo no estoy mandando
a gente desprotegida a morir escarbando el mar». Así que mi
papá dimitió.

La traición como les contaba era castigada, era inaceptable e
intolerable hasta en los juegos de niñas y niños. Es para mi familia algo tan fundamental que cuando yo dejé a mi hijo Vladimir
al cuidado de mi mamá, para irme a la guerrilla, mi mamá me
dijo: «Vaya aquí lo dejas, aunque lo estén torturando enfrente de
vos no vayas hablar porque en mi casa no hay traidores, yo no
estoy de acuerdo en que dejes al niño pero si lo dejas toma nota
que aquí en esta casa nunca hemos pasado la vergüenza de tener traidores». Yo tenía como veinte años. Nos transmitían valores muy importantes y me cabe el honor de decir que mi familia

los ha practicado; es como un compromiso más allá del partido, lo más esencial en la conducta de nosotros.

Además, a pesar de las pérdidas humanas y los problemas cotidianos, hemos sido siempre una familia muy alegre, super alegre. Mi papá (Chepe) ejercía en la cuadra un liderazgo suave con todos los vecinos, él organizaba excursiones para ir al mar, no había muchos carros en ese tiempo; sólo teníamos carro un vecino, mi papá y mi mamá. Nos íbamos al mar como puras sardinas enlatadas, pero mi papá no dejaba a nadie.

Para Navidad éramos una sola comunidad con los demás vecinos en el pasaje donde vivimos, costumbre que se cortó por diez años de terror y militarismo. Por eso desde que terminó la guerra, recuperé la tradición y de nuevo por Navidades volvemos a juntarnos los vecinos, mis parientes, mis compañeros y compañeras del partido, mis amigas feministas y mis compañeras de colegio a comer tamales, beber y cantar. Ahora ya la lista va cambiando, mis hijas han crecido y su grupo de amistades también sigue la costumbre, mi sobrina nieta también pide ya su cuota de invitaciones. Pero esa tradición de juntar a la comunidad no la inventé en realidad yo, es muy propio de mi familia, de la casa.

Cuando ya mis hermanos se empezaron a meter en cosas políticas por su cuenta y yo también, contamos con el apoyo de nuestros padres, todo el tiempo, fue una familia extraordinaria en cualquier circunstancia. Con escasez de ingresos por tiempos, mi familia es clase media de las que si trabaja les va bien pero si no trabaja le va mal; si mi mamá y mi papá trabajaban y el negocio vendía, todo iba bien, pero sino había limitaciones, aunque como no había el consumismo de ahora las limitaciones las llevábamos con alegría.

Por ese tiempo yo me acuerdo que había pocos zapatos en la casa y se nos arruinaron, entonces hacíamos desfiles en la casa con cartelitos «¡queremos zapatos! ¡queremos zapatos!» pero en plan de diversión. No hacíamos la gran tragedia por las carencias, pasaban cosas así y mi mamá fue una administradora bastante seria, no nos educaron en el consumismo, en la casa había lo fundamental, lo necesario pero no tras la moda, eso era como definido, estaba de hecho establecido que no íbamos andar tras la moda. Libros no nos faltaban, teníamos enciclopedias, obras clásicas, mucha literatura, y mi mamá «nos pagaba» por leer libros, previo cuestionario oral sobre su contenido.

En la casa había unas empleadas que hacían el trabajo doméstico. Nosotros sólo estudiábamos, sin embargo, a nosotras las mujeres nos obligaban a lavar el uniforme que llevábamos al colegio porque teníamos que aprender a lavar decía mi mamá, pero a mi hermano no le exigía lavar el uniforme, era el único trabajo doméstico que nos imponían; teníamos profesor de inglés, de música, de danza, de cocina (a ésta sólo asistíamos las mujeres). Mi mamá tenía la idea de que íbamos a ser intelectuales progresistas pero no tanto como romper, como rompimos, con todo el «deber ser» y entonces eso de intelectuales, según ella, era una mezcla de tener profesión y empleo propio, saber hacer pastelería, hablar inglés, saber tocar un instrumento musical y sacar una carrera, algo así me imagino. Mi mamá, desde que yo nací, siempre trabajó fuera de la casa, no sabe cocinar mucho, hasta este día no puede cocinar mucho, sabe hacer ensaladas, algún pastel y cositas así. Pienso que fue una ventaja el ejemplo de su independencia económica y el carácter fuerte de mi mamá.

Así pues había diferencias en el trato a mi hermano Felipe y a nosotras las hermanas, aun cuando no se mostraban agudamente; en otras familias con más escasos recursos es más marcada la diferenciación, a lo mejor si nos hubiera tocado a todas hacer las tareas domésticas se hubiera visto más nítidamente la diferenciación de género. En todo caso la discriminación de género se encubría un poco porque no estábamos directamente vinculadas al trabajo reproductivo en la casa, mi hermano era el hijo único y estaba por encima, pero tampoco era el mimado de ellos, no lo ponían a cuidarnos, no podía castigarnos, no tenía autoridad sobre nosotras, al contrario en la casa había una viejita que tenía autoridad sobre nosotras, era la nana de los cuatro, ella sí nos podía castigar, se llamaba mama Foncha.

Fue una niñez interesante y contradictoria porque nos educaron en una serie de valores muy importantes, pero en sentido práctico nos estaban educando para ser profesionales progresistas «establecidos». Estoy segura que con la mejor de las intenciones mis padres querían que fuéramos profesionales honestos y autosuficientes.

El tío abuelo

En mi infancia y adolescencia tuvo un gran impacto mi tío abuelo Manuel Mendoza, que vivió con nosotros hasta que murió. Siempre estuvo del lado de las ideas socialmente correctas, de modo que cuando revisamos su archivo encontramos copias de cartas que enviaba a gente de mucho dinero donde decía que no les iba a perdonar los impuestos y que de ninguna manera aceptaba sobornos; él dirigía el Impuesto sobre la Renta en aquel tiempo y algunos ricos le decían que le podían dar prebendas si les bajaba los impuestos. Mi tío abuelo les mandaba a decir categóricamente que no, pues era un hombre muy recto, con una gran personalidad. A mí me impresionó mucho su carácter enérgico, su poco hablar y su dulzura. Tenía *sus ondas* como decimos, pues nos sentaba obligatoriamente a oír por ejemplo la Novena Sinfonía de Beethoven y se enojaba porque yo me dormía oyéndola, o porque se me ocurría bailarla... yo tenía cuatro años y no se me podía tener mucho rato sentada.

Mi abuelita Anita

Otro personaje fundamental en mi vida fue mi abuelita materna Ana Margarita Aguirre. Una mujer con gran sentido práctico y común, y con un gran respeto hacia nosotros; ella acompañó en el exilio a mis padres, fue un soporte familiar siempre. Me regaló mi primer disco de los Beatles, trabajaba como independiente y nos visitaba todos los viernes, hasta que por su salud ya no pudo vivir sola. Cocinó y caminó bien hasta los noventa y dos años. Era hija de un hombre muy rico y una empleada doméstica, nació en 1900 en Santa Ana, vio el primer carro que llegó al país, vivió de cerca la matanza de 1932 y luego la guerra civil, la muerte de sus nietos, vivió el exilio, la firma de los acuerdos de paz, y me vio juramentarme como diputada en 1994. Trabajaba preparando y vendiendo panes con pavo, o preparando pavos enteros, los cuales los vendía en un local frente al antiguo Cine Apolo en el centro de la ciudad de San Salvador. También los servía a domicilio en algunos banquetes. Mi madre fue su única hija y se dedicó a ella por completo. Trabajó duro para graduarla como Secretaria en el Colegio Sagrada Familia, y poder sacarla adelante hasta que mi mamá trabajó y se casó. Siempre tuvo una actitud oportuna para ayudar en algo, y una opinión modesta pero muy clara de cuanto ocurría en el país y en mi familia. Decía Chepe que era la suegra ideal.

Acompañó a mis padres y a mis hijos al exilio, sin renegar de nada vendió sus cosas para apoyarnos, no preguntó nada, no dijo quién me va a cuidar, no preguntaba de qué voy a comer. Simplemente nos acompañó en todo, participó activamente en todas nuestras batallas desde la cocina y la casa. Ella murió un 6 de abril de 1996. Fue una multitud de gente despidiéndola, y es que también se caracterizó por ser una señora muy caritativa, solidaria, sobre todo en el exilio, ella siempre tenía en medio de muchas limitaciones un pan o algo de comer para cuanto refugiado ponía un pie en la vivienda de mi familia en México. De ella aprendí además el gusto por la cocina, es la mejor cocinera que he conocido en mi vida.

El Padre Juan de Planke

El Padre Juan de Planke era un sacerdote católico belga, de la diócesis de Brujas, que dirigía el movimiento católico estudiantil. Él fue para mí un educador político durante toda la secundaria, y a él le debo en un alto porcentaje lo que yo aprendí de manera sistemática antes de entrar a la guerrilla sobre la situación del pueblo y la necesidad de una profunda transformación social de mi país. Después, en el período 1972-1974, él se frustró cuando nos hicimos ateos y nos fuimos a la guerrilla y yo le dejé de ver; tiempo después estando en el Frente Norte llegó un mensaje de una misa en Bélgica en memoria de uno de los grandes promotores de la solidaridad con El Salvador que acababa de fallecer: era por el padre Juan. Por cierto, de nuestro país salió perseguido y amenazado de muerte. El padre Juan era lindo, decía: «Miren tenemos que ir a ver a la gente de esa comunidad», a lo que le preguntábamos «¿Y si no nos dan permiso?», Juan entonces nos sugería «¿No pueden decir que van a una fiesta?», «Pero eso es mentira, cómo vamos a mentira nuestro padres?» le respondíamos. Entonces él reflexionaba: «Vamos a ver, no hay que mentirles a los papás pero en este caso hay que poner por encima la tarea del cristiano, el compromiso cristiano con el prójimo», era un hombre bueno y sabio. Nos distanciamos por un tiempo, pero él volvió con nosotros, él murió en la filas de la revolución. Le teníamos confianza y era un amigo más que un padre y por eso mi mamá decía: «Váyanse a vivir a donde Juan, ya sólo Juan dicen».

Con Juan de Planke, a mis quince años de edad, tuve una oportunidad de acercarme más a las comunidades campesinas, a los estudiantes de los institutos públicos, organizar círculos de alfabetización de adultos y pude tocar de cerca la pobreza de mi país. A esa realidad nos acercó Juan de Planke de una forma más consciente, práctica, y desde una opción de compromiso cristiano.

La magia de mis hermanas y mi hermano

Viví una niñez mágica. Yo era un poco miedosa. Mis dos hermanas y mi hermano me hacían sesiones de brujos, de monstruos, para asustarme, pero también me enseñaron a subirme a los árboles, a tirarme sin miedo desde el techo hasta el piso, a andar en bicicleta. Yo era la menor y no era la más aventada y audaz, Ana Margarita lo era, yo era miedosita pero la conciencia hace que una cambie mucho y te hace ser valiente, eso me pasó a mí después.

Con mis hermanas y mi hermano hacíamos de todo, teníamos un club con los vecinitos y vecinitas; cocinábamos, hacíamos proyectores de cartón y bombillo para fotos, hacíamos teatrillos, tocábamos música, salíamos a pasear en bicicleta, hacíamos experimentos químicos (por hacer perfumes creábamos unas mezclas asquerosas) y hacíamos casas de bambú para el club. Ya de adolescentes fuimos haciéndonos conscientes de la realidad del país en el sentido de comprender que había relaciones de poder que sustentaban enormes desigualdades sociales y se oponían a la justicia social. También formamos entre los cuatro hermanos un conjunto musical, Virginia y Felipe tocaban guitarra, Ana Margarita y yo cantábamos nada más. La Virginia tocaba además piano, concertina y flauta.

Era un ambiente agradable, con sufrimiento cuado mi papá estaba preso o desempleado. Pero mi papá siempre nos daba una explicación que nos hacía sentirnos orgullosos, hasta la fecha, porque él nos explicaba: «No puedo seguir en mi trabajo, están matando a los trabajadores en esa empresa y yo como voy a estar ahí», descubriéndonos de este modo lo que estaba ocurriendo en el país y mostrándonos a la vez sus principios éticos. A mí me educaron como gemela de Ana Margarita que me llevaba dos años de edad, nos vestían igual, nos castigaban por error, y nosotras dos habíamos hecho un acuerdo de nunca decir la verdad sobre cual de las dos hacía una diablura, porque mi mamá que era la encargada de los castigos, si miraba que alguien quebraba una taza, cuando salía corriendo y aparecía la otra, a esa le caía la regañada y nadie decía nada, y a veces yo me «soplaba» las que hacía aquella y ella las que hacía yo, pues a menudo andábamos vestida iguales. Teníamos una relación especial, pero como desapareció primero yo me apegué más a Virginia. Lo cierto es que a las dos yo les arruinaba los novios cuando ellos me miraban con Dimas Rodríguez (Hernán Solórzano, mi compañero), porque creían que yo era una de ellas, de lo parecidas que éramos las tres.

En cosas de amores era tanta la libertad en casa que éramos sumisas, las mujeres casi no teníamos novios. Yo por ejemplo, antes de casarme con Dimas sólo tuve un novio por tres meses, se llamaba Lenin Campos, su papá era comunista; su hermana se llamaba Adriana y fue muy amiga nuestra hasta que la dictadura militar la secuestró y no apareció más. Mis otras hermanas tampoco tenían novios, yo me casé primero y las otras no tuvieron novio hasta los veintiuno o veintidós años de edad, ni novios teníamos de cipotas. Amigos muchísimos, pero novios no. Mis papás tenían un control ideológico importante, las ideas que en este asunto eran conservadoras las garantizaban dándonos libertad no mediante la imposición, era una cosa curiosa, nosotros teníamos muchos amigos, pero novios no teníamos.

He tenido una niñez privilegiada, no sé que dirían mis hermanos pero puedo presumir que en este punto estaríamos de acuerdo. Vivimos en una familia sin violencia doméstica, responsable, progresista, tuvimos lo fundamental todo el tiempo, nos educaron para tener personalidad, carácter y criterios propios. Y tuve la maravillosa compañía de mis hermanos, que fueron hasta el final de sus días mis compañeros, mis cómplices y mis ejemplos.

El despertar de la conciencia

La dictadura militar iba cerrando el cerco. A finales de los años sesenta y principios de los años setenta del siglo XX El Salvador era un país con un 80% de población rural, los terratenientes y la burguesía concentraban la tierra, la banca, la industria, los servicios. En el campo no había los mínimos servicios básicos, igual en la capital, en los mesones y tugurios se hacinaban obreros y desempleados, sin agua, ni energía eléctrica, en las famosas casas de cartón y lámina. Esto motivó a muchos jóvenes universitarios y de secundaria a volcarse en acciones solidarias de alfabetización, de construcción de viviendas, junto a comunidades urbanas y rurales de obreras o de campesinos.

En los inicios de los años setenta se realizaron varias huelgas nacionales de maestros y obreros todas las cuales fueron reprimidas por la policía, la Guardia Nacional y el ejército. Surgieron grupos paramilitares de derecha llamados «*La mano blanca*» que capturaban y asesinaban a personas comprometidas en la oposición. En 1972 se dan unas elecciones muy importantes en las que compitieron el PCN (ya para ese entonces era el partido de la dictadura militar y de los gobiernos norteamericanos de turno) y la Unión Nacional Opositora, que incluía al Partido Comunista, la Democracia Cristiana y la socialdemocracia representada en el MNR;[5] el Ing. Napoleón Duarte era el candidato a presidente de la oposición. Era ya tanta la desesperación de la gente ante la pobreza y la dictadura, que la propuesta de Duarte y su coalición prendió en las mayorías de todo el país. «Con Duarte aunque no me harte» decía la gente con convicción. Todavía hoy me pregunto la lógica de esa consigna que movilizó a todo el pueblo, que significa que aun cuando no coman, aun cuando no reciban nada, votarían por Duarte y su partido.

Duarte ganó las elecciones, a pesar de todos los fraudes obvios que le hicieron. El partido de la dictadura rellenaba urnas frente a todo mundo, en los pueblos apartados los paramilitares estaban vigilando directamente como votaba la gente, «extraviaban» urnas... Y, sin embargo, no pudieron vencer a Duarte en las urnas. Lo hicieron por la vía de siempre: los militares, rápidamente desataron una gran represión en los mismos centros electorales, capturaron y mataron a varios dirigentes de la UNO, y declararon que nuevamente un general del PCN había salido electo presidente.

En marzo de 1972 un grupo de militares progresistas dio un golpe de estado para reconocerle a Duarte su triunfo, dentro de ellos va mi papá que para esa época trabajaba como Oficial Mayor del Ministerio de Agricultura y Ganadería. En el golpe dirigió el asalto al cuartel de Telecomunicaciones y lo hizo exitosamente. El golpe fracasó, mi papá y ocho oficiales fueron hechos presos por nueve meses. Se cerró ese capítulo de golpes de estado y elecciones. Para muchos sectores iba quedando claro que salir de la pobreza y la injusticia requería deshacerse de la tiranía militar también.

Había un intenso debate en sectores obreros, estudiantiles y campesinos sobre los caminos a seguir para cambiar la situación de las mayorías empobrecidas y reprimidas. Ese debate y ese movimiento generó en mí un poco de conciencia política de manera que comienzo a trascender la mentalidad con que iba a atender niños al hospital público, y junto con otras compañeras empezamos a estudiar la metodología de Paulo Freire, las conclusiones de la Conferencia Episcopal Latinoamericana de Medellín en 1967, el planteamiento de que el paraíso era aquí en la Tierra y que aquí había que transformar esta realidad, esta América Latina, comprender la historicidad de Cristo y del Cristianismo, y tener una fe comprometida con el pueblo y con los cambios.

En esa época en Sudamérica surgió un potente movimiento cristiano de izquierda, estaban los sacerdotes guerrilleros como el Padre Camilo Torres de Colombia que tuvo un gran impacto en la opinión pública de su país y en la comunidad cristiana del subcontinente, así como los Tupamaros del Uruguay.

Este ambiente convulso de luchas más la represión en el país, iban ya obligándome a reflexionar sobre la situación económica, social y política de El Salvador y a tomar conciencia de que no podíamos permanecer indiferentes.

Mi hermano Felipe

Felipe se convirtió en un muchacho alto, delgado, atractivo, que destacaba por su espíritu alegre, su profundidad analítica, su irreverencia ante el poder y su dulzura. Era el consentido de nosotras, le apoyábamos en todo lo que podíamos ya que él era asmático y frecuentemente presentaba crisis. En la Universidad Nacional cursó su licenciatura en Economía, la cual abandonó en el último semestre cuando la Universidad fue intervenida por el ejército. Se destacó como buen estudiante, y como líder estudiantil fue miembro de la Asociación General de Estudiantes Universitarios (AGEUS) desde donde promovió varios movimientos estudiantiles para reposicionar a la Universidad como una institución al servicio del pueblo y de los cambios sociales y políticos.

Al tiempo que estudiaba impulsaba un serio trabajo de organización junto a los Padres Inocencio Alas y Rutilio Sánchez en la zona de Suchitoto, en los cantones, con campesinos y campesinas, a los que acompañaba en su estudio de la realidad nacional, en la definición de las causas de la misma y las formas de organizarse para enfrentar la injusticia que reinaba en el campo salvadoreño.

Era además un hombre combativo que no tenía temor ante la represión, incluso una vez lo hirió la policía cuando atacó a una marcha de estudiantes, y eso sólo le provocó más seguridad y convicción de que debíamos enfrentar a la dictadura militar.

Por esa época la carrera de Licenciatura en Economía no se entendía muy bien, mis padres querían un abogado o un médico, sin embargo, terminaron respetando su elección académica. Felipe disfrutaba y compartía sus descubrimientos académicos y políticos, nos relataba al estilo de una película como ocurría la explotación de los trabajadores, en dónde estaba la trampa de la dominación ideológica. Se reía de los formalismos de la alta burguesía y de la pequeña burguesía rancia de la ciudad y vivía con felicidad y cierto desparpajo sus convicciones. Era «el hermano perfecto» pues nos cuidaba, nos acompañaba, era nuestro cómplice, pero no asumía un papel de conductor autoritario. Cuando pequeñas siempre lo elegíamos presidente de nuestro club y realmente hasta ahora, es «el presidente» de nosotras las hermanas. Era muy ingenioso y se daba a querer por todo mundo. Iba a hacer compras a la tienda para nuestro desayuno, platicaba con las empleadas domésticas de la cuadra, recogía niños de la calle y los traía a comer a la casa para luego irlos a dejar con sus padres. Era muy solidario, y muy dulce.

Conforme fuimos creciendo, mi hermano se metió a trabajar con el padre jesuita Ignacio Ellacuría[6] a hacer unas casas en la comunidad Tutunichapa II. Después fundamos un club en la colonia que fue apoyado por un seminarista que le gustaba a mi hermana Ana Margarita, se llamaba Gregorio Rosa Chávez, ahora monseñor. Nos acompañaba en ese entonces, cuando era seminarista, entonces atendíamos una comunidad ubicada cerca de mi casa que se llama «El Bambular». Recogíamos ropa para llevarles, ayudábamos a hacer tuberías de bambú, impulsábamos una serie de actividades sociales; yo por mi parte me metí a los grupos de alfabetización del colegio Sagrado Corazón, fui misionera, esto me fue dando un contacto con la gente. También iba los lunes a atender a niños con las monjas del colegio al hospital de niños Benjamín Bloom, yo entonces estaba en la secundaria.

Cuando mis hermanos entraron a la Universidad Nacional era el momento en que las huelgas estaban en auge, las elecciones de Duarte en marcha, y había un ambiente de mucho movimiento en la Universidad Nacional que históricamente ha sido un bastión de los movimientos liberadores, y se discutía mucho sobre como impulsar una revolución. Mi hermano fue coincidiendo con todo el debate que se desarrolló en el país sobre la teología de la liberación; yo participaba junto con Felipe y mis hermanas en la organización católica laica que se llamaba Juventud Estudiantil Católica que dirigía Juan de Planke.

Felipe se incorporó a la guerrilla desde sus inicios, convirtiéndose en poco tiempo en uno de sus más destacados conductores. Ayudó a organizar los comandos guerrilleros, las organizaciones de trabajadores del campo, el trabajo con las comunidades cristianas, y elaboraba teoría a partir del análisis de nuestra práctica política. Felipe sigue siendo para mí el referente de la Revolución y del revolucionario. La tiranía cortó su vida a los veinticinco años, pero la huella de su corta vida persevera y se acrecienta conforme el tiempo avanza.

Mi primer «encuentro» con la Guardia Nacional

En diciembre de 1970 un grupo de la JEC[7] nos fuimos a alfabeti-
zar con el método de Paulo Freire y a misionar (organizar misas,
comuniones, bautismos) a un cantón de Quezaltepeque, llamado Girón, que queda arriba del Cantón Platanillo. Nos quedamos a vivir en ese cantón y hasta allí se fue a meter la Guardia
Nacional a capturarnos, se llevaron a dos personas capturadas,
yo logré escaparme y después fui a la Guardia Nacional con
Monseñor Arturo Rivera y Damas y los compañeros a pedir la
libertad de los presos. Este hecho, esa persecución me generó
más conciencia y claridad, me preguntaba: ¿por qué la guardia
se opone a esto? Esa pregunta me obligó a otras reflexiones.

En el cuartel me encontré con el general Alberto Medrano,[8]
conocido como «chele Medrano», quien vivía en la esquina a
unos cien metros de mi casa, era amigo de mi papá. Ambos eran
de la misma tanda militar y era el Jefe de la Guardia Nacional.
Me dijo: «Vos que andás haciendo aquí, ya le voy a decir a Peñón[9]
que aquí andás», mi respuesta fue que nosotros íbamos a pedir
que soltaran a nuestros amigos, yo tenía quince años, y él respondió: «Las voy a dejar libres pero toma nota que esos babosos
dijeron que yo era drogadicto y ya le voy a decir a Peñón que no
te deje andar en estas babosadas».

Eso me fue concientizando aun más, y en ello influyó mi familia, hermanas y hermano, pues todos nos habíamos ido metien-
do en grupos en diferentes actividades. Después me incorporé a
trabajar con un grupo de la «Comunidad 22 de abril» siempre en
la alfabetización y el movimiento católico, con un seminarista,
Leonel Cruz, que ahora es sacerdote. Concientizábamos a grupos de obreros; para entonces mis hermanas y hermano estaban
en la universidad y yo en la secundaria. La «Comunidad 22 de
abril» era una tierra tomada por obreros de la ciudad. Quedaba
ubicada en el botadero de basura del municipio de San Salvador.

Despedía un terrible olor, la gente estaba siempre recogiendo cosas de la basura, y de vez en cuando los camiones tiraban basura hasta encima de las champas y gentes. En ese lugar conocí a Dimas Rodríguez que era promotor municipal, un maestro y estudiante de derecho que en ese tiempo era parte de la izquierda de la Democracia Cristiana.

Una vez veníamos platicando con mi hermano y me preguntó: «¿Qué haces con esos grupos?», «Yo los concientizo» le dije «¿Pero para qué?» insistió Felipe, «Para que conozcan la realidad» contesté. Entonces reaccionó diciéndome: «¿Y que así la van a cambiar? ¿Nunca te has puesto a pensar que si no tienen el poder no van a poder cambiar nada?», «¿El poder?...» dije yo, «Pensá en el poder, aquí si no cambiamos el poder no hay nada» me subrayó Felipe. Entonces me fui y le digo al otro cura: «Mira ¿y si no estamos pensando en el poder?» pero yo no sabía lo que implicaba eso, me acuerdo que hacíamos reflexiones sobre el poder. Una gran discusión sobre el poder.

Cuando terminé el bachillerato yo asediaba a preguntas mi hermano. Pasó la elección de Napoleón Duarte al que le hicieron el fraude en marzo de 1972. Mi papá se metió al golpe de estado para que le dieran el gane a Duarte y cuando terminó preso mi papá, mi hermano se clandestinizó. Ya estaba en la guerrilla pero yo aún no lo sabia; mi mamá sacó de la casa unas armas porque dijeron que iban a venir a catear la casa, porque a mi papá lo habían capturado por lo del golpe. Eso si me puso en crudo y en directo la dictadura militar que había desencadenado una gran represión. Yo pasé nueve meses visitando a mi papá en la cárcel y era tan duro eso… Lo torturaron junto con los otros presos, el sitio donde nosotros lo mirábamos de visita estaba separado por una división de cartón piedra y al otro lado torturaban y yo estaba viendo a mi papá y oyendo los gritos, por allí pasaban los hombres bien golpeados y el detective que los había interrogado. Yo tenía dieciséis años, de ahí me iba al colegio a estudiar donde también lo hacían las hijas de familias muy burguesas e influyentes en la política como las Cristiani, las de Siman; dos mundos, a tal grado que cuando yo concluí el estudio del bachillerato mi papá estaba preso y lo fui a ver a la cárcel el día de mi graduación y de ahí partí para ir a recoger mi título.

A pesar de todo, en esa época yo disfrutaba mucho de mis compañeras de estudios. Hasta la fecha no tengo grandes problemas en relacionarme con ellas, hacíamos excursiones, fiestas, debates acalorados, pero en medio de una gran fraternidad. Especial amistad desarrollé con Elizabeth Hayek Daura, una compañera de origen libanés, con la que pasé mis mejores aventuras de la secundaria y que era del círculo de las que estudiábamos a Mao Tse Tung. Elizabeth y yo teníamos un caballo imaginario al que llamábamos «Ciclón», lo montábamos para ir a pasear y llegamos hasta «prestarlo» a otras compañeras. Finalmente lo «desaparecimos» pues nos pareció que ya era muy exagerada nuestra imaginación y le dábamos por real a nuestro caballito.

Hubo una época en que las dos queríamos conocer «el bajo mundo» decíamos, así fuimos a una cervecería por el Centro Histórico de San Salvador, en la noche, para saber qué pasaba en esos sitios. Lo malo es que no nos gustaba la cerveza y nos miraban como bichos raros. Con Elizabeth leíamos, íbamos a fiestas, hablábamos de política, de amores, de música, de todo. Cuando me casé fue la testiga de mi matrimonio. Su familia es un clan árabe tradicional, por lo que su escala de autoridades familiares incluía una serie de tíos, hasta su abuela que era la matriarca del clan. Son empresarios y profesionales con mucho dinero y muy de derechas, excepto un tío llamado Oscar que participó en la comunidad religiosa de los sacerdotes Maryknoll finalmente fue asesinado por los escuadrones de la muerte. Ahora Elizabeth vive en Inglaterra, pero siempre mantenemos lazos de amistad; ella sobre todo no permitió que la guerra rompiera nuestra amistad, pues siempre buscó formas para comunicarse, me enviaba cartas aun a los lugares más remotos que yo estuviera.

Recuerdo a una compañera del colegio, de mucho dinero, que una vez en un debate en el colegio terminó reclamándome que yo lo que pretendía era que las empleadas domésticas comieran en la misma mesa, y lo decía horrorizada. Después de finalizada la guerra la volví a ver, casi veinticinco años después, en un lujoso restaurante que resultó ser de su propiedad, y lo divertido es que andábamos con mi familia celebrándole el cumpleaños a la empleada de la casa, le dábamos una cena a esa amiga que trabajaba con nosotras que se llama Corina. Cosas del destino pensé yo.

Las fresas de la amargura

En el último año de bachillerato era bien divertido lo que hacíamos. Mi hermano me daba folletos de estudio sobre la realidad nacional y junto con dos amigas que después se incorporaron a la guerrilla nos robábamos del laboratorio del colegio azufre, nitrato, ácido sulfúrico, sacamos esas cosas para la guerrilla; y además nos juntábamos aparte, éramos como siete a estudiar las citas de Mao, un libro de los Tupamaros que habíamos conseguido y nos poníamos inyecciones con agua destilada, «porque la guerrilla algún día iba venir y se necesitaba saber primeros auxilios», para aprender a poner inyecciones.

En ese tiempo participé en la Asociación de los Estudiantes de Secundaria (AES) del Partido Comunista Salvadoreño (PCS). Un día AES puso en el colegio un anuncio de que en el Bachillerato en Artes, un instituto público, se iba a celebrar un cine forum con la película «Las fresas de la amargura», un film muy bueno con música de los Beatles. En esos días estaba en apogeo la huelga de ANDES. Así que emocionadas dijimos al ver el anuncio con mis amigas: «Miren, ahí están los hijos del proletariado» y salimos corriendo, como que nos habían mandado a llamar, a buscar a la clase obrera y nos fuimos al cine forum que había en el Cine Libertad, que hoy ya no existe. Para mí era una oportunidad única de conocer jóvenes de los institutos y escuelas públicas, de los barrios.

Fue una mañana maravillosa. En la sala estaban jóvenes músicos, poetas, teatreros, todos con mucha alegría y muy críticos del sistema. Era un ambiente como hippie de izquierda, con sus cabellos largos, se destacaban Carlos Velis, Moisés Beatriz, Sonia Aguiñada, William Armijo, que nos puso el ojo a las dos «avis raras» (Elizabeth Hayek y yo) y nos acompañó a la salida hasta el negocio de mi mamá.

La película «Las fresas de la Amargura» trataba de una agresión militar a una Universidad que estaba tomada por una huelga estudiantil. El himno de los estudiantes era «Démosle una oportunidad a la paz», pero los militares no se la dieron. El debate en el foro fue encendido, todos y todas éramos jóvenes de secundaria, las intervenciones me entusiasmaban; esa fue mi primera reunión o asamblea política, no religiosa, de mi vida. Nos convertimos casi en «barra móvil» de AES, pues no nos veían con mucha seriedad, sino como «cipotas pequeño burguesas», acomodadas, pero a nosotras nos daba igual, hasta íbamos a las barras del Inframen[10] en los juegos deportivos intercolegiales con tal de «estar en el bando de los pobres».

Fuimos descubriendo a un montón de muchachos de izquierda de la secundaria que más que todo eran del PCS y hacían marchas, huelgas y nosotras nos íbamos del colegio a las marchas, pero era el caso que ellos no estaban de acuerdo con la lucha armada, entonces yo tenía como tres vertientes en ese momento: la cosa con los más pobres era con AES, pero ellos no estaban en la lucha armada; por el otro lado estaba con mi movimiento católico con el que concientizaba con el método de Paulo Freire; luego estaban mis contactos secretos. Era una vida muy agitada en ese tiempo, impresionante. Y, además, con Victoria Ramírez, una amiga que también ingresó en la guerrilla, hicimos un periodiquito de secundaria, que se llamaba «Despierta Mundo».

Mi hermana Virginia tocaba en un conjunto de música folclórica y de protesta que se llamaba Mahucuta[11] y en la casa habíamos hecho un mini conjunto porque yo tocaba un poco la guitarra, Virginia tocaba guitarra, flauta, acordeón, Felipe tocaba guitarra, la Ana cantaba, entre los cuatro teníamos un conjunto, tocábamos canciones revolucionarias y música moderna.

Este conjunto Mahucuta, donde tocaba mi hermana, era impresionante, por cierto que muchos de los temas de la Radio Venceremos[12] son de ese grupo con la voz de mi hermana; yo andaba también con ellos cuando iban a cantar a las comunidades, a la Universidad, a los colegios e iban a cantar a las huelgas. A veces cuando estaban tocando música con sus guitarras, les sacaban a la carrera los soldados, en aquellos días en que los militares entraban en la Universidad Nacional para desalojar a los miles de estudiantes que la tomaban. Era un tiempo de mucho despertar, estaba todo el movimiento de los estudiantes de Francia de 1968, en mi casa pasaban discutiendo textos de Jean Paul Sartre, de lo que pasaba allá y venían los grupos amigos de mis hermanos; yo era una pulguita pequeñita pero estaba en ese ambiente aprendiendo mucho y mis papás observando.

Cuando mi papá salió de la cárcel en el año 1972 comenzó a ver que la casa era un hervidero, Ana Margarita entró a luchar en la clandestinidad, entonces a veces aparecía con cuatro campesinos que venían a dormir a nuestra casa, nadie sabía de dónde los había sacado. Virginia salía con su estuche de la guitarra, donde muchas veces llevaba armas encubiertas, Felipe a veces no venía a dormir y yo, la menor, andaba buscando como sumarme a las nuevas luchas.

Cuando salí del bachillerato pensé meterme más en política y yo le reclamaba a mi hermano porque no me contaba cosas. Todos mis hermanos se habían hecho misteriosos, éramos bien unidos pero ahora ellos tenían vidas secretas, no me contaban mayor cosa, hasta que un día Felipe me dijo: «Te voy a prestar un folleto para que estudies más», «Dámelo pues» le dije, y me respondió que sería en un conecte: «Te voy a poner un contacto en el parque Centenario y llega a la hora porque sino me voy», yo fui bien disciplinada a la hora indicada, hicimos un contacto secreto y aunque ¡vivíamos en la misma casa! él me daba en la calle documentos de estudio y me había sacado el acuerdo de que en la casa no íbamos a hablar de eso porque eso era muy serio, que había gente que pensaba cosas diferentes y que arriesgaba su vida.

Así comencé a estudiar sobre la lucha armada revolucionaria, sobre el pensamiento político y las estrategias de las Fuerzas Populares de Liberación Farabundo Martí (FPL), que habían surgido como organización clandestina político militar en abril de 1970.

Entonces decidí reclutar a mi novio que era Dimas Rodríguez, promotor social de la alcaldía y miembro del Partido Demócrata Cristiano (PDC). Yo lo conocí en la «Comunidad 22 de abril» y nos hicimos novios. Le contaba cosas y le dije que había gente que estaba pensando en algo decisivo para el país y le pedí permiso a mi hermano para ver si le podía dar información del movimiento guerrillero que se estaba gestando. Él era más avanzado que yo, igual que otros dirigentes del FMLN como

Leonel González, que en ese momento no tenían el conecte con la guerrilla, pero sí una buena experiencia política.

La complicidad del jardín

Mi casa tiene un enorme patio, la construcción es modesta pero su patio es muy grande. Puede alguien perfectamente perderse en ese patio. En él siempre hemos tenido plantas variadas y muebles entre las mismas. Cuenta con varios árboles, mangos, un arrayán, izotes, aguacate, mandarina, unos naranjos, un arbusto de granadas, dos marañones, dos limoneros. También tiene un «maquilishuat» que es nuestro árbol nacional y dos mirtos. Hay en ese patio orquídeas, anturios, un par de rosas, sábilas, hojas de la suerte, un jazmín, varias plantitas de flores de colores, colas de quetzal y de ardilla, un pequeño eucalipto, monjas blancas, iris, y algunas aromáticas como menta y orégano. Siempre hemos tenido obsesión, sobre todo Angelita y yo, por el jardín. No tenemos jardinero, tratamos entre todas de darle atención, por ello no es un jardín muy ordenado, pero nos brinda sombra, frescura, y por las noches los mirtos y el jazmín invaden con su olor mi dormitorio.

En el jardín de mi casa le pasaba folletos a Dimas y estudiábamos, pero luego mi hermano me dijo: «Tu novio se echa los tragos»; «Si, pero no es bolo,[13] nunca lo he visto bolo», respondí yo. «Pero ¿bebe algún día? » preguntó, «Si, para las fiestas patronales de Suchitoto», «Ah! pues no, si él se echa un trago más no le podés dar un papel más»; entonces yo le dije a Dimas: «Ya no te voy a poder dar papeles porque vos te echás tus cervezas». Su respuesta fue: «Mira, decile a tus cheros[14] que voy a dejar de beber, pero pásame los papeles», y así continuamos en nuestras sesiones de estudio político.

Me reclutó mi hermano Felipe en mayo de 1973 para colaboradora de las FPL y yo recluté a Dimas, pero casi simultáneamente me dieron contacto aparte para Dimas, así empecé a trabajar en la guerrilla. Mi primera cita fue con el compañero Rafael Avalos, quien años después fue desaparecido por la policía. Era un compañero bastante disciplinado, serio, fraterno, respetuoso y muy querido por mi persona, a él debo, quizás, el hecho de estar viva, pues me enseñó a ser conspirativa, a conocer como operaba el enemigo y a cuidarme y cuidar de la organización.

Cuando entré a la guerrilla me convertí al ateísmo, pues el estudio de la filosofía materialista dialéctica y el materialismo histórico se volvieron nuestras armas. Entonces yo concluí que: «Dios no existe, nosotros somos marxistas-leninistas», «Tenemos fe en la capacidad revolucionaria de las masas y no en un ser superior», además en la guerrilla el marxismo era como la base ideológica general. Yo venía de la teología de la liberación y me transformé radicalmente, aun cuando no abandoné la parte ética del planteamiento cristiano. Tiempo después me he cuestionado como fue el cambio tan brusco, pero en ese momento yo entré con toda la disciplina y convicción; ahora hay más elementos para reflexionar pero no para renegar del marxismo, en ese tema nosotros dimos un viraje radical y nos parecía que el Padre Juan de Planke con sus misas revolucionarias estaba fuera de lugar, por ejemplo.

La iniciación en la guerrilla (trabajo o estudio)

El año que terminé la secundaria las fuerzas represivas intervinieron en la Universidad y la cerraron. Ese año mi hermano terminaba la carrera y cuando la volvieron a abrir dijo: «No regreso», le faltaban como dos materias. «Esos ignorantes que

han militarizado la Universidad no me van a dar clases a mí»
decía Felipe. Yo si entré a la Universidad después del cierre, en
1973, pero entré a la guerrilla el mismo año. A finales de ese año
busqué trabajo, porque predicaba por la autonomía económica
para poder ser más fuerte y trabajé un tiempo con la empresa
de Luis Cardenal. Fui cajera, y fue como para toda la vida. Son
de esas cosas simbólicas ya que desarrollé alergia al dinero; yo
cuento billetes y me pongo mal, eso ya estaba prefijado digo yo,
que no voy a ser acaparadora de dinero; pero como me contacté
con la guerrilla me dijeron que me consiguiera un trabajo que
me permitiera organizar gente, entonces me propuse trabajar
en la alcaldía de San Salvador, con diecisiete años para cumplir
dieciocho, donde ya estaba trabajando Dimas, mi novio, quien
me avisó que había plazas. Pasé varios cursos porque había un
montón de aspirantes. El alcalde en ese entonces era demócrata
cristiano, pero progresista. Salí de los cinco mejor evaluados de
los cursos y me contrataron; la tragedia fue cuando me pidieron
los documentos de identidad porque no tenía la edad, pero lo
resolví con un carnet de minoridad y así empecé a trabajar en la
alcaldía. Trabajaba como promotora en las comunidades, organicé células clandestinas en las comunidades aprovechando mi
trabajo legal.

Tuve que dejar la universidad. Había escogido la carrera de
economía y no iba mal en los estudios, pero los compas de las
FPL me dijeron que con trabajo y estudio no le iba dedicar tiempo a la guerrilla, entonces que decidiera si dejaba el trabajo o el
estudio. Yo dejé el estudio porque mi trabajo me servía para el
trabajo político, además la guerrilla tenía muchas limitaciones
económicas, sus miembros liberados casi vivían en pobreza total,
y los que teníamos salario pasábamos una cuota de apoyo. Yo
les pasaba una cuota, la mitad de mi salario, yo me decía ¿cómo

voy a dejar de pasar el dinero? Además era mi cobertura para el trabajo secreto, por eso dejé la universidad, sólo un ciclo hice.

Adiós a la niñez y a la casa materna

Me casé con dieciocho años, bien joven. La decisión de casar-me fue por una mezcla de estar enamorada del novio, poner un local para tareas de la guerrilla y el hecho de que me quería ir de la casa de mis padres. Yo ya trabajaba. Era otro esquema al que predomina actualmente. Ahora que muchos jóvenes no es-tán pensando en independizarse tan pronto. Yo me independicé y es que realmente tenía toda una vida tan intensa que ya me consumía estar en casa, porque en la casa debía guardar apa-riencias, mientras que en un localito, ¡pura guerrilla!

Mi papá no dijo nada cuando me fui, pero a mi mamá le dio un medio derrame ya que era la primera de las hijas que se casa-ba, y era la más pequeña de la familia. Me puse de acuerdo con mis hermanos y mi papá y vino Dimas a pedir permiso para casarnos y mi mamá se encerró en su cuarto y echó la llave. «Yo no tengo nada que hablar con ese señor», repetía, pero mi papá nos decía: «No le hagan caso, yo les voy a dar la firma», y quizás mi mamá estaba oyendo y salió y dijo: «No vayan a tomar deci-siones sin mi presencia», después inventé que era atea y que me iba a casar sólo por lo civil, pero mi papá me llamó y me dijo: «Déjate de mierdas, ese gusto no se lo quitas a tú mamá, sino no te firmo, te casas y por la iglesia»; «Y vos tocas la misa» le dije a Virginia aferrándome a mi última rebelión; entonces la misa fue algo curiosa porque me mandó mi mamá con su costurera. En este tiempo estaba de moda andar como hippie y un gran gabán escogí de vestido, le dejé indicado tela de manta. Cuando me llevaron a probarme el vestido era un vestido pegado al cuerpo de satín con velo. «No te voy a dejar que hagas ese ridículo» me dijo mi mamá, bueno, como yo no lo pagaba, al final me casé por la iglesia y también por lo civil. Fue una boda tradicional, sólo que con una banda musical folclórica y con canciones de protesta en vez de la marcha nupcial, y me fui de la casa a mi local guerrillero, tiempo después se fue mi hermana Ana Margarita conmigo y les pusimos horario de visita a mis papás.

2
De la independencia a la guerrilla

Mi conciencia política avanzaba en paralelo a mis actividades. En concordancia con esa vocación que se acrecentaba, cuando terminé el bachillerato me propuse obtener independencia económica. Pensaba que ser independiente con recursos propios era la base para lograr una vida política autónoma, sin tener que clandestinizarme en casa de mis padres ocultando mi compromiso político. De modo que al salir de la secundaria busqué trabajo inmediatamente; entonces no había cumplido los diecisiete años. También dediqué más tiempo al trabajo social donde militaba voluntariamente que era en la «Comunidad 22 de abril».

Mi primer trabajo asalariado fue en el aserradero «El Triunfo» que fabricaba muebles y vendía maderas y materiales de construcción. El dueño era Luis Cardenal padre, quien fue posteriormente embajador de Nicaragua en El Salvador. Me examiné para la plaza y rápidamente quedé de cajera porque sabía bastante bien las matemáticas y, además, como era de atención al público y yo era una joven muy sociable me contrataron; trabajé en esa empresa cuatro meses.

El caso fue que en ese primer trabajo no tenía independencia de tiempo, porque laboraba un horario largo y terminaba muy cansada. Fue el primer contacto con el mundo laboral, para mí bien importante. Trabajaba teóricamente de ocho de la mañana a seis de la tarde, pero, como era cajera, debía quedarme al menos hasta las siete de la noche haciendo el arqueo de las cuentas del día, preparando el envío de dinero al banco, metiéndolo en una caja fuerte y, al día siguiente, debía amanecer en el escritorio del gerente el reporte de las ventas del día, por cheque, al crédito y en efectivo. Cada día elaboraba un consolidado y un listado de todos los cheques recibidos y otro listado de los pagos que llevaba el cobrador de los créditos; entonces no habían tarjetas de crédito. Total que yo trabajaba hasta las siete de la noche y las cuentas me debían cuadrar toditas al centavo. Por esos años ni se soñaba en usar sistemas computarizados, la contabilidad era bastante manual.

Me pagaban una hora extra diaria, yo ganaba 135 colones[1] al mes. No recuerdo cuanto costaba la hora extra, una tontería, pero por ese tiempo vino la ley que determinó que las horas extras se deberían pagar el doble de las horas normales; me llamó el gerente de la empresa y me dijo: «Señorita ¿a qué hora se va de aquí?» le contesté que a las siete de las noche, «Ah no! muy peligroso» respondió, «A partir de mañana se va a las seis» sentenció, rectificando mi horario, pero sin rectificar mi carga laboral. En resumidas cuentas siempre me iba a quedar hasta las siete de la noche, pero ya no iba a pagarme tiempo extra, y yo seguía trabajando hasta esa hora, porque, según yo, estaba construyendo mi autonomía.

Los sábados salía a las dos de la tarde y estaba muerta del cansancio, iba agotada para la casa y el domingo apenas iba a la comunidad y la tarde del domingo ya estaba preparándome para dormirme temprano porque al día siguiente tenía que salir temprano a esa fábrica y tienda de madera, donde yo era la cajera principal.

Fue como una esclavitud asalariada, además el taller de madera estaba al fondo y por lo menos unas seis veces vi pasar corriendo gente sin dedos porque la máquina se los había cortado a algún trabajador y los jefes decían que no hiciéramos escándalo, que siguiéramos trabajando. Era un trato bien inhumano. También vi cuando llegaba el inspector del Ministerio de Trabajo y se entrevistaba con el gerente. La misma empresa era distribuidora del ron Flor de Caña y salía el gerente en plan amigo y lo pasaba adelante, le regalaba una estatua de Sandino en madera y le daba una botella de ron y el inspector se iba bien feliz. Total que a los pobres obreros del sindicato nunca les hacía caso el ministerio. Yo lo observaba todo desde mi caja de vidrio, porque la cajera estaba encerrada en un cuartito de vidrio desde el que ve al público y la puerta del mismo comunicaba con la gerencia. Pensaba «aquí a los que pierden los dedos no les apoya nadie, nada de eso se mira», porque el inspector llegaba le daban guarito, a saber si dinero, cosa que no vi, su estatuita y al camino... y no pasaba nada.

Había un señor muy anciano que era el que les había enseñado el trabajo de la madera a los dueños, por esos días lo quería despedir. Pero lo que le pedían era que renunciara para no pagarle, porque en este país no hay indemnización universal. Durante el tiempo que estuve en la empresa renunció entre comillas todo el mundo y fueron recontratados como empleados nuevos y así, si a futuro los despedían, perdían las prestaciones acumuladas. Entonces, fue como un choque con el mundo de los trabajadores, aunque yo era parte de la oficina, pero si se perdía un centavo yo lo pagaba, mi salario nunca salía completo. En esa empresa supe lo que era el acoso sexual porque el auditor a las 6 p.m. te decía: «Vamos a revisar su caja registradora y si le falta un centavo va tener problemas con la empresa» a menos que...

La norma era que el arqueo de la caja te lo hacían en el momento que dice el auditor, sin previo aviso, a las 6:30 p.m. solo él y yo; y mi mamá o Dimas en el portón esperándome. Me decía: «Le faltan seis colones pero eso tiene un arreglo» y ya comenzaba a hacerte la propuesta de la *movida* para arreglar el supuesto faltante de los seis colones. Como yo no tenía hijos, estaba cipota, vivía todavía en mi casa, yo pagaba los seis colones; pero

otras trabajadoras no tenían los seis colones y tenían más necesidad del salario. Además, Dimas y mi mamá me esperaban en
el portón y eso me servía de apoyo. Sin embargo, la práctica era
que ese auditor acosaba a las cajeras acusándolas de robo, a veces me hacía llamadas enamorándome entre comillas. Es de este
modo que tuve contacto con el machismo en la cruda versión
del acoso sexual; por otra parte fui saliendo de la ingenuidad
pues había otro señor que me ofrecía *ride* porque su carro pasaba cerca de mi parada de buses, más yo no sabía que era para
proposiciones sexuales, yo aceptaba el *ride*, era bien ingenua, y
empecé a chocar con este tipo de conductas.

La otra cosa que para mi fue increíble fue descubrir los co-
medores, porque no sabía que existían. Según yo existían los
restaurantes, sodas, McDonald´s, pero en ese centro laboral la
gente al medio día se iba a comer frente al mercado central.
Estaba impresionada porque allí vendían sopa común y corriente, tortillas y arroz y la gente entraba, comía rápido y se iba, todos los trabajadores de la zona, y por un precio de dos o tres
colones. Un gran descubrimiento, ni sabía que habían tenedores
de aluminio que se doblaban.

Estuve en ese trabajo cuatro meses y fueron bien educativos,
aunque no tuve la libertad que pensaba porque cada día volvía a
casa bien cansada. Y para ganar lo poco que ganaba nos hacían
ir de medias, zapatos de tacón, correctamente vestidas. Además
supe por qué era excelente una taza de café. La primer semana
de trabajo, estando totalmente invadida de facturas, clientes y
cuentas, apareció una buena amiga compañera de trabajo y me
pasó una taza de café. Paré el trabajo unos minutos para beber-
la, la sentí como la gloria, desde entonces soy bien cafetera.

Saliendo del aserradero entré a la alcaldía de San Salvador
y directamente a la guerrilla que era otro mundo para mí. Para
entonces mi hermano Felipe ya me pasaba papeles comprometi-

dos. Tenía diecisiete años cumplidos, no llegaba a los dieciocho, lo que pasa es que era alta y parecía de más edad.

Las FPL

Me incorporé a una organización guerrillera, político-militar cuyo nombre es Fuerzas Populares de Liberación Farabundo Martí (FPL).

Farabundo Martí, fue un destacado líder popular de El Salvador que condujo junto a otros dirigentes indígenas y campesinos una insurrección popular en 1932, buscando construir una nueva sociedad. El tirano Maximiliano Hernández Martínez sofocó la rebelión a sangre y fuego; más de 30 000 indígenas fueron asesinados y enterrados en tumbas colectivas. Desde entonces, el indígena quedó sumergido en el anonimato y sólo recientemente al calor de las luchas de los años setenta ha resurgido con su idioma, su cultura y sus demandas. Capturaron, condenaron a muerte y fusilaron a Farabundo Martí y a otros indígenas, incluido el Cacique Feliciano Ama, gran dirigente de los pueblos izalcos. También fusilaron a jóvenes estudiantes e intelectuales como Alfonso Luna y Mario Zapata.

Las FPL retomaron su nombre, como emblema de la invencibilidad de las causas justas, y como homenaje a todos y todas las mártires de 1932. Nunca supe si hubo alguna mujer destacada en esa lucha, debió existir pero ni la historia oficial ni la popular lo mencionan. Las FPL no era un simple grupo armado, era una organización con una gran claridad y determinación a favor de necesarios cambios en el país para que el pueblo viviera mejor y se liberara de la explotación y la represión. Su planteamiento de lucha correspondía con la realidad de que en El Salvador cualquier intento pacífico por mejorar la vida del pueblo terminaba en represión y muerte. Recuerdo perfectamente muchas huelgas que eran ametralladas por los cuerpos represivos, en las cuales la gran demanda era un dólar de salario al día en las fincas cafetaleras, y que les dieran arroz, tortilla y frijoles, en los asentamientos donde se concentraban los jornaleros para la temporada de la cosecha.

Cuando me incorporaron a la organización, entré a un grupo de apoyo de un comando. Teníamos varias responsabilidades, una primera bien importante era el alquiler de un local para que funcionara mi colectivo y otro clandestino. Estaba ubicado en la Colonia Juan Bosco, en un mesón de una zona muy pobre. El cuarto tenía la virtud de contar con entrada y salida independientes para cuidar la compartimentación y el secreto de las identidades de la gente. Es el caso que se entraba en horarios diferentes para evitar los cruces. Mi jefe era el jefe de otros dos grupos que allí llegaban y que yo no debía conocer. El local servía para nuestra capacitación y entrenamiento; la segunda responsabilidad era llevar víveres y dinero a la guerrilla; la tercera hacer repartos de propaganda armada; y además hacer observación, gráficos y seguimiento de objetivos político militares de los propios comandos, así como cooperar con los comandos en acciones de apoyo.

Aprendí el uso de pistolas, revólveres, armas mecánicas, semiautomáticas de infantería y artillería, a usar los mapas militares, a diferenciar las curvas de nivel, como se calculaba el acimut de los cañones y los morteros (no teníamos, pero nos enseñaban con manuales), armar y desarmar pistolas, limpieza de campaña de armas,[2] con los ojos abiertos y cerrados para poder hacerlo en lo oscuro, todas esas prácticas las realizábamos y al tiempo que hacíamos este tipo de operaciones de pequeña escala político militares, también aprendimos el enmascaramiento, a hacer bigotes, patillas, etc. Nos enseñaron también como no dejar huellas, por ejemplo, con esmalte de uñas untando las yemas de todos los dedos se consigue una capa gruesa que una vez seca no deja huella. En el apartado práctico nos adiestrábamos en requisas de vehículos y de armas, y apoyo a la observación con gráficos a escala para operaciones de mayor nivel que hacían los propios comandos; nosotros éramos como pre comandos en ese tiempo.

Por otra parte nos daban una intensa formación política. Debíamos de estudiar materiales básicos de estrategia político militar, conocer la estrategia del enemigo y estudiar *¿Por dónde empezar? ¿Qué hacer?* y *El Estado y la revolución* los tres textos de Lenin, materialismo dialéctico e histórico, la economía política marxista y un librito que se llama *¿Qué es la filosofía?*, que explicaba qué era el idealismo y materialismo. Esta última obra proponía no sólo otra concepción del mundo, sino que también otra posición ante el mismo. Nos hacían preguntas y teníamos que hacer análisis de coyuntura y estudiar el periódico *El Rebelde* que era el órgano oficial de las FPL. Se nos educaba en el servicio al pueblo, en la lealtad a sus intereses y en la disposición a morir por realizarlos.

Las FPL no compartía la visión del PCS que en ese entonces rechazaba nuestras propuestas de estrategia político militar y privilegiaba exclusivamente la lucha electoral. El PCS tampoco compartía nuestro análisis sobre la formación socioeconómica del país, ni los objetivos planteados para el período. Por ello nosotros éramos muy críticos del PCS, a pesar de tener una formación marxista igual que ellos. Era una época donde se tenía que suspender las relaciones de amistad, no se veía a nadie, sólo a los de la casa; la vida era el trabajo, mi novio y la guerrilla. Había que desarrollar mucha disciplina y adiestrarse en ella, debíamos estar claros que estábamos en eso y no en otra cosa. Yo entré totalmente a la actividad político militar clandestina pero manteniendo el trabajo legal en la Alcaldía de San Salvador.

Vladimir, maternidad y guerrilla

En 1974 me casé con Dimas Rodríguez y salgo embarazada de mi primer hijo. Fue algo maravilloso, nació el 12 de septiembre de ese año en medio del huracán «Fifí» que azotó por quince días a toda la región centroamericana; hasta los cerillos no encendían porque había mucha humedad. Era un niño enorme y sano. De mi parte me había preparado leyendo mucho sobre alimentación, enfermedades previsibles, precauciones, como poner pañales, etc. Pero a la hora de la verdad era una primeriza inexperta como cualquier otra. Y por unos días, el mundo se detuvo, sólo existíamos Vladimir y yo.

Mi mamá me apoyó unos días, pero desgraciadamente, cuando Vladimir no tenía ni dos meses, tuvimos que clandestinizarnos más estrictamente y el niño quedó exclusivamente a mi cargo, sin la asesoría de mi madre. A veces digo que es «sobreviviente» de mis cuidados, pues no siempre entendía yo a tiempo lo que el bebé necesitaba. A pesar de ello, nunca padeció en esos meses enfermedades graves. Mi hermano Felipe llegaba a mi local y siempre se llevaba los juguetes de Vladimir, me decía que conocía a otros niños que no tenían. Y vuelta a conseguir juguetes, así siempre.

El 25 de noviembre de 1974, recién nacido Vladimir, las fuerzas gubernamentales cometieron la masacre de La Cayetana, en Tecoluca, departamento de San Vicente, de la que me enteré porque vinieron a refugiarse a mi casa unos campesinos. Los campesinos fueron atacados por la Guardia Nacional y respondieron con sus machetes para defenderse, pero en un combate tan desigual cayeron abatidos varios campesinos. Ellos estaban fundando una organización campesina cantonal para tener una influencia más amplia en la sociedad; y el ejército y la Guardia Nacional los reprimían sistemáticamente. Estas represiones alimentaban el debate sobre la lucha política de masas versus lucha guerrillera, o sobre su complementariedad. De hecho el partido estaba discutiendo su línea política de masas. Nosotros teníamos contactos clandestinos en los tugurios donde trabajábamos para formar células guerrilleras, no para crear organización de masas, y había que readecuar la concepción y el método de trabajo.

No sé porque motivo la policía nos ubica a Dimas y a mí cuando Vladimir está recién nacido. Llegan unos judiciales[3] a buscarnos al trabajo y unos colaboradores nos alertan, Dimas logra salir de allí y se va avisarme a nuestra casa; simultáneamente andaba gente preguntando por nuestra casa, nosotros nos retiramos con el bebé rápidamente y los compañeros deciden pasarnos a la clandestinidad total y que dejemos el trabajo asalariado de la Alcaldía. Entonces empieza otra época, ya no podemos ver a la familia, no podemos usar nuestra identidad, la policía nos busca, debemos abandonar nuestro trabajo legal.

Pasé a trabajar a tiempo completo para la organización. Inicialmente seguí con mis contactos guerrilleros en los tugurios, pero seguramente por mi condición de mujer nuestra dirección decide que como estoy criando me cambien de tareas y me ponen en otros trabajos; los contactos para guerrilla se los pasé a Dimas y yo paso a cocinar a los que vienen del campo a cursos político-militares en la ciudad, en la temporadas de corta de café; además le daba cobertura a la casa.

Aprendí a cocinar y en vez de atender las células que era el mismo riesgo, paso a dar apoyo a las esposas de compañeros; fue una decisión machista pero yo me lo agarraba en serio, todas mis tareas eran atender compas mujeres, cocinar, darle charlas a los que llegaban y cuidar de Vladimir.

Meses después la organización decide asignarme otras tareas. En mi célula estaban Clara Elizabeth Ramírez (que también había parido ese año, un mes antes que yo), Alejandro Solano,

Dimas y yo. El jefe era mi hermano Felipe cuyo seudónimo era Ignacio. Nos juntan y nos informan que vamos a trabajar por sectores y nos reorganizan. A Dimas lo mandan como encargado del trabajo guerrillero en Chalatenango, Alejandro queda responsable del trabajo guerrillero de La Paz, sin abandonar su trabajo entre estudiantes y docentes, a mí me dejan el sector tugurios, me devuelven mis contactos, y a Eva (Clara Elizabeth Ramírez) le dan responsabilidad en el sector campesino.

Además, me orientaron que como en el sector tugurios vivían familias humildes, de trabajadores, yo tenía que organizar desde ahí al sector obrero. En ese momento no existía la Unión de Pobladores de Tugurio,[4] nada, eso nosotros lo fundamos desde las células. Entonces ya me volvieron a reactivar, andaba para arriba y abajo con mis contactos con esta nueva línea buscando formar células y promover que las células organizaran sus gremios más ampliamente; teníamos trabajo en la Comunidad Nicaragua, Tres de Mayo y en la Renso Irca. Reclutamos a otros compas y con ellos nos reorganizamos y comenzamos a trabajar a dos niveles: creando células guerrilleras, pero también grupos que quisieran organizarse en un gremio, en una asociación de masas combativa.

Comienzo a dedicarme a esa labor organizativa y siempre de manera secreta seguimos con todas las tareas político militares. Al mismo tiempo estábamos fundando el movimiento de pobladores de tugurios, rápidamente tuvimos comités como en quince tugurios. Esa organización incipiente no tenía nombre pero iba prosperando y a Eva la destacaron a apoyar con los grupos campesinos a la FTC[5] que se iba a crear tiempo después. En eso estábamos cuando se dieron una serie de problemas de seguridad. Yo andaba con mi hijo todo el tiempo, en mis reuniones, y nos tocaba movernos de un lado a otro. Pero en las reuniones de comando a las que iba, a mis compañeros ya no les gustaba que llevara a mi hijo, porque quizás en el cuarto de mesón los compas habían dicho que vivían dos solteros y ahí lloraba un niño a cada rato que era Vladimir y eso ponía en duda la «leyenda» que ellos habían dado. La situación se volvía peligrosa para Vladimir, también para el resto, y los compas nos preguntaron a Eva y a mí si habíamos pensando qué hacer con los niños, pues la situación se estaba poniendo más difícil. Al final decidimos ir a dejar a nuestros hijos a la casa de nuestras madres como forma de superar el dilema ¿maternidad o guerrillera? ¿Revolución para el pueblo o vida de familia?

Yo valoré que no debía arriesgar la vida de mi hijo y que tampoco debía abandonar la lucha. Y así fue que lo llegué a dejar con mis padres en mayo de 1975. Por primera vez sentí que me quitaron un brazo sin anestesia o la cabeza o el pie, yo lo fui a dejar y mi mamá lo recibió, pero conforme pasaban los días yo me sentía horrible, ni me quería acostar con Dimas, me parecía que era prostitución, yo estaba de luto. Dimas debió haber sufrido pero a su manera. Me prestaban a mi hijo una vez al mes, no lo podía ver a menudo, me sentía que no era yo, soñaba y pensaba en Vladimir. Entonces me dije: «Voy a buscar literatura que me ayude a entender esto» y me puse a leer a Lenin... y ¿qué sabia él de tener hijos? pero hallé un artículo de Lenin sobre la maternidad histórica, que hoy lo valoro como de un gran machismo viendo a la larga porque en un discurso así no hay lugar para los padres, pero yo en aquel tiempo encontré en el texto de Lenin un motivo ideológico para la conformidad. En el discurso de Lenin para el día de la madre, no sé de que año decía que las madres bolcheviques han renunciado a sus hijos para criar a la humanidad... más o menos, en una especie de trascendencia de maternidad histórica y social. Ese texto me dio el consuelo de que yo no era mala madre, sino que había asumido una maternidad histórica y social.

Después de todo lo que ha pasado, creo que fue una decisión correcta, a pesar de lo que nos ha significado a los dos. No podría ver hoy de frente a mi hijo, contarle que aquí en mi país se asesinaba a gentes del pueblo y nosotros nos habíamos quedado inmóviles.

A más represión, más lucha

Esta consigna relata muy bien lo ocurrido en el último semestre de 1975. Yo en ese momento estaba trabajando políticamente en la naciente organización de masas. Después nos comunicaron que se iba a configurar una comisión para evaluar y dirigir el trabajo de masas. Para ese tiempo ya teníamos diferenciado un trabajo por sectores: comités obreros y comités de pobladores; los comités obreros diferenciados por fábrica y empresa, en ANDA, Macormick y en la IUSA.[6] Por esos días promovimos a un compa que se llamaba Lorenzo para que atendiera los tugurios —él vivía en uno de ellos— y entrara al colectivo de dirección, y a mí me pasaron exclusivamente con el sector obrero.

Fue creciendo rápidamente la organización del sector obrero, pero no existía federación sindical que impulsara un sindicalismo independiente, combativo y revolucionario (esa era nuestra consigna sindical). La UPT (Unión de Pobladores de Tugurios) ya había surgido. El 30 de julio hay una marcha estudiantil universitaria que protesta por la agresión del ejército en la Facultad Multidisciplinaria de Occidente, que fue reprimida por unidades de caballería (tanques), infantería y cuerpos represivos. Fueron emboscados los estudiantes y asesinados a mansalva, también capturaron a un centenar. La sangre corrió por varias cuadras, luego los bomberos lavaron la sangre para que nadie la viera, pero en todo el país se conoció de la masacre lo que encendió más protestas y movilizaciones. Yo fui a ver pasar la marcha, iba disfrazada porque tenía prohibido andar en organizaciones de masas, a la hora de la masacre no estaba allí, sólo vi pasar la manifestación.

Las FPL creó la comisión nacional para el trabajo de masas y en ese organismo entraron Ana María, Gerson Martínez, Alejandro Solano, Clara Elizabeth Ramírez (Eva), Atilio Montalvo (Chamba Guerra), Andrés Torres (Toño) y mi persona atendidos por mi hermano Felipe (Ignacio). Comenzamos a configurar un concepto de dos dinámicas, el sector más avanzado de la vanguardia y el movimiento de masas con su propia lógica y personalidad, íntimamente vinculados. Enseguida surgió un debate y controversia en las FPL, porque un sector de compañeros de la guerrilla consideró que esa dualidad iba a causar la destrucción del movimiento, dado que el trabajo de masas haría vulnerable a la estructura militar. Ellos tenían una visión estrictamente conspirativa de la revolución y hasta cierto punto foquista, una visión de grupitos supersecretos. Lo cierto es que se agudizaron las diferencias cuando apareció la necesidad de autodefensa de las organizaciones populares y comenzamos a pensar que podía haber una especie de autodefensa armada que no era guerrilla y que le íbamos a llamar milicias y todo eso generó un gran debate en el partido sobre esta temática.

Mi hermano era abanderado de la importancia del movimiento popular, a pesar que él era al mismo tiempo el jefe de la comisión militar. Existían dos comisiones, una militar y otra de masas, las dos clandestinas, las dos político militares. Las dos posiciones ponían el acento en prioridades distintas: un grupo en el que yo me encontraba enfocado en crear un amplio movimiento de masas y reclutar con un aparato clandestino; y el otro grupo orientado a crear la guerrilla urbana como único objetivo. El gran debate terminó y varios cuadros se retiraron del partido convencidos de que íbamos a la derrota por la vía de los problemas de Inteligencia; consideraban que el enemigo iba a dar seguimiento a quienes actuaban en las organizaciones de masas y terminarían dando con los organizados en secreto y que eso sería el final de todo.

En esa coyuntura se suceden las grandes marchas estudiantiles y la masacre del 30 de julio de 1975. Es entonces que decidimos que era el momento de fundar el BPR (Bloque Popular Revolucionario) el cual nace entre la masacre de Santa Ana y el 30 de julio. Contactamos a todos los cuadros, les planteamos la situación y ellos fueron a lo abierto a plantear la necesidad de crear el BPR como un proceso que venía de la masas. Hubo congresos regionales de cada organización gremial y sectorial que decidieron incorporarse al bloque y negociar entre ellas sus plataformas y sus diferencias con un planteamiento de lucha combativa por la revolución social, por el socialismo, en un esquema de guerra de todo el pueblo donde estaría el movimientos de masas, las milicias, la guerrilla y un partido que lo articulara todo, un partido político militar.

Los maestros, la naciente organización de los tugurios, los estudiantes, las organizaciones campesinas, se unen en esa coyuntura y deciden crear el Bloque Popular Revolucionario, para solidarizarse entre sí en la lucha y para profundizar la misma, con la meta de generar una correlación de fuerzas convergente con la lucha político militar que derrote a la dictadura militar y genere las condiciones para construir el socialismo. Nosotros entonces creíamos que el socialismo más bien dependía de la correlación político militar, luego la vida nos enseñó que era un poco más compleja la cosa.

Este concepto de combinación de formas de lucha fue claro para nosotros en 1975. Por eso no entiendo, hoy día, porque nos enredamos a veces con planteamientos excluyentes entre lucha electoral y la lucha por las reivindicaciones inmediatas. Desde un inicio tuvimos un planteamiento claro sobre como combinar la lucha por las reivindicaciones estratégicas con la lucha reivindicativa inmediata; es como ver la lucha revolucionaria como dos caras de una misma moneda. Mi colectivo trabajó en eso y elaboramos manualitos de lucha reivindicativa, tratando de hacerlo de manera didáctica para el entendimiento popular. Cuando ocurre esa masacre del 30 de julio aceleramos la decisión en el partido. Marcial (Salvador Cayetano Carpio) comprendió el momento y finalmente se decidió a empujar ese enfoque. Decía mi hermano, quien era bien irreverente: «No podemos tener una versión topográfica del marxismo» técnica, porque entonces estudiábamos «topografía y armas» así se llamaba el manual.

Duelos clandestinos

Temprano levantó la muerte el vuelo,
temprano madrugó la madrugada,
temprano estás rodando por el suelo.
No perdono a la muerte enamorada,
no perdono a la vida desatenta,
no perdono a la tierra ni a la nada.
Miguel Hernández. *Elegía.*

Mi hermano fue asesinado, cayó en combate el 16 de agosto de 1975 en San Salvador, en la colonia Santa Cristina en el barrio Santa Anita de San Salvador. Su local fue asaltado por la policía después de que se desatara un incendio por una mezcla explosiva que allí se guardaba. Mueren mi hermano y mi cuñada Gloria Palacios de seudónimo «Ursula» y, si bien ya estábamos más o menos en la clandestinidad, Dimas y yo a partir de ese momento tuvimos que hacernos invisibles, pasando a una clandestinidad mayor. Lo mismo hicieron mis dos hermanas y esa situación me llevó a que ya no podía ver a mi hijo, ni siquiera esporádicamente; lo volví a ver un año después.

Mi mamá y mi papá reconocieron ante las autoridades a Felipe, no dejaron que lo enterraran como desconocido, ni a él ni a Gloria su compañera. Por su parte el ejército circuló las fotos de las tres hermanas para nuestra captura, a tal grado que algunas amigas, dos de nuestra edad que fueron a la misa del entierro de ellos, terminaron capturadas y torturadas, creyendo que éramos nosotras. Yo no pude ver a mi hermano muerto, ni ir a su velorio y ni al entierro, nada, y no podía ver a mi hijo porque la casa estaba cercada permanentemente. Yo mandaba a algún compa que fuera a ver como estaba el entorno de nuestra casa por ver si era posible que me acercara, pero lo cierto es que debimos romper toda comunicación con mi familia, porque pasamos a ser de la gente que estaba públicamente ubicada del lado de la guerrilla. Yo iba a cumplir veinte años en ese entonces.

El duelo de la pérdida de mi hermano lo viví con mucha dureza. No pude decirle adiós, no pude ir a la misa de mi hermano, no podía en nuestra casa clandestina dar ninguna señal de luto ante los vecinos, era un luto clandestino sólo entre los compas de mi célula y no de las demás células. Los compas de mi célula de vivienda, Alejandro Solano y Clara Elizabeth, conocían a mi hermano y ante ellos podía llorar, llorar dentro de la casa, llorar en el bus… Yo he dejado de soñar que Felipe y mis hermanas están vivos hace como un año, y desde que murieron Felipe y mi cuñada Gloria pasaron unos seis años hasta que yo superé la visión de cómo se los comían los gusanos, porque en el tiempo que murieron llovía, era agosto, «se están pudriendo, está lloviendo» pensaba, algo tan terrible, éramos bien unidos y él era mi jefe.

Su muerte fue como un zarpazo directo a mi familia que nos cambió todo: dejé de ver a mis hermanas por seguridad, dejé de ver a mis papás, a Vladimir, Felipe no existía más y yo estaba clandestina. El gran apoyo eran Dimas, Clarita, Alejandro y Andrés Torres que formaban mi colectivo. La compañera Mélida Anaya Montes no sabía que Felipe era mi hermano por compartimentación. El compañero Marcial fue mi nuevo jefe. Marcial sustituyó a Felipe en esa tarea.

Uno tenía que seguir como que no había pasado nada, no se podían tener fotos ni nada, por ese tiempo me empecé a maquillar porque no me maquillaba, mi camuflaje en ese tiempo era maquillarme y usar falda porque no usaba, más bien yo me vestía como varón, blue jeans, camisas de hombre. Tuvimos que cambiarnos y la dirección de la organización consideró que por seguridad no debíamos vivir juntos Eva y Chico, Dimas y yo.

Nos fuimos a vivir a locales diferentes, todos los muebles que compramos cuando me casé se los llevó Eva, y nosotros nos fuimos a un local más pequeño. Ese último semestre de 1975 Eva y Chico me dieron magníficas lecciones de solidaridad. Recuerdo el primer 31 de diciembre que pasé después de la muerte de mi hermano, en absoluta clandestinidad; ellos no estaban clandestinos y se iban a ir a cenar con sus familias, que eran clase media alta, sobre todo la de Alejandro. Y, nosotros, para que la casa no se viera sospechosa, fingimos como que todos nos habíamos ido de visita a otra casa. Esa fecha cualquier familia normal celebra, abre sus puertas, revienta cohetes y cena a la media noche, los vecinos se visitan y se regalan. Nosotros no podíamos estar con las luces encendidas ni tener visitas, debíamos permanecer en silencio sin levantar sospechas.

Por la leyenda y por seguridad apagamos todas las luces y nos fuimos al cuarto del fondo como un día común y corriente, sólo que ese año de 1975 terminaba sin mi hermano y sin

Vladimir. Dimas y yo estábamos jodidos, solos, y a las doce en punto de la noche sonó el timbre y, como si fuera un milagro, venían Eva y Chico con la cena de los cuatro... y en lo oscurito hicimos nuestra cena, nosotros impresionados porque habían dejado a su gente para irse a encerrar con nosotros y así cenamos y contamos chistes en el dormitorio, sin hacer ruido para que nadie de los vecinos escuchara que en la casa había gente, porque todo era seguridad. Ese gesto de fraternidad me impresionó para toda la vida, ellos se desprendían de lo suyo, también tenían sus hermanos, la mamá de Eva, y los dejaron para irse con nosotros.

Son cosas tan pequeñas pero tan importantes a la hora de la verdad. Yo fui la primera en conocer a la hija de Eva a quien le tocó pasar a la clandestinidad porque unos policías habían matado a su hermano en un combate unos días antes de que pariera; a Dimas y a mi nos tocó dar las vueltas al hospital cuando nació su niña.

Incursión en el mundo del proletariado

1975 fue un año de mucho trabajo revolucionario, de mucho debate político y de muchos golpes represivos y cambios impresionantes en nuestras vidas. Ese mismo semestre fueron asesinados Roque Dalton y Rafael Aguiñada Carranza que era diputado y a Rafael Arce Zablah, casi seguido. Había huelgas campesinas, se sucedieron masacres y muchos enfrentamientos de corvos,[7] salían los guardias sin brazos y los campesinos muertos, todo eso nos hacía ver que había que mejorar la autodefensa.

Militando en la organización de los trabajadores, Marcial me planteó que tenía que conocer la historia del movimiento obrero. Teníamos un local para las células obreras en Cuscatancingo, un poblado periférico a la capital a donde ni carro llegaba en ese entonces. La guerrilla era pobre, pero allí nos reuníamos con los compañeros obreros. En ese local Marcial me impartió personalmente un curso sobre la historia del movimiento obrero y así conocí más la historia de lucha de las FPL, del movimiento sindical desde 1932 en adelante. Era riguroso, tuve quizás ese privilegio personalizado y yo reproducía esas charlas con las células; ya me habían encomendado la atención de otros compañeros, uno que estudiaba secundaria en el Externado de San José muy inteligente, creo que Mauricio era su seudónimo; Chanito a quien recluté antes a la guerrilla y que lo habían enviado para reforzar ese trabajo, Gustavo un obrero de una fábrica de medicamentos y Rafael que ahora está fuera del partido y reside en Estados Unidos, con ellos atendíamos el trabajo obrero.

La meta era crear sindicatos y para ello nos hicimos de una red clandestina de comités pro sindicatos que se llamaba Comités Obreros de Orientación Revolucionaria, que era como un escalón entre las FPL y el movimiento de masas. Levantamos los sindicatos en secreto. Creábamos el sindicato, digamos con seis comités de cinco personas cada uno, treinta en total, y siempre el truco era que los patronos echaban a uno o a la mitad de los integrantes del naciente sindicato, pero no se caía la petición legal del sindicato; rápidamente metíamos a los otros que teníamos secretos, a manera de que al sindicato no lo pudieran neutralizar. De este modo de lo secreto a lo abierto fuimos creando varios sindicatos nuevos, en la Constancia, la Fabrica León, en la fábrica de zapatos ADOC, en la IUSA y en otras fábricas, y también algunas seccionales de la industria de la construcción.

Había en la construcción un compañero que, felizmente vive, de nombre Juan y bien inteligente. Él quebraba piedras con almádana, ese era su trabajo, y cuando se trataba de sostener el arma, hasta por media hora la sostenía sin problema porque tenía unos brazos fuertes, pero cuando era un movimiento fino de quitar el seguro a una pistola, le dolía el dedo. Uno aprendía mucho de ellos, por ejemplo a veces caminaban cuando había paro de buses y llegaban en punto a las reuniones y se retiraban a las diez de la noche a pie, su espíritu de sacrificio era bien educativo para mí.

En el BPR se creó una comisión de asuntos obreros que le hacíamos el chiste porque se llamaba CAOS. Para que hubiera un vínculo, a todo sindicato creado por el impulso de la comisión obrera del partido, lo mandábamos a que tuviera un espacio de coordinación y cuando se tenían catorce sindicatos se creaba la federación; legalmente el mínimo legal para crear una federación sindical era de diez sindicatos, pero previniendo cualquier imprevisto construimos federaciones de catorce y así fue como llegamos a construir la Federación Sindical Revolucionaria «José Guillermo Rivas» quien fue un destacado dirigente asesinado por la policía. Llegamos a tener obreros organizados en los departamentos de Santa Ana, San Miguel, La Paz y en la ciudad capital y eso se fue ramificando con obreros y colaboradores reclutados de otros lados del país.

Así me especialicé en la lucha sindical, una vez que dejé mi fuerte que era el trabajo con pobladores. Logramos montar un periódico clandestino para los obreros que se llamaba *El Proletario*. Hacíamos acciones político militares de propaganda armada, bombas de propaganda; colaboré menos con las actividades propiamente guerrilleras, estaba más que todo en la creación de los sindicatos. A Gustavo lo echaron de la fábrica porque pusimos el periódico *El Rebelde* a las seis y cuarto de la mañana en varios puntos de la fábrica, entonces la empresa al día siguiente despidió a todos los que habían marcado tarjeta a esa hora. Gustavo se fue a trabajar de panificador, yo lo atendía políticamente, era su jefa, pero todas las mañanas le sacaba las astillas de pan de las uñas infectadas, yo no tenía idea de lo que era estar detrás del proceso de producción. En la mañana Gustavo llegaba al local clandestino, venía de trabajar en la panadería, él daba cobertura en ese local, y con una pinza le sacábamos las astillas y le curábamos los dedos, de ese tipo de sacrificios una aprende, conviviendo con la gente si una tiene oídos y ojos aprende de su sacrificio.

El trabajo siguió creciendo, creamos una célula con el padre Ernesto Barrera Moto de seudónimo «Felipe». Él se iba a predicar, era un gran organizador, puso en marcha varios sindicatos y era curioso porque él no se posicionaba como sacerdote superior a los demás en ese trabajo sino como uno más, aunque seguía con sus misas y cuando no teníamos dinero nos pedía permiso para ir a dar misas y recaudar fondos. El padre Barrera llegó a desarrollar un importante trabajo de organización sindical y formuló desde su fe una pastoral obrera, realizaba con convicción su trabajo por los desposeídos, tanto en la guerrilla, como en su parroquia, desde su fe, que era una fe cristiana, humanista y comprometida con el pueblo. El murió tiempo después en un enfrentamiento con los cuerpos represivos del gobierno en un combate que duró más de doce horas en la colonia La Providencia. Los medios de comunicación decían que había un fanático que no se rendía y que los insultaba desde adentro del local guerrillero, y como en ese local lo dejé cuando me pasaron a otro trabajo, al oír por radio la noticia yo sabía que era él. Al final lo lograron matar y fue tal el escándalo que monseñor Romero se quedó impresionadísimo de que el muerto fuera el padre Barrera. Su base de trabajo era en el municipio de Mejicanos.

Los sacerdotes progresistas ayudaban en todos lados a salvar personas que eran perseguidas, de esa forma al padre Barrera le llegó un campesino que venía huyendo de la represión en Teosinte, Chalatenango. Ernesto nos informó de ello, que lo pondría de sacristán y que era tan inteligente y dedicado que le dio unos grupos de obreros para que le ayudara a realizar con ellos el estudio político. Nosotros le dijimos que lo reclutara primero a la organización, tuvo varias conversaciones con él y lo reclutó, a los días el padre Barrera llegó contando que casi le tenía que pedir permiso a ese compañero para entrar a su oficina porque siempre estaba atendiendo gente para organizarla; entonces le sugerimos que le propusiera que se metiera a trabajar en una fabrica para que organizara un sindicato y consiguió trabajo en una industria Tipográfica y se desarrolló como un excelente dirigente sindical, fue secretario de la Federación Sindical Revolucionaria y se llamaba Juan Chacón. Luego fue coordinador de la Coordinadora Revolucionaria de Masas y secretario del BPR después de Mélida Anaya Montes (Ana María). Ese era Juan Chacón un campesino que se hizo obrero por la revolución y sindicalista de los buenos.

En 1976, Dimas estaba en Chalatenango; Alejandro en La Paz, a la vez atendía a los maestros con Mélida; Eva encargada de la FTC;[8] Gerson atendía el MERS[9] yo atendía el sector obrero y de tugurios aunque había otro enlace para ir a ver los tugurios.

Eva, Francisco y Antonio

> *Vámonos patria a caminar, yo te acompaño*
> *Yo bajare los abismos que me digas.*
> *Yo beberé tus cálices amargos.*
> *Yo me quedare ciego para que tengas ojos.*
> *Yo me quedare sin voz para que tú cantes.*
> *Yo he de morir para que tu no mueras,*
> *para que emerja tu rostro flameando al horizonte*
> *de cada flor que nazca de mis huesos.*
> Otto René Castillo. *Vámonos Patria a Caminar.*

En ese año se realiza el primer Consejo Nacional de las FPL. Éramos como dieciocho personas, fue una reunión donde estaba la comisión militar, la comisión de masas, la comisión de educación que ya existía y los jefes de zonas. Ese era el Consejo Nacional. Se realizó un operativo increíble porque íbamos a tener una reunión altamente peligrosa y era necesaria una estricta seguridad. Íbamos a estar dieciocho personas juntas, todas encapuchadas, para elegir como partido a nuestro primer Comando Central (COCEN) que se integraría con cinco o seis personas. Allí se dio la primer memoria de labores y me enteré más en detalle de cómo murió mi hermano, cómo la organización surgió, de los que se habían ido y los que se habían quedado.

Salieron electas para el COCEN, Clara Elizabeth Ramírez, mi hermana Ana Margarita, Dimas, Mélida, Marcial y Martín (José Roberto Sibrián) que sería después el compañero de mi hermana. Yo quedé en la comisión de masas y Eva (Clara Elizabeth) pasaba a ser mi jefa. Alejandro Solano (Chico) no llega al Consejo Nacional porque Marcial decide sancionarlo porque había tenido según él problemas disciplinarios. Nosotros en ese momento lo vimos como correcto aun cuando nos dolía que nuestro compañero, que era muy bueno como persona y combatiente, muy propositivo, no fuera del Conceso Nacional.

Seguimos trabajando en la comisión de masas pero sucede que un campesino delata la casa de Eva; yo había estado en su casa hasta las diez de la noche y al día siguiente el 11 de octubre de 1976, teníamos reunión. Nos dirigíamos a ella con otro compañero del sector obrero que era un jesuita, Fernando Ascoli (de seudónimo Ricardo Gutiérrez). Debíamos entrar escalonados en el tiempo, a nosotros nos tocaba entrar a las seis y media de la mañana; pero desde el parque Daniel Hernández en Santa Tecla habían cordones policiales y del ejército, helicópteros, un gran escándalo. Más adelante oímos una balacera y pasamos varios retenes del ejército acercándonos a nuestro local, un poco con la duda de que ahí era el enfrentamiento. Al fin llegamos a una cuadra del local como a las siete de la mañana, ya se oían sólo balazos desperdigados, ellos estaban en la salida de Santa Tecla y la gente estaba subida en los techos curioseando el enfrentamiento. Parqueamos nuestro vehículo y pedimos permiso para entrar como curiosos a una casa, y desde el techo de esa casa pudimos comprobar que era nuestra casa la del enfrentamiento, en medio vi unos bultos que supongo eran de Eva y Chico.

Cuando comprobamos que era nuestro local nos fuimos a desalojar todos los locales relacionados con ese colectivo, lo que era una norma de seguridad por si habían hallado papeles o cualquier otra cosa; es así que toda la comisión de masas quedábamos en la calle. Todos tuvimos que buscar contactos de emergencia que teníamos para esos casos y poder reorganizarnos. Gerson Martínez acababa de ser papá por primera vez y tuvo que pasar a la clandestinidad. Ya en la tarde salieron las fotografías de los tres compañeros Eva, Chico y Toño, asesinados, en todos los periódicos. Toño escribió FPL con su sangre en la pared y de la ele salía el hilo de sangre hasta donde quedó su mano tendida.

Fue algo tremendo. Pude ver varias cosas, primero y lo realmente terrible a mis compañeros muertos, los que habían pasado el año nuevo conmigo; segundo mis muebles baleados al igual que mi guitarra. Me preocupó mi mamá porque seguro estaba viendo todas las informaciones en los noticieros de televisión y no sabía quiénes eran los muertos. Eran mis cosas las que me regalaron para mi boda las que salían en las fotos del periódico. Ocurrió que los tres compañeros siguieron paso a paso el plan de seguridad que teníamos cuando vivíamos juntos: pusieron todo en un colchón, lo rociaron de gasolina y quemaron los papeles y cualquier otra anotación u objeto que permitiera a la policía conocer nuestro trabajo y nuestros contactos. Actuaron de acuerdo al plan que para esas emergencias teníamos previsto y combatieron hasta el último minuto.

Los de la comisión de masas nos quedamos descoordinados y mi hermana Virginia que estaba clandestina también salió a volar porque la cédula de identidad de Alejandro era la misma con la que estaba alquilado el local donde vivía la Chana (Virginia). Nos quedamos volando, pero por otra parte fue como una gran acumulación de moral para todos el ver el combate que los compañeros presentaron hasta el último instante. Esa gesta nos sirvió como un gran aliciente de lo que teníamos que hacer en adelante, sobre cómo seguir en la lucha. Por esos días Marcial volvió a ser el jefe nuestro, nos reorganizamos, nos cayeron los policías a otros dos locales pero logramos escapar hasta que nos estabilizamos y continuamos con el trabajo.

Eva

Eva, Clara Elizabeth era una estudiante de sociología de la Universidad Nacional a quien conocí a través de mis hermanos. Era una mujer menuda, morena, pequeña, de rasgos indígenas, muy guapa y además con un carácter fuerte. Era minuciosa, analítica y trabajadora y al igual que Alejandro tenía una fascinación por la música y las artes. Y siempre estaba al tanto de los nuevos inventos tecnológicos. Fumaba un cigarro tras otro, igual que yo, y siempre andaba muy arreglada. Era coqueta en su arreglo personal. Su trabajo organizativo lo desarrolló básicamente con el campesinado, trabajaba directamente en los cantones y municipios del interior del país organizando colectivos de trabajadores del campo, tenía la habilidad de traducir a lenguaje popular los más complejos textos políticos y comprender a nivel humano y no sólo teórico lo que implicaba la explotación en las haciendas.

Francisco

Alejandro Solano era su nombre, era un gran pianista, me encantaba oírle «Para Elisa» interpretada por él. Tenía oído y alma para el piano. Provenía de una familia acomodada de San Salvador y, al igual que Eva, estudiaba en la Universidad Nacional. Era un hombre alegre y dulce, con un excelente sentido del humor, muy aguerrido en el combate. El trabajaba con los maestros de secundaria y también con los estudiantes. Solía oír las noticias y hacernos los comentarios en las noches que cenábamos juntos, recuerdo como llevaba al minuto las noticias de la agonía y muerte del dictador Francisco Franco, y preparó una cena especial para los cuatro (Eva, Dimas, él y yo) para celebrar el día que murió ese general tirano. Era un gran lector, por los días en que murió andaba leyendo un libro sobre problemas ambientales y los problemas de salud que generaban los alimentos basura.

Antonio

Andrés Torres, Antonio, era un sociólogo graduado en la Universidad Nacional. Era un campesino originario de Ahuachapán donde estudió en la escuela pública y luego fue becado a la Universidad por el párroco de su cantón. Era un estudioso de la historia de El Salvador, sobre todo de la conquista y la independencia, de cómo fue despojado de sus tierras el campesinado y como se instauró el capitalismo. Trabajó como promotor social en varias comunidades de la capital y fue ascendiendo en puestos de gobierno vinculados a la atención de colonias marginales, desde donde promovió varias ocupaciones de terrenos para vivienda popular, la colonia de la «Comunidad 22 de Abril» entre otras, hasta que renunció para integrarse a la guerrilla. Vivía muy solo, por ello solicitó pasarse a vivir con

Eva y Chico que lo apreciaban mucho, él llegó a esa casa unos días antes del enfrentamiento.

Era muy amigo de mi hermano quien lo molestaba bromeando siempre por sus modales campesinos. Cuando murió era, junto con Eva, responsable de la organización del sector campesino de nuestro partido.

3
Nuevas responsabilidades, nuevos conflictos

Por esos días mi hermana Ana Margarita renunció al COCEN. Ella era bien guerrillera y le gustaba las actividades de lucha combativa y decía que en ese órgano partidario era muy teórico todo y que no soportaba ese ambiente. Renunció a la dirección del partido y la devolvieron a la guerrilla que es donde ella quería estar. El caso es que quedaban dos huecos en el COCEN y fui electa. Me dieron nuevas tareas, la comisión de educación en la escuela de cuadros político militar de las FPL y la creación partidaria de la zona metropolitana que estaba compuesta de tres redes: guerrilla, milicia y movimiento de masas.

Habíamos definido que la base iba a crecer a nivel territorial, que había que construir la organización de manera integral y que no podíamos continuar con una red organizacional que no tuviera suficientes apoyos intermedios. También me asignaron la atención política del equipo clandestino de infraestructura y documentación que eran los que hacían embutidos para cargar asuntos secretos y falsificaban pasaportes y demás documentos de identidad; a mí me correspondía darles el estudio político.

Dimas no entendió que yo pasara de subordinada a integrante de la dirección. Mis horarios de trabajo cambiaron, toda mi dinámica cotidiana era otra, empezamos una discusión tremenda, estábamos bien jovencitos y quizás no teníamos madurez para abordar la nueva situación. Me acosaba a preguntas: ¿De dónde venís? ¿para dónde vas? ¿será cierto que has estado en reuniones?, yo tenía veintidós años y para mí eso era inaceptable, no entendía la repentina desconfianza. Todas esas discusiones eran muy ideológicas y me parecían asuntos pequeño burgueses. No teníamos ni enfoque de género, ni terapias, ni nada de eso; para mí era una falta de principios, estas diferencias se fueron agudizando con el tiempo y llegó un momento en que él y Marcial estaban convencidos de que para llevarnos mejor tenía que conocer todos mis locales. Yo les dije que no, porque mis locales eran clandestinos y los suyos también, «Yo no voy a arriesgar a mi gente», les dije, fue como otro choque con el machismo, algo incomprensible para mí.

Cómo lamento no haber tenido mejores argumentos y mayor paciencia. Todo fue muy doloroso para los dos. Hasta entonces no habíamos tenido problemas, Dimas arreglaba pachas, lavaba pañales, cocinaba igual que yo, compartíamos todo el trabajo doméstico, era una persona buenísima gente, muy responsable, muy cuidadoso, nos desvelábamos en la noche un día cada uno cuando teníamos a Vladimir y de repente nos enredamos en esa contradicción que se fue agudizando hasta que terminamos separándonos a finales de 1978.

A mí me parecía horrible la palabra divorciada. Un día aproveché que una señora desconocida me sacó plática en un bus y me preguntó si yo era casada y aproveché para ensayar y le dije: «Divorciada». Sentí que lo deletreaba… pues para mí divorciada era en el fondo una calificación peyorativa.

Un maestro que llegó a Comandante

Un día Mélida Anaya Montes me pidió que fuera a un contacto para conocer a un maestro a quien yo debería reclutar para las FPL, hacerle nuestro planteamiento, proponerle organizar un colectivo clandestino y llevar adelante un plan de formación política y militar. Llegué a la Iglesia de Concepción en cuyo atrio me debería esperar a las once de la mañana un hombre con una zanahoria en la mano izquierda, yo debería llevar otra en la derecha y deberíamos intercambiar unas frases ya convenidas. Así lo hice, y ahí me encontré con un hombre un poco mayor que yo, con quien muy rápidamente entablé confianza, le hice el planteamiento de la organización, lo aceptó sin reparos y me propuso contactar a otras personas del gremio de maestros para conformar la célula.

Muy pronto me di cuenta que era una persona muy adelantada, que tenía muchas cualidades y experiencia gremial y política, por lo que sugerí a mi colectivo que se le promoviera a otro nivel de atención. Este hombre se llama Salvador Sánchez Cerén (Leonel González), uno de los miembros de la Comandancia General del FMLN firmante de los Acuerdos de Paz que concluyeron la guerra civil. Y es el padrino de mi hija Ana Virginia. Es uno de los hermanos que me ha dado la revolución, pues al final de la guerra mi familia es una familia unida y muy amplia. No me unen a la mayoría de mi familia lazos de sangre, sino lazos de amor y solidaridad. Leonel y Verónica su compañera son parte de mi familia.

La escuela clandestina y Ruth

Organizamos una escuela de cuadros. En ella estaban la compañera Beti, Lisbeth Portales, que era la encargada de la logística y de la cobertura, la compañera Marta Castillo de seudónimo Ruth que era parte del equipo de la escuela, el compañero Alejandro, Jorge Escoto, el compañero Cardona seminarista de seudónimo Nelson que después murió en Chalatenango y la compañera María Teresa Saballos de seudónimo Sara, que fue asesinada tiempo después por los escuadrones; esa era la dirección de la escuela.

Beti era la *pantalla* de la casa-escuela en la que nosotros dábamos cursos de catorce días a todos los equipos de todas las áreas del partido. Todos con capuchas y armados de fusiles, funcionábamos en unas grandes casas donde los alumnos entraban de dos en dos, clandestinos, tirados en el piso de una camioneta que teníamos para que ningún vecino los viera ni sospechara de nuestra actividad. Recuerdo que tardaban una semana en entrar el total de los alumnos, quince días el curso, una semana en salir y otra semana de descanso y vuelta a empezar. En ese curso teníamos instructores de todas las áreas, a quienes igual los metíamos clandestinos y los sacábamos clandestinos. En la escuela dábamos análisis de la realidad nacional y formación socio-económica de El Salvador, estrategia de guerra de contrainsurgencia, estrategia de guerra popular prolongada, la línea de masas, la línea militar, la línea de milicias, la línea de construcción de partido, cómo organizar una agenda, cómo dirigir una reunión, moral y contexto revolucionario, normas mínimas de seguridad y disciplina, eso era para todos los cuadros a manera que todos tuviésemos una visión común y un entendimiento común de nuestra estrategia y un estilo de trabajo cohesionado.

Marta Castillo era bien acuciosa y propuso que mandáramos a traer a través de contactos de la organización desde Costa Rica libros de didáctica y pedagogía. Estudiamos a Makarenko y a otros autores, hicimos un esfuerzo en medio de esa gran rigidez para tener un método educativo que pegara con la gente que tenía distintos niveles políticos y de escolaridad; fue una experiencia muy bonita. Por esos días pasó a la clandestinidad la Marta Castillo (Ruth).

Ella estaba terminando de entregar su trabajo de masas para dedicarse completamente al trabajo clandestino. Fue a la última reunión para traspasar sus anteriores responsabilidades y quedar totalmente clandestina cuando fue capturada. Estaba embarazada. De la Guardia Nacional tuvieron que llevarla al Hospital de Maternidad y le hicieron la cesárea, la sacaron a parir de la guardia con nombre falso pues la tenían por desaparecida y los médicos le hicieron el favor de hacerle la cesárea para que no se la llevaran de regreso a la Guardia Nacional el mismo día.

Ruth logró a través de enfermeras que le avisaran a su mamá que estaba en la clínica y así sus familiares dieron con ella. Así fue como con la ayuda de la mamá, que era una mujer de la burguesía, ella denunció que estaban otros desaparecidos, lo que obligó a que la Guardia los pasara al penal, de lo contrario todos hubieran desaparecido. Alberto Enríquez, Carolina Castrillo, Patricia Puertas y otros cuadros del movimiento campesino donde ella había trabajado hubieran pasado a la calidad de desaparecidos; finalmente cuando salió libre de la cárcel pasó a la clandestinidad; le puse un contacto, yo iba con una gran pena a decirle que tenía que pasar a la clandestinidad y dejar a su familia y cuando llegué al contacto me dijo: «Vámonos!», iba con el bebé, «Aquí llevo cepillo de dientes y lo más importante» ... «Pañales para el cipote, vamos!» No le tuve que decir nada. Ella ya había tomado su decisión.

Vivencias en Nicaragua y Cuba

Cuando dividimos el trabajo por zonas, me integré en el trabajo de la dirección zonal metropolitana en la que ya estaban Medardo González (Milton), un compañero de seudónimo Miguel y Elías (Guillermo Aparicio), el compañero Gerson que se llamaba Julio Castillo y en cuyo recuerdo Gerson Martínez[1] se puso ese nombre, y estaba yo, que era la jefa. Hicimos todo un trabajo territorial de construcción de fuerzas políticas y militares muy interesante y algunas operaciones exitosas que no las voy a contar porque hasta este día hay que tener cuidado, pero si hicimos cosas impactantes tanto a nivel político como de la guerrilla y consolidando el trabajo del partido. Ya corría por ese tiempo los años 1978-1979.

Después de mi separación busqué un local apartado para vivir un poco aislada, y entonces me contactaron con la compañera Auri (Rhina Clará) quien en esa época era catedrática de la facultad de medicina. Era una mujer soltera, joven, muy elegante, que tenía una casa donde vivía sólo ella y había aceptado darle donde vivir y encubrir a alguien de la guerrilla. Ese alguien fui yo, que caí con mucha suerte en ese hogar que me brindó una hermana que hasta la fecha sigue siendo una hermana, la Auri, que estaba en un comando guerrillero, colaboraba con el equipo médico clandestino porque es tecnóloga médica, y salía bien elegante todos los días a dar sus clases a la Universidad Nacional.

Del comando que tenía Auri, sólo ella sobrevive. Recuerdo que decíamos en aquel tiempo: «Oigamos esa canción, *Sobreviviré* de Gloria Gaynor, porque nosotras vamos a sobrevivir» y así fue... por ese tiempo nos alegrábamos las dos al vernos cada noche en la casa, pues salíamos en la mañana, y era tanta la represión y los enfrentamientos, y las pesquisas de la policía, que no sabíamos si regresaríamos y nos desvelábamos hablando de la situación y sacando registro de los compas que caían y caían por centenares en esos años.

A Marcial se le ocurrió discutir «mi caso» de separación con Dimas, entonces tuvieron una discusión en la Dirección y me notificaron que habían tenido una reunión donde se analizó que yo estaba perdiendo un poco la perspectiva revolucionaria porque el compañero era de origen campesino y yo era pequeña burguesa, por lo que se me prohibió, por seis meses hablar de cosas privadas con hombres.

Para ese entonces también me habían designado para atender políticamente al equipo de medicina de guerra del partido que era un colectivo, un comando formado por médicos como Eduardo Espinoza, el compañero Cali que ahora trabaja en Nejapa, la compañera Neli Cacao (seudónimo Mextli) que después la torturaron y asesinaron con lujo de barbarie y Benito «Luis Barahona» que ahora vive en Estados Unidos, ese era el colectivo médico.

Estábamos creando hospitales de emergencia y otros móviles. Nos movíamos a traer heridos a un hospital clandestino, tipeo de sangre generalizado con métodos clandestinos, que los hacía Auri que era la tecnóloga médica del equipo, un autoclave, paquetes quirúrgicos de laparotomías, toracotomías, craneotomías, equipos de pequeña cirugía, Benito era ya graduado en anestesiología, o sea que entre todos podían realizar operaciones de emergencia complejas.

Como jefa de ese equipo también me encargaron de la salud de Marcial. Yo era la encargada de llevarle su médico, ver todo lo relacionado con su salud. Entonces Marcial estaba algo enfermo por lo que iba a viajar a tratamiento a La Habana, y además pasaría por Nicaragua platicando con los compas del FSLN. Fue así como Marcial y Mélida decidieron que para que la pena de mi sanción no fuera tan grave me fuera acompañando a Marcial en ese viaje a La Habana.

Me fui con Marcial y su compañera Tulita (por cierto era del colectivo obrero) para Nicaragua un mes después de la revolución sandinista y posteriormente a La Habana, digamos que me sacaron de circulación y lo que iba ser un mes se volvieron seis meses. En el fondo era sanción, ya que se pedía permiso para separarse y para acompañarse, se decía que era por seguridad, pero cuando me dijeron que no hablara con hombres entendí que no sólo era seguridad porque yo trataba básicamente con hombres, entonces la orden era, en resumidas cuentas, que los tratara pero que no me involucrara sentimentalmente con ninguno.

Llegamos a Nicaragua a mediados de agosto de 1979. Fue una gran experiencia ver aquella revolución humeante todavía, era un solo relajo. El motorista que teníamos conducía un carro Mercedes Benz y lo manejaba como que era caballo y decía que él había sido motorista pero que ese carro era de los somocistas. Yo le decía: «Si querés manejo yo» y no aceptaba, todos nosotros con el corazón en la boca, porque casi chocábamos a cada rato; los milicianos sandinistas andaban jugando con las granadas enseñándolas, varios murieron. Nos encontramos con Tomás Borge y nos llevó a una casa donde todavía estaban los archivos tirados de los que habían huido, era una gran mansión, no había comida de la que Marcial tenía que comer, Marcial iba enfermo y costaba trabajo cumplir con su dieta.

En Managua volví a ver a Mónica Baltonado[2] que era amiga mía desde la infancia de los movimientos católicos y conocí a Bayardo Arce.[3]

Después nos fuimos para La Habana donde operaron a Marcial de la vesícula. Muy solidarios los compañeros cubanos nos ofrecieron una casa de descanso en la playa de Santa María del Mar en la que Marcial podría recuperarse de la intervención quirúrgica. En esa casa presencié un hecho histórico: el compañero cubano Ramiro Abreu llegó a ver a Marcial y le dijo: «Tiene una visita», y cuando la puerta se abrió nos sorprendimos al ver que el visitante era Schafik Handal, a quien Marcial no había visto en casi diez años, desde 1970 a 1979. Ellos dos se saludaron fríamente intentando ser amables, pero todos tensos y yo sentada por ahí. Entonces dijo el compañero cubano: «Schafik te quiere contar que están pensando que quizás se van a incorporar a la lucha armada», «Ya era tiempo que lo hubieran pensado» fue la respuesta de Marcial, «Esa cosa es seria, a la guerrilla no se juega» continuó diciendo. Fue una visita breve, se despidieron y se fue Schafik; en ese mismo lugar conocí al compañero Ricardo

Alarcón, que ahora es presidente de la Asamblea Nacional del Poder Popular en Cuba, entonces él estaba en la ONU y nos estuvo explicando cómo era el trabajo diplomático de Cuba a nivel internacional, que una revolución no debe estar aislada, que hay que tener movimiento y apoyo externo, que había mucha gente que se moviliza por causas justas en el mundo... aun sin ser marxistas. Su plática nos ofrecía nuevos horizontes, esa plática me abrió un poco la mente, pero yo estaba más preocupada por la salud de Marcial porque esa era mi misión, yo les decía «no discutan que se va poner mal».

Había una opinión generalizada en Cuba y Nicaragua de que un factor del triunfo de la Revolución Sandinista había sido la unificación de las tres corrientes del FSLN, y que las fuerzas revolucionarias salvadoreñas separadas no podíamos triunfar por lo que tendríamos que ir pensando en la unidad.

También en el país ya se sentían aires unitarios en la izquierda, la represión y la barbarie nos estaban uniendo, hermanando. Por esos días el PCS hizo una marcha por la libertad de unos presos políticos del BPR; dije yo: «Estos ya no están atacándonos, sino que por su cuenta hicieron una marcha en solidaridad con unos presos políticos del Bloque Popular Revolucionario», fue cuando el gobierno hizo el 8 de mayo de 1979 una masacre horrible en la catedral, asesinando en sus gradas a veinticuatro manifestantes. Todo eso fue en el marco de esa lucha por la libertad de Facundo Guardado, Numas Escobar y otros presos, en todo ese ambiente estaba el debate de la unidad.

El presidente de turno de El Salvador era el general Carlos Humberto Romero. Su gobierno fue muy sanguinario. El poco tiempo que duró en el poder elevó a niveles insoportables el martirio del pueblo. Cada día aparecían decenas de cadáveres de personas torturadas y se elevaba el número de desaparecidos. Activistas políticos y sociales, pero también personas sin ninguna militancia, eran capturadas y asesinadas. Y los familiares de las víctimas también eran perseguidos si se atrevían a presentar alguna denuncia. En el pueblo la represión generaba mayor indignación y movilización, estudiantes, maestros y maestras, obreros y obreras, todos salían en nuevas y más combativas protestas a exigir el cese de la represión. Otros y otras, los más decididos se incorporaban a la guerrilla.

En octubre de 1979 un grupo de militares progresistas, apoyados por la democracia cristiana dan un golpe de estado en contra del general Carlos Humberto Romero y se forma una Junta Revolucionaria. Marcial decide regresar a El Salvador y me dejó en La Habana con la misión de buscar armas, lo que iba hacer Marcial lo iba hacer yo: ir a buscar armas a la OLP. Me empiezan a preparar mis documentos porque iba a ir en representación de las FPL a solicitar armas a la OLP, acompañada de otro compa que después fue asesinado por la dictadura militar que se llamaba Nacho. Viajamos a Beirut. Otro mundo. Beirut, en el centro de la República del Líbano, era una capital en estado caótico: una cuadra la controlaban los falangistas que eran fascistas, otra cuadra tropas sirias, la otra tropas de Naciones Unidas, la otra cuadra la OLP palestina, y otra más los israelitas. Una no podía salir a la calle por sí misma pues había balaceras todo el día y debíamos salir con guía de la Embajada de Cuba para no adentrarnos en las cuadras peligrosas. Los carros no se paraban en los altos, ni en los semáforos, se parqueaban a media calle, había barrios enteros de lujo y no muy lujosos, edificios de varios pisos que eran cuarteles de tal o cual movimiento y además en medio de todo eso parecía el mercado central en el que vendían de todo en medio de los tiroteos. De forma sorprendente había de todo a la venta en las calles y en cada esquina, encontrabas kioscos que cambiaba todos los billetes del mundo, la cantidad que quisieras, sin enseñar documentos. Ese era Beirut.

Fuimos a la reunión en la que nos atendió un alto dirigente de la OLP que fue asesinado por los sionistas tiempo después, hace relativamente poco. Teníamos un traductor de español al que hallaron a saber a dónde porque en ese país el español es idioma raro, entonces yo practiqué mi inglés, porque mi inglés funciona en emergencias, cuando no estaba el traductor. El señor nos recibió con diez viudas de combatientes palestinos, según yo íbamos hablar en secreto, pero las viudas nunca se iban y nos daban de aquellos postrecitos bañados en miel, milhojas remojadas en miel y té con cardamomo y café con cardamomo, sentadas en el suelo sobre una alfombra, y las viudas no se iban y entonces yo dije: «Vamos a comenzar a hablar» y le explique un poco como estaba la situación, siempre aclaraba que éramos de El Salvador y no de Nicaragua y al final que me entiende lo de las armas, pide un atlas, despliega el mapa y me pregunta que dónde está El Salvador y yo bien contenta le digo donde está y me dice: «¿Qué ruta traen propuesta para mandar las armas?», y que si teníamos acuerdos de alto nivel con la URSS, Cuba, Nicaragua o que países amigos iban a servir para que los barcos descargaran en el trayecto hacia El Salvador y puestos en El Salvador cómo era la cosa; yo no llevaba ruta, no sabía nada de eso, al final le dije una mentira al señor asegurándole que lo mío era buscar el visto bueno y que iba llegar otro compañero con la ruta y yo me quedé pensando «qué barbaridad, cómo he venido hasta aquí sin ruta, sin nada» y así terminó la conversación, en un ambiente muy amable. Después nos llevaron a conocer Navatia que es una población civil, ahí vimos lo que vería a diario en El Salvador; lloré viendo las casas civiles destruidas por los bombardeos con los inodoros retorcidos, las vajillas, la ropita de los niños, las muñecas tiradas porque los israelitas se metían y bombardeaban los barrios, y yo me decía «qué barbaridad, es población civil, está claro que no es ejército».

Después pude comprobar que en los cantones de nuestro país, cuando pasaba el ejército por los frentes de guerra era lo mismo: las vajillitas, los perolitos destruidos, pero eso lo vi por primera vez en Beirut, en esos pueblos destruidos. Nos llevaron al primer puesto de avanzada donde estaba la posta israelí y la posta de la OLP en el desierto, ambas separadas entre sí por unos quinientos metros, y estuvimos reunidos con guerrilleros en el desierto contándoles nuestra experiencia y aprendiendo de ellos. Después fuimos a ver los hospitales de prótesis para niños mutilados que la OLP tenía bajo tierra en Beirut y todo ello me dio la dimensión que después procesé de lo que es una guerra en otra escala. Con una curiosidad: en la parte palestina gobernaba Al Fatha que era como la representación de la burguesía nacionalista palestina. Yo salí con el compa y a la semana los israelitas arrasaron Navatia llegaron a donde habíamos estado y a la semana se metieron hasta Beirut.

La experiencia del Líbano fue bien impresionante para mi. Regresé a La Habana donde me quedé tres meses en un cuarto de hotel esperando a que me arreglaran el pasaporte para volver a mi país. Dediqué mucho tiempo a leer, todos los días salía compraba un libro y me lo leía, leí la biografía de Rosa Luxemburgo, la biografía de la Nadia Krupskaia, la primera doctora en ciencias de la educación y miembro del Comité Central del Partido Comunista de la Unión Soviética y de paso la esposa de Lenin (por eso yo me llamaba Nadia en Occidente). Se me grabó su frase que exigía que los funcionarios del partido tuvieran la misma productividad del trabajo que tenían los obreros y que si se exigía elevar la producción a los obreros, los funcionarios del partido deberían de tener productividad de su trabajo y mostrar resultados; ella realizó su gestión publica de cara al pueblo, se montaba en un barco y recorría el río Don y se iba bajando de pueblo en pueblo con visitas de campo conociendo de la situación; leí también en La Habana a Nazim Hikmet, un poeta turco que luchó contra la dictadura y que tenía unos poemas bellísimos. Leí «La última mujer y el próximo combate» una novela de un guerrillero que estuvo clandestino en una zona de control de la guerrilla cubana y después regresó como funcionario y nadie lo conocía porque siempre estuvo luchando en secreto y con seudónimo, leí sobre economía política y varias biografías de Lenin.

Ese era el año internacional de la mujer. Fui a ver una película que también me concientizó cuyo título era «Una extraña mujer» y lo que más me molestó fue que algunas cubanas no entendían su mensaje: ¡«Ay!, es una resentida» decían las mujeres. Iba sola al cine y sacaba mis conclusiones, porque era la historia de una mujer que dejó al marido por un amante, pero en la URSS se estilaba por aquel tiempo que si una mujer dejaba al marido por un amante, el amante solidariamente se casaba, pero ella nunca le dijo al amante que había dejado al marido, ella quería que él por amor le pidiera que se casara, ella nunca le dijo lo de su separación. Era una película suave, no era violenta. El caso es que una amiga le va contar al amante que ella se divorció, entonces él le propone matrimonio y ella bien contenta, pero hay un momento en que el tipo le reclama «¿Por qué no me dijiste que te habías separado de tu esposo?» y ella lo deja pues comprende que le proponía matrimonio por obligación y no por amor, y hace su vida sola como profesora universitaria y finalmente se acompaña con un alumno. Ahora ya no puedo relatar bien la película, pero si se que me movió mucho, sobre todo a pensar en los prejuicios y limitaciones que cercan a las mujeres. De Cuba regresé con muchas inquietudes sobre el tema de la mujer, pero que no las llegué a desarrollar sino años después.

Cuando regresé al país me reincorporé al equipo de educación del que había desaparecido una compañera, la compañera

Sara. Por otra parte esa semana me notificaron que iba a pasar al Frente Occidental Feliciano Ama en enero de 1980.

Sara

Sara se llamaba María Teresa Saballos. Era una abogada muy inteligente y muy guapa que se había incorporado a la guerrilla después de ser asesora legal de los sindicatos de la Federación Sindical Revolucionaria.

Su historia era muy similar a la de tantas mujeres que son madres solteras. Tenía un hijo de nueve años que estaba al cuidado de su madre desde que ella se incorporó a la guerrilla. Tenía una mirada llana, chispeante y alegre, con una llama a lo lejos de tristeza, y cuando le preguntaba sobre esa característica me decía tímidamente que le hacía mucha falta su hijo. Se había acompañado recientemente con el compañero Douglas Santamaría (Eduardo Linares), y todo parecía que su vida había dado un giro y tendría por fin estabilidad emocional y familiar. Me contaron que un día de septiembre, poco antes del golpe de estado, salió a atender unos contactos a Ciudad Delgado y no regresó jamás. Su madre logró finalmente identificarla al ir a inspeccionar un hallazgo de varios cuerpos mutilados que fue encontrado en las cercanías de esa ciudad.

Al volver de Cuba, mi colectivo estaba pues incompleto, una de nosotros había ofrendado ya su vida a la causa, y eso nos dolía mucho, pero también nos reafirmaba en nuestra convicción de victoria y de sacrificio. Sara no nos había delatado, había combatido moralmente hasta el final y nosotros seguiríamos su ejemplo, como nuestra consigna lo indicaba: ¡Revolución o Muerte! ¡El pueblo armado vencerá!

Martín

José Roberto Sibrián, tenía varios seudónimos: Martín, Ivan, Celso, según fuera la zona donde se moviera. Era un hombre conspirativo, combativo y muy responsable. Desde la muerte de Felipe Peña se había convertido en el Jefe Militar de las FPL, en el responsable de la Comisión Militar y luego en responsable del Estado Mayor. De origen obrero, había además estudiado en la URSS ya que su militancia política tenía su origen en el Partido Comunista Salvadoreño. Con un enorme sentido práctico y un fuerte liderazgo, Martín contribuyó a organizar no sólo las guerrillas, sino varias zonas político-militares en el interior del país. En esas tareas conoció a mi hermana Ana Margarita, y estoy segura que ella lo conquistó a él, y que él cayó rendido a sus encantos. Eran una pareja especial y explosiva, los dos guerrilleros, los dos con mucho carácter y los dos muy audaces. Ambos procrearon a Adriana, que hoy es mi hija, con mucho amor y mucha ilusión. Cuando ella nació parecían enloquecidos de alegría, sus ratos libres, sus espacios privados, todo giraba en torno a Adrianita, la niña de sus ojos que había llegado para iluminarlo todo. Martín fue el jefe de la Brigada Farabundo Martí que enviamos a luchar al Frente Sur en la ofensiva final de los sandinistas en 1979 y también cumplió con éxito esta misión. Sin embargo, Marcial no le perdonaba su liderazgo y decidió sancionarlo por una supuesta desobediencia que según Marcial se expresó en «no aplicar la línea internacional correctamente», se refería a que Martín no se llevó a luchar a Managua a todos los mandos de las FPL, pues consideró prudente dejar una parte a resguardo para continuar con la formación de nuestro ejército, en caso de que todos los demás murieran. Así Martín llegó a San Vicente, donde, independientemente de cualquier invento de sanción, la gente de inmediato lo reconoció como su jefe y de hecho asumió la jefatura del Frente Paracentral, que en ese momento estaba creando sus unidades guerrilleras móviles y sus milicias.

Martín cayó en combate el 19 de mayo de 1980, justo una semana después de que la dirección de las FPL decidiera no seguir con esa ridícula «sanción». En la historia del Paracentral podíamos afirmar «antes de Celso» y «después de Celso», por eso no dudamos en que ese frente llevara su nombre: Frente Paracentral Roberto Sibrián, que para todo el FMLN se llamaría Anastasio Aquino, pero para nosotros era el Frente Roberto Sibrián.

4

Por primera vez en el Frente Occidental

En ese enero de 1980 el país era un hervidero. Yo había cumplido veinticuatro años en diciembre recién pasado y pensando en esa época ahora me asombro, ¡tanta cosa en tan poco tiempo!

Por un lado había mucha movilización popular, huelgas obreras multitudinarias, protestas estudiantiles, movilizaciones de jornaleros y campesinos demandando tierra para trabajar y mejores salarios en las temporadas de corte de café y caña. Los sectores artísticos, intelectuales y profesionales también se pronunciaban constantemente contra la dictadura. Y la guerrilla continuaba operando a nivel urbano y suburbano, en una armónica interacción política con el movimiento social. Pero a su vez, el general Romero incrementó mucho más la represión, los asesinatos, las masacres… era una guerra cotidiana en todo el país, aun cuando las organizaciones político-militares no teníamos territorios controlados. El golpe de Estado contra Romero se había dado en octubre del 1979, pero rápidamente sucumbió pues la oligarquía y los militares de la dictadura retomaron el control de todo el aparato estatal y continuaron reprimiendo.

Por ese tiempo están también ya en marcha las pláticas sobre la unidad del futuro FMLN, de las cuales ya se hablaba cuando Marcial y yo estuvimos en La Habana. Además, el triunfo del Frente Sandinista en Nicaragua tras la unión de sus tres corrientes empujó todavía más el debate.

Pues bien, cuando regresé de La Habana y Líbano, Sara (Teresa Saballos), integrante del colectivo de la Escuela Político Ideológica de las FPL, que era mi colectivo, había sido capturada y asesinada. Mi familia (Ruth, Alejandro, Sergio, Sara y yo) había sido mutilada, golpeada directamente. Me llevaron a un nuevo local a donde habíamos sido trasladados por la emergencia de la captura, era en la Colonia Las Magnolias de Ayutuxtepeque. En la pantalla de la casa estaba colaborando el compañero Julio Portillo, que aparecía como el esposo de Ruth. Las noches eran tensas, había balaceras, aparecían muertos, habían cateos, y vivíamos con mucho sigilo, aun cuando no miedosos. Por ese tiempo mi colectivo tenía a su cargo dos niños cuyo padre había sido asesinado (el compañero Chanito Somoza) y se llamaban Eva y Roberto. Eva era una adolescente y Roberto un niño. Los dos eran de la zona del Paisnal y se habían ido gradualmente habituando a estar en la ciudad. Roberto era inquieto y creativo, él nos ayudaba, igual que Eva, a llevar comida a los compas que teníamos en la escuela política. Iban a la escuela primaria y secundaria respectivamente y hacían «vida normal». Finalmente los enviamos con su madre que aún vivía. Nos hicieron mucha falta, pero fue lo mejor. Sólo quedó ahí Carlitos, el hijo de Ruth.

Se decidió por ese tiempo reforzar el Frente Occidental y fui enviada como Responsable de la zona occidental en enero de 1980. Mi seudónimo en esa misión fue Nadia Palacios (en honor a Nadezhda Konstantinovna Krúpskaya y a mi cuñada Gloria Palacios). Ese era mi seudónimo en occidente, y mi seudónimo nacional era Rebeca Palacios.

Al llegar tuve una experiencia muy dolorosa. Lo hice una semana antes de una toma de propaganda del pueblo de Coatepeque, en el que iban a participar unos treinta guerrilleros. El compañero David era el jefe de la guerrilla y se fue a esa operación. Resulta que fueron emboscados y aniquilados casi la mayoría de los compas, así que de entrada me tocó andar en emergencia y tratando de recuperar contactos y desalojar casas que corrían peligro. Luego nos reorganizamos. David era el jefe de la guerrilla, Rafael-Luis un joven maestro era el jefe de la Milicia, y Marito (René Canjura, alcalde de Nejapa) miembro hoy día de otro partido, atendía el trabajo político en tanto que yo era la responsable de la zona.

La orden que nos dieron fue la de formar el ejército guerrillero, para lo que debíamos reclutar a lo mejor del movimiento de masas. Realizamos esa tarea y en una semana se incorporaron unas dos mil personas obreras, estudiantes, maestros, campesinos, un sin fin de compas del movimiento popular. Pero nosotros no teníamos más que treinta armas largas y algunas pistolas, y los cantones donde entrenar ya soportaban ofensivas militares donde el ejército y los paramilitares quemaban y arrasaban.

En un operativo guerrillero murió David el jefe de la guerrilla. Entonces me enviaron al compañero Francisco Rivera, un jovencito de unos veinte años que sería el jefe de la guerrilla. Pero como crecimos tan aceleradamente, la Comisión Política me ordenó asumir directamente la jefatura de la guerrilla, pues requería no sólo manejo militar, sino un manejo organizativo más amplio. Esa tarea yo la acepté sin vacilar, aun cuando me faltaban algunos conocimientos. Pero solicité y me enviaron algunos cuadros de apoyo como un experto en trabajo ingeniero, un experto en explosivos, y unos tres compañeros con formación de jefes de batallón, para poder estructurar la tropa. También me envió la dirección de las FPL un personal y equipamiento médico. El otro problema era la escasez de armas.

El ejército arreció las ofensivas en los cantones, atacó y masacró por tres veces el Cantón Chilcuyo hasta dejarlo sin gente, muchos huyeron, otros fueron asesinados y muchos se enlistaron en nuestro ejército. Nosotros mejorábamos la autodefensa, pero nos faltaban armas y definir una zona de retaguardia. El enemigo también atacó indiscriminadamente a la población en el Cantón Tehuicho, al norte de Ciudad Arce, siendo este caso analizado por la Comisión de la Verdad en el marco de los Acuerdos de Paz. Entonces era urgente, una vez creado el ejército guerrillero, obtener más armas, definir una zona de retaguardia y proteger a la población civil. Pero todo ello no era nada fácil.

En la ciudad de Santa Ana se fundó el Escuadrón de la Muerte, y ahí operaba inmisericordemente. Por sectores, una semana aparecían muertos sólo estudiantes, otra sólo vendedoras del mercado, otra enfermeras, otra sastres, otra obreras. Cuando me movía de Santa Ana a Chalchuapa, o a otra ciudad, yo terminaba angustiada pues en los trayectos era usual ver muertos, decapitados, descuartizados... tremendo. Y los retenes del ejército gubernamental por todos lados.

La represión gubernamental alcanzó niveles demenciales. En marzo de 1980 fue asesinado mientras ofrecía la eucaristía el Arzobispo de San Salvador, Monseñor Oscar Arnulfo Romero, quien fue un pastor del pueblo salvadoreño comprometido con el sufrimiento de los pobres, sobre todo de los más humildes y vulnerables. Una voz potente que convocó a los soldados a cesar la represión contra el pueblo. Era la voz de los sin voz. El mayor Roberto D'Aubuisson ordenó su asesinato en un intento de matar su mensaje y sus ideas, pero lo que consiguió fue que se incrementará la indignación y la disposición a la lucha de más pueblo.

La Dirección Revolucionaria Unificada, que fue el embrión del FMLN, consideró que se estaba configurando una situación de levantamiento del pueblo, al cual deberíamos organizar y orientar para encauzarlo hacia la conquista del poder y la transformación del país, por lo que se decidió unificar a todas las fuerzas de izquierda político militares en un solo puño, y fundamos el Frente Farabundo Martí para la Liberación Nacional (FMLN), el 10 de octubre de 1980, preparando de inmediato la primera gran ofensiva estratégica de la guerrilla del FMLN que tendría lugar a partir del 10 de Enero de 1981.

En el Frente Occidental teníamos la moral alta y nos dispusimos a preparar un operativo para recibir armas, que nos llegarían por la laguna de Guija, así como a preparar los planes del 10 de Enero.

Por ese tiempo, ya mi padre tenía más de un año de haber entrado a la clandestinidad, era miembro de la sección de operaciones de nuestro Estado Mayor. Su seudónimo era Anselmo. Yo le miraba a él, a mis hermanas y a mi mamá en contactos clandestinos unas dos veces al año. Igual veía a mi hijo Vladimir unas dos veces al año, un par de días. Me encantaba estar con Vladimir, cada vez más grande y hermoso. Y sufría mucho cuando nos separábamos. Una vez le puse a cantar y le grabé su voz en una grabadora, cancioncitas sencillas y decía: «Me llamo Vladimir», eso lo andaba oyendo yo, hasta que no sé en que cambio de local la grabadora fue a parar a otro lado y no recuperé la grabación sino hasta años después, de la forma más increíble.

Vivía clandestina en la ciudad de Santa Ana, frente a la Gasolinera Shell que es la salida para Metapán. Dirigía trabajo en Armenia, Sonsonate, Ciudad Arce, Metapán, Texistepeque, Santa Ana, Chalchuapa, Atiquizaya, Ahuachapán y Acajutla. Todos esos pueblos eran parte del Frente Occidental Feliciano Ama.

Algunos de la Dirección Zonal del Frente Occidental vivíamos en una misma casa con el compa Rafael-Luis, la esposa y los dos hijos del compañero David. A finales de 1980 la casa de la milicia de la ciudad de Santa Ana fue asaltada por el ejército y allí murió el compa Rafael-Luis. Nos dolió muchísimo, era un hombre pequeño, culto, alegre, caballeroso, humilde y muy combativo. Con el cayó todo el mando rural de la milicia y entre ellos el compañero Cristóbal de Chilcuyo, que era un campesino alto y delgado, ya mayor, un verdadero tipazo, valiente, claro, aplomado. Pero no teníamos tiempo para nuestros lutos. La casa de la milicia estaba ubicada en la misma calle que nuestra casa, a unas diez cuadras, y Rafael-Luis había sido visto muerto, por los vecinos, cuando lo sacaron del local asaltado. También fue decomisado el vehículo de la organización que normalmente estaba aparcado donde nosotros vivíamos. Así que desalojamos de inmediato, ese mismo día, nuestra casa y nos fuimos a dormir, yo donde Marito, y la compañera con los niños a otro local, mientras nos reorganizábamos.

No era fácil desalojar un local guerrillero, pues debíamos sacar papeles, un par de fusiles G-3, nuestras pistolas, municiones, algún explosivo, nuestro material de propaganda, nuestros documentos y nuestro archivo. Tapamos un tatú que teníamos para esconder todo esto. No era asunto fácil realizar el traslado asegurándonos que nadie se enterara lo que trasportábamos y además que no nos persiguiera la policía, ya sea abierta o encubiertamente. Este traslado, en ese pueblito que era entonces Santa Ana, con un operativo militar que abarcaba nuestro local, fue uno de los que más tensión me generó en aquel tiempo. Sobre todo porque no sabíamos si Rafael-Luis cayó con algún recibo de luz de nuestra casa o algo que tuviera datos sobre nosotros. Además tuvimos que ir a desalojar otros locales, por ejemplo el del compañero que nos dio su documentación para alquilar el local de milicias, el de otro compa que nos había dado su nombre para comprar el carro, y los de los compañeros que estaban directamente vinculados a los caídos en esa casa. En total eran nueve compañeros implicados en la logística.

Otra vez mi colectivo más cercano era dos veces mutilado. Pero si nos descuidábamos por llorar, podíamos dejar de tomar medidas para cortarle el hilo al enemigo y sufrir nuevas bajas.

A los pocos meses se conformó el mando de la ofensiva del 10 de enero, y Anselmo (mi papá) pasó bajo mis órdenes como Jefe de operaciones del Estado Mayor de la guerrilla del

Frente Occidental. Pasamos a organizar verdaderos Estados Mayores. Se creó un mando conjunto del FMLN donde estaba Luna del Partido Comunista (PCS), Pablo Uribe del Partido Revolucionario de los Trabajadores Centroamericanos (PRTC), Mario de la Resistencia Nacional (RN, que no sabíamos que era infiltrado y después fue seguridad de D'Aubuisson), Raúl del Ejército Revolucionario del Pueblo (ERP) y coordinábamos con el capitán Francisco Mena Sandoval, oficial del Ejército Gubernamental, quien tenía previsto levantar el cuartel enemigo de Santa Ana en contra del mando superior del mismo.

Por el año 1980 yo me había vuelto a acompañar con el compañero Felipe Dubón, un médico de nuestra guerrilla. Le veía muy poco porque él había sido destacado a organizar el aparato médico de los frentes y finalmente fue asignado al Frente Paracentral. Nuestras visitas eran escasas, sin embargo eran felices, pues compartíamos plenamente nuestras inquietudes, y aun cuando casi siempre nos juntábamos a salto de mata, lográbamos conocernos, querernos y hasta divertirnos. Después de la ofensiva del 10 de enero pasé mucho tiempo sin verle, casi un año. Mi caso no era el único, había muchas parejas en condiciones similares. Unas sobrevivieron como parejas a estas situaciones, otras nos quedamos en el camino.

La ofensiva del 10 de enero de 1981

El plan de la ofensiva del 10 de enero fue diseñado para hacer caer al Gobierno. Así que nos preparamos para ello. Los 2000 enlistados los llevamos a cantones seleccionados donde podíamos movilizarnos ampliamente si había un operativo militar. Entrenábamos con armas reales y de madera, nos preparábamos físicamente y aprendíamos a hacer avances, enmascaramientos, y a planificar nuestra ofensiva. También operábamos militarmente, pero lo cierto es que teníamos pocas armas. Anselmo comenzó a revisar los objetivos del 10 de enero y a planificar. Era muy exacto y me hacía ver que requeríamos más armas, aun cuando podíamos intentarlo con lo que teníamos. Finalmente hicimos una operación con cientos de compas para recoger las armas que el partido nos ubicó en la periferia de Guija, entonces logramos juntar unas doscientas armas largas y bastante explosivo, estábamos eufóricos y nos sentíamos capaces de asaltar el cielo.

El puesto de mando de la ofensiva se colocó en el cementerio de Santa Ana donde estábamos los de las FPL. Nuestra tropa entraría por ese sector es decir por el oriente y el sur de la ciudad. Los del PCS estarían por el sector poniente, el ERP acompañaría el levantamiento de la Segunda Brigada de Infantería. Días antes la RN y el ERP anunciaron que ellos asaltarían Metapán y nos pidieron refuerzos. Enviamos la tropa guerrillera de apoyo, unos cincuenta compañeros al mando de Chanito y Eugenio (el hermano de Eduardo Linares).[1]

En esos días había mucho movimiento en las guerrillas. Llegaba gente de San Salvador a engrosar nuestro nuevo ejército, era gente que se había «quemado» en la ciudad y nos la mandaban, venían hasta cuarenta por semana; unos asustados, otros eufóricos, y eso generaba un problema pues no les conocíamos no sabíamos de sus habilidades, y además algunos podrían ser infiltrados, pero nosotros los recibíamos porque venían coordinadamente por la organización. La mayoría resultaron ser buenos elementos, pero un par de ellos resultaron ser *orejas*.[2]

También la dirección de las FPL me informó que en mi zona se encontraban tres talleres estratégicos de armamento casero que pasaban bajo mi responsabilidad y me enviaron a un enlace para contactarlos, que era hasta ese momento el jefe de todos estos talleres. Esta persona fue capturada el 10 de enero y delató la ubicación de los talleres y mi local en Santa Ana; de ello me enteraría pocos días después de la ofensiva.

Como miembra de la Comisión Política yo viajaba a San Salvador a recibir instrucciones y a participar en sus reuniones. El partido había crecido mucho y teníamos ya nuestro Comité Central, Comisión Política y Comisiones Especializadas, el Estado Mayor de la Guerrilla y el Estado Mayor de las Milicias de autodefensa. Asimismo teníamos definidos los frentes de guerra y el llamado «Frente Externo» que era nuestro trabajo internacional de solidaridad y político-diplomático. Estábamos mejor organizados indudablemente. En esas reuniones me encontraba con Marcial, Dimas, Ana María, Chamba Guerra, Facundo Guardado, Gerson Martínez, Cora, Susana, Mayo, Javier, Ricardo, Milton (Medardo), Chusón y Miguel Castellanos.[3] Analizábamos la situación nacional, tomábamos decisiones políticas, afinábamos planes y asignábamos misiones. Estas reuniones tenían lugar en absoluta clandestinidad, eran riquísimas en información y contenido, me entusiasmaba conocer los avances y retomaba experiencias para mi trabajo. Yo recuerdo que me inquietaba el hecho de que era la única mujer con un frente bajo su mando y eso me daba orgullo, pero también mucho sentido de responsabilidad. En la Comisión Política veíamos la necesidad de avanzar en la unidad, de ceder en el afán de hegemonismos partidarios para construir una posibilidad de victoria.

Llegó la semana de la ofensiva y por andar entregando fusiles fui de las últimas que me trasladé al puesto de mando. Debía esperar a que dieran las 8 de la noche del 10 de enero e irme uniformada y armada desde un local hasta el cementerio donde instalaríamos el puesto. Allí nos concentramos. El acuerdo era que si a las 9 de la noche no se miraba en llamas la Segunda Brigada, entonces las fuerzas de las FPL atacaríamos con morteros caseros y nuestra tropa desplegada tomaría junto con la población las calles, en un esquema insurreccional. Igual haríamos en las demás ciudades: Ciudad Arce, Armenia, Metapán, Chalchuapa. Y pondríamos emboscadas en las carreteras para evitar movilizaciones de tropa enemiga.

El 10 de enero terminamos atacando la Segunda Brigada, pues el alzamiento militar no se produjo como estaba previsto. El pueblo salió a las calles a hacer barricadas y nos tomamos la salida de Santa Ana hacia Metapán, la Colonia «La Periquera», Ciudad Arce, Armenia y Chalchuapa. La Radio Liberación del FMLN anunciaba que todo el país estaba tomado y los militares a punto de rendirse. Sin embargo, en Santa Ana, el capitán Mena Sandoval logró alzar a una compañía y la condujo a encontrarse con nuestra tropa en la Colonia «La Periquera», pero la tropa del cuartel militar de la Segunda Brigada de Infantería logró salir a la calle y desalojarnos, teniendo que retirarnos en la madrugada hacia los cantones San Felipe y Las Lomas. Cuando descansamos puse el radio musical y oí en Radio Liberación (la primer radio de las FPL) que San Salvador estaba progresivamente bajo control de la guerrilla y que en la ciudad de Santa Ana había «férreos combates».

Para ese tiempo no teníamos radios de comunicación militar, y con los demás compas del FMLN habíamos quedado en coordinarnos mediante correos a pie. Así que optamos por creer esa información y, muy preocupados por haber dejado solo al resto de organizaciones del FMLN, decidimos volver a la ciudad el 12 de Enero a reforzarles para que terminara de caer la Segunda Brigada. Así regresamos y entramos a la ciudad a las 7 a.m. Resulta que todo era falso, todos se habían retirado, la ciudad estaba controlada por el ejército enemigo que nos sacó en una gran carrera de regreso hasta nuestros cantones de retaguardia. Hoy me da risa, quizás porque no tuvimos bajas.

Allí mismo en medio del combate de ese día nos contactaron los correos del ERP y del PCS; nos entregaron notas informándonos que se habían retirado al igual que nosotros, y me convocaban a una reunión del mando conjunto del FMLN en la ciudad para unos días después. Al leerlos ordené de inmediato la retirada hasta el Cantón Las Lomas, donde nos esperaban los compas campesinos, con comida, tortillas, una vaca asada y miel de colmena. Yo llegué con Anselmo y el mando del frente hasta donde Hilarión, un campesino de la zona que fue un gran compañero.

Anselmo andaba conmigo, yo me sentía feliz con él. Orgullosa de él y nada mejor que en la noche, antes de dormir en el monte, cuidarle personalmente sus pies y él darme consejos «paterno-militares». Pensé que empezaba una nueva época de la guerra, atrás quedaba para mi la vida y la guerrilla urbana, y comenzaba de lleno la guerrilla rural y el frente de guerra. Y con ello nuevos retos y nuevos problemas. También envié correos a todos los puntos donde nos levantamos el 10 de enero para saber su situación y para reconcentrarnos en la recién creada retaguardia rural entre Santa Ana, Coatepeque y Opico, al sur del Río Lempa, al norte de la carretera Panamericana. Enviamos, además, correos a San Salvador para contactar con la Comandancia de las FPL.

La información del FMLN que poco a poco recabamos nos daba como resultado que en los pueblos donde actuamos la población se incorporó. En Ciudad Arce la población sacó a la calle muebles, roperos, etc, para hacer barricadas. En ese municipio el compañero Fidel logró aniquilar un blindado lanzándole un cohete rpg-2. Y el párroco que era un fascista, al que le decían el Lefebre salvadoreño, fue encontrado por la guerrilla en una aventura y se lo llevaron de rehén en la retirada, ¡una locura completa!, y sólo lo liberaron un mes después cuando nos reconcentramos las unidades guerrilleras. Ese pobre cura anduvo subiendo y bajando montes con la guerrilla casi un mes. En Armenia fue igual, el pueblo se volcó a las calles. En Metapán la situación fue muy difícil, pues Mario de la RN (el infiltrado) nos había mentido, nuestra tropa incursionó y cayó en sucesivas emboscadas, ocasionándonos el ejército numerosas bajas, incluyendo los jefes como Julio, quien era un destacado militante, ex preso político, sobreviviente de torturas y un aguerrido jefe militar.

La tropa de Mena Sandoval y el ERP había decidido desligarse de nosotros y dirigirse a Cutumay Camones, pero fue perseguida por el ejército y emboscada y aniquilada en una buena parte en este lugar.

Los talleres logísticos que comenté antes fueron delatados y asaltados. Fue impresionante. No murió ningún compa, todos pudieron activar sus planes de defensa, escapar por túneles que ellos tenían construidos y pusieron explosivo en los accesos para que nadie pudiera perseguirlos, y así lograron dirigirse a nuestros campamentos. La prensa se mostraba impactada cuando presentó en sus páginas las fotos de los subterráneos y la fábrica clandestina de morteros caseros. Sin embargo, el mismo delator informó de la ubicación de la casa donde vivía la esposa de David y los dos niños y el ejército los capturó y los desaparecieron. Posteriormente la Asociación Probúsqueda halló hace ocho años a los niños en Italia adoptados por una familia. La madre nunca apareció.

Mi papá salió del frente a la ciudad pues se había caído y necesitaba reposo, lo enviaron a un local logístico y fue capturado junto con Francisco Rivera, el compañero Sergio, una enfermera y sus hijos. Sólo mi papá y Francisco pasaron al penal como presos políticos, los demás fueron desaparecidos. En esto influyó que mi mamá aun era la Tesorera de la Directiva de la Sociedad de Señoras de Oficiales, y la esposa del jefe de la Segunda

Brigada de Infantería le informó que su marido decía que tenía preso a Anselmo y que fuera a reclamárselo aunque el entonces coronel Blandón lo negara. Y así ocurrió: mi mamá perseveró y pasaron a Anselmo junto con Francisco, que estaban en la misma celda, al Penal de Mariona. Habíamos logrado avisarle a Angelita (mi mamá) de lo ocurrido a través de una hermana de Bety (Lisbeth Portales), y Angelita se movilizó hasta dar con el paradero de Anselmo.

En esos mismos días, el compañero Alfredo, de la dirección de las FPL, había llegado a reforzar el trabajo político. Él quería mucho a mi papá y cuando supo que lo habían capturado decidió, sin pensarlo dos veces, ir a rescatarlo con Chanito. Fue una acción heroica pero no planificada y Alfredo fue herido, capturado y posteriormente asesinado. Chanito logró escapar, pero a los pocos días cayó en combate en el Cantón El Cuje, en Metapán. A Chanito lo había reclutado yo para la guerrilla, era amigo mío desde los tiempos de los movimientos católicos, de ahí veníamos los dos.

Retomado el control por el enemigo, éste desató una verdadera carnicería en los municipios donde se desató la ofensiva. Y golpeó a fondo nuestro trabajo urbano. Salí de la zona rural a reorganizar la ciudad y trabajar por evitar nuevos golpes al trabajo urbano. Además debía desalojar la casa en la que me albergaba cuando estaba en la ciudad. Lisbet Portales llegó a apoyarnos y le asigné el desalojo. Ella lo realizó en cuarenta y ocho horas. Lo hizo un día a las 5 y 30 p.m., treinta minutos antes del inicio de la ley marcial, y exactamente a las 6 p.m. el ejército asaltó con todo tipo de armas el local vacío, que también había delatado el enlace logístico. Contaban los vecinos que decían los militares: «Se nos fue la puta que vivía aquí, esa es la jefe de los terroristas aquí en Santa Ana».

Todos los y las que conocían a Anselmo lloraban cuando me veían. Finalmente prohibí hablar de Anselmo, pues aunque yo tenía hecho pedazos el corazón, sentí que si me ponía depresiva no podría trabajar las alertas, ni contribuir para salvar de los ataques del enemigo a nuestro trabajo urbano y a nuestros compañeros y compañeras .

Luego, en cosa de días regresé al frente, a la zona de retaguardia, y unas semanas más tarde fui llamada a San Salvador para una reunión de la Comisión Política. Nos reunimos, nos alegramos de saber que estábamos vivos, todos teníamos anécdotas que contar y experiencias que sistematizar. También supimos de los caídos como Luisón y Juanón que murieron en una recepción de armas por medio de un avión que hicimos aterrizar en la Sabana, Tecoluca. Allí cayeron veinticinco compañeros y compañeras. Nos contábamos también cómo nos habíamos sentido y cómo actuaba el ejército; en esas reuniones flotaba el amor fraternal entre nosotros, estábamos radiantes de sabernos vivos y con energía para seguir luchando y al mismo tiempo unidos en las grandes heridas dolorosas que nos ocasionaba la dictadura, arrebatándonos a nuestros hermanos y hermanas. Todo tan intenso, todo tan profundo.

Hicimos el balance de la ofensiva y en esta jornada Dimas y Ana María plantearon que no podíamos seguir con tropa desarmada, que había que formar tropas «hombre-arma» para que fuesen efectivas, que había que conseguir armas requisándolas al enemigo, o comprándolas, pero que la guerrilla debería ser más profesional y efectiva. También decidimos formar tres tipos de unidades: las unidades de vanguardia que eran móviles a nivel nacional y se formarían bajo la condición *un hombre-un arm*a con una dimensión estratégica; las unidades guerrilleras móviles sólo en su zona, preferentemente bajo la misma condición y con la misión de limpiar el terreno de fuerza enemiga y consolidar las zonas de retaguardia liberadas; y las milicias que son de autodefensa, no son hombre-arma, tienen algún armamento moderno, pero sobre todo son los reyes del armamento popular (trampas, explosivos y otros) y defienden a la población civil de la persecución del ejército, la conducen, la cubren. Las milicias se coordinarían con la guerrilla y con el Poder Popular Local, que era el poder civil electo por la gente de las comunidades. La milicia también guardaba el orden público en estas zonas, esto no lo definimos, pero así ocurrió en definitiva.

En la reunión me contaron que todas nuestras tropas llegaron a sus objetivos y combatieron en las ciudades, pero que no teníamos ni la disciplina, ni las armas, ni la munición suficiente como para sostener la batalla. Lo que si fue evidente es que habíamos dado un salto hacia delante y que ahora la guerra pasaba a ser en el campo, una guerra de posiciones combinada con el movimiento, manteniendo también el trabajo clandestino urbano.

En esa reunión de marzo del 2001 me comunicaron que Dimas iría a hacerse cargo del Frente Occidental y yo pasaría de Segunda Jefa. Yo me alegré muchísimo. Dimas estuvo un mes con nosotros en el Frente Occidental, nos ayudó a revisar las trincheras, la disposición en el terreno de la tropa, realizamos juntos algunos combates en la zona de Metapán y después volvió a Chalatenango. Ya para ese entonces nos estábamos estabilizando en el terreno, lo conocíamos mejor, nuestra logística estaba tomando forma y yo me movía despacio pero mejor en el monte, y las unidades se empezaban a consolidar. También habían regresado a sus casas o se habían ido del país varios compañeros y compañeras de los que llegaron de San Salvador.

A principios del mes de mayo de ese año me mandaron a llamar con urgencia a San Salvador. Fui y la noticia que me tenía reservada la Comisión Política era que me enviaban a un curso de cuatro meses a Vietnam y por lo tanto enviarían un nuevo jefe al Frente Occidental. Quedarían los compañeros Rafael (Salvador Mejía) y Oscar como encargados del frente.

Viajé a San Salvador y pude ver a mi hermana Ana Margarita (Julia) quien estaba en la ciudad pues —justo antes del 10 de enero—, el ejército había asaltado su local en la Colonia Monpegón de San Salvador. Su comando combatió y logró romper el cerco, pero ella salió herida. Sólo un compañero murió en el combate que fue muy sonado por lo desigual. Estando ella herida y quebrada de su pierna no pudo irse a la zona rural como estaba previsto. La vi con su hija, Adriana, que tenía tres años. Mi hermana había enviudado y recién se había vuelto a acompañar. Me contaron sus jefes que Ana Margarita era muy rebelde, y yo recuerdo que la regañé, pero también nos acompañamos, platicamos, nos contamos nuestras cosas, reímos y nos despedimos. Nadie hubiera pensado y menos yo, que sería la última vez que iba a verla. Según yo, el frente rural tenía los más fieros combates y ella estaría a salvo en la ciudad, pero la historia fue otra.

En uno de esos viajes a la ciudad también supe que Virginia (Susana) estaba destacada como jefa de nuestras tropas en el cerro de Guazapa y que el ejército había lanzado una fuerte contraofensiva contra nuestras guerrillas en el cerro. Supe que ella había conducido con mucha energía y tenacidad nuestras unidades, junto a Ricardo y todo el mando. Que se encontraba bien de salud y moviéndose por esos días por la zona de Suchitoto y Cinquera, que nosotros, en las FPL, le llamábamos «Frente Felipe Peña». Supe que Felipe Dubón estaba en San Vicente, donde también se libraban combates.

De mi mamá y de mi papá, así como de Vladimir, no tuve nuevas noticias.

Vietnam

Me preparé para el viaje a Vietnam, viajé por tierra hacia Nicaragua, desde donde saldríamos el grupo de becarios y becarias hacia Indochina. En el trayecto haríamos escala en La Habana y en Moscú.

En Managua nos esperaba Marcial, quien era por entonces el coordinador general del FMLN. Pude ver a Salvador Samayoa que estaba en el trabajo político diplomático, a Ruth a quien habían enviado a Managua para hacerse cargo de una escuela político militar en el exterior donde preparaban aceleradamente jefes y combatientes para reincorporarlos al frente; pude encontrarme con Rosario, mi amiga Margarita Velado del colegio, quien estaba trabajando en el mismo colectivo de Ruth.

Cuando estuvimos en Managua un día me dijeron que el FMLN tenía un equipo de comunicaciones que nos iba a filmar. Llegó una mujer joven, sin maquillaje, delgada, diligente con una mirada fija y concentrada en todo lo que hacía y ocurría, que era quien dirigiría la filmación, sobre todo el contenido político. Era Norma Guevara. Para mí era una especie de orgullo y sorpresa conocer de cerca de aquella compañera de la dirección del PCS, hasta entonces sólo había visto dirigentes hombres de las otras organizaciones. Nos subimos en un carro y cuidando que no saliera nuestro rostro por medidas de seguridad, dimos unas declaraciones sobre el papel de las mujeres en la guerra. No me imaginé entonces que, años después, seríamos las hermanas que hoy somos. Tan diferentes y tan unidas, con Norma discuto, río, me enojo, pero nos unen muchas cosas: nuestro ferviente deseo de que la revolución triunfe, esa terca definición por lo que consideramos correcto, sus inquietudes por el progreso y el avance, y me une a ella también esa admiración por su espíritu de trabajo. En distinta forma, pero en el fondo igual a Nidia Díaz. Las dos no paran de trabajar, su día tiene muchas horas y siempre están dispuestas, a la hora que sea, a concurrir donde sea necesario para el partido o para algún compañero o compañera que esté en problemas.

En Managua se respiraba un ambiente de unidad y también de controversia. El FMLN funcionaba a tope, pero también se daban muchas discusiones y en las FPL nos sentíamos los mejores... lo cual era reflejo de que nos faltaba mucho por madurar. Pues ninguna organización del FMLN por separado hubiera logrado derrotar a la dictadura militar y su guerra contrainsurgente. El tiempo lo confirmó de manera rotunda.

También supe de discusiones feministas con las que simpatizaba pero aún las sentía ajenas, al menos lejanas a mi problemática. Existía AMES, Fraternidad de Mujeres, además en Nicaragua la Revolución había desatado un poderoso movimiento de mujeres llamado Asociación de Mujeres Luis Amanda Espinoza (AMLAE), que logró a principios de los ochenta que el parlamento aprobara el Código de la Familia, eso lo hizo El Salvador catorce años después. En Nicaragua ya se hablaba de la doble jornada, de las mujeres al poder, de la liberación femenina.

En Managua nos juntamos los que iríamos al curso. Mélida Anaya Montes (Ana María) era la responsable del grupo. De las FPL éramos siete compañeros y de las demás organizaciones cinco por cada una, en total veintidós. Recuerdo los nombres del grupo de las FPL: Jesús, Alberto, Mayo, Milton, Ricardo, Ana María y yo. Recuerdo de otras organizaciones a Manuel Melgar (Rogelio), al compañero José Luis Merino (Ramiro), a René Armando, a Salomón, a Celia, a Miriam y otros compas, todos muy buenas personas.

El curso era sobre la dirección estratégica de la guerra y la construcción de fuerzas militares a nivel del mando nacional. Así que fue un curso muy completo, teórico-práctico. Estudiamos la estrategia política, militar y diplomática del Partido Comunista de Vietnam en cada período. Estudiamos las leyes del desarrollo de la guerra de todo un pueblo, las leyes del desarrollo de las guerras imperialistas, la estrategia de solución política, los principios para la creación del ejército de liberación, la relación entre programa de gobierno y estrategia. Además estudiamos armamento casero y explosivos, tiro al blanco, principios rectores y práctica, inteligencia y contrainteligencia, construcción y operaciones de tropas especiales. Y otras temáticas que hoy no recuerdo.

Este viaje fue para mí el encontrarme con un mundo abierto. A cada momento hacía comparaciones con nuestra realidad y trataba de sacar mis conclusiones (las famosas «ket luan» de cada charla). Se me alumbraba el cerebro conociendo más y más de la lucha del pueblo vietnamita y de su experiencia milenaria. También fue impactante conocer otras culturas. Los vietnamitas son gente suave y amorosa en lo cotidiano y son fieras a la hora de pelear. Oíamos sus músicas, aprendimos algunas frases en su idioma, conocimos el mar, sus mercados, algunas escuelas. Fuimos a las 25 000 islas. Al «Museo de los crímenes del imperialismo». Vimos como cultivaban el arroz, probamos sus ranas y otros animales indescifrables que comen. Y nos deleitábamos a toda hora tomando el «chai», el famoso té verde, una verdadera exquisitez.

El clima era super caliente, sudábamos a la sombra y en descanso, y además como sólo habían pasado seis años del fin de la guerra que abatió a todo el país, entonces las comodidades eran muy modestas; no había aire acondicionado, ni otros adelantos tecnológicos. La mayoría de calles eran aún de tierra. Los puentes, bombardeados por los aviones norteamericanos, en su mayoría no estaban reconstruidos. El país entero era como un pueblón. Para un vuelo doméstico nos subimos a un avión con asientos de madera y lazos como cinturones de seguridad. Daba miedito subirse... Conocimos Cu-chi, la ciudad bajo tierra que construyó el pueblo vietnamita para continuar luchando a pesar de los bombardeos en la periferia de la antigua Saigon, hoy

Ciudad Ho Chi Minh. Según yo era algo «chévere» pero no era eso, era un trabajo arduo, serio, disciplinado, todo eran túneles y pequeños espacios para reuniones de unas cinco personas. No eran muy amplios y un gordo o gorda no pasaba, cada cierto tramo el túnel tenía puertas y estas estaban protegidas por explosivo y en la superficie camuflajeadas. Eran más de trescientos kilómetros de túneles y en la superficie la aviación yanki no había dejado en pie ninguna casa, ningún árbol, nada... sólo habían cenizas y ramas de árboles quemados, una gran extensión, totalmente destrozada, pero el pueblo vivía bajo tierra y desde ahí los combatientes incursionaban hasta la retaguardia enemiga para aniquilar sus fuerzas y retirarse exitosos.

La clave de todo, según ellos, era la aplicación del marxismo leninismo creadoramente a su propia realidad, no aceptar recetas ni dogmas. Era la movilización de todo el pueblo, la liberación de la iniciativa creadora del pueblo organizado, y la ofensiva continua en todos los terrenos.

Los generales y estrategas que nos daban las clases eran gente muy humilde. Aun cuando les llevaban en helicóptero hasta el cuartel donde recibíamos nuestras clases, ellos vestían sus uniformes con sus sandalias, y por ese tiempo fabricaban ellos mismos con papel los sobres de sus cartas. Tenían una claridad del momento, de para donde iban y de su futuro.

Nosotros parecíamos cipotes en las clases, contábamos chistes, hacíamos veladas nocturnas y los sábados teatrillos, y también un «baile» donde Alberto, Alejandro Rivera, tocaba unas cumbias y todos bailábamos enloquecidos. Sólo había un casette de música en español que llegué a adorarlo, era de Leonardo Fabio, unas canciones románticas, que oíamos mañana, tarde y noche. Lo demás era en el indescifrable idioma vietnamita. Aprendí lo básico del idioma, como pedir, agua, cigarros, cerillos, baño, hola, adiós, aprendimos a contar del uno al diez y a reconocer cuando nos decían «bien» (tot) cuando en clases de tiro dábamos en el blanco. Yo tenía un diccionario vietnamita-español y era la «traductora» del grupo, por mi medio solicitábamos cigarros, un paseo, una botella de ron, e incluso más de algún compañero le tiraba piropos a alguna vietnamita. Nos divertimos y aprendimos un montón en esos meses. Tach y Quiet eran en realidad los intérpretes y pasaban todo el día con nosotros, llegamos a encariñarnos con ellos, pues nos atendían en todos nuestros deseos en la medida de sus capacidades, incluso nos llevaban helados a la montaña para que los comiéramos en el receso del entrenamiento.

Los hombres vietnamitas acostumbran a saludarse de beso y dándose una nalgada entre ellos, y así saludaban a nuestros compañeros, eso fue constantemente motivo de broma entre nosotros. Y a los más nalgones, más les daban en el saludo.

Fuimos un grupo muy unido, juntos estuvimos al regreso por unos días en Moscú, donde los del PCS eran los guías y los intérpretes, pues varios de ellos hablaban bien el ruso y nos guiaban. Visitamos el Kremlin, la catedral, la plaza roja, el museo de historia, paseamos por el río Moscú y fuimos a algunas cafeterías y tiendas. La belleza arquitectónica de Moscú era indiscutible, por lo demás lucían ciudades un poco descuidadas, pero nosotros estábamos admirados de que no había mendigos viejos, mucho menos niños.

Mélida nos llevó a dar una vuelta por el Hotel Rossia que es imponente, los varones se fueron una tarde al cine y nosotras al museo. Ella llevaba recuerditos hasta para el último compa. Yo no llevaba tantas cosas pues de todos modos iba a entrar de inmediato al frente de guerra a mi regreso.

En el retorno hicimos una escala de algunos días en La Habana donde comenzamos a recibir noticias del país, cómo iba la guerra, cómo estaba el FMLN. Un compañero motorista que nos llevaba del aeropuerto al hotelito dijo: «Hay muchas capturas y desapariciones en el país, hace unos diez días capturaron y desaparecieron a una compañera de la Dirección que se llama Julia, sentí que me moría… luego pensé que podría ser otra, pero me equivoqué, efectivamente era mi hermana la desaparecida.

Cuando llegué a Managua averigüé qué gestiones se estaban haciendo por su libertad, me dijeron que mi familia se estaba moviendo, pero que no había resultados, que no aparecía por ningún lado. Con esa preocupación me preparé para ingresar al frente. Nos enviaron a Medardo y a mi juntos, entramos desde Honduras, por La Virtud, a Chalatenango.

5

Comandante Guerrillera en el Frente Paracentral

Me costó muchísimo llegar, había engordado, y esas cuestas de la región chalateca eran muy altas y muy empinadas. Llegué con los pies hechos polvo al campamento de Marcial, que venía en retirada de un gran operativo que había hecho la Primera Brigada de Infantería en la zona. De allí fui enviada con Douglas Santamaría a San Vicente, otra gran caminata en pleno invierno. Para colmo las botas me quedaban flojas y los pies se me despellejaron; cuando llegamos a cerros de San Pedro yo iba muerta de cansancio. En eso apareció un campesino con un macho, me subieron al animal y amarré las botas en la montura. La gente se asombraba de aquel cuadro, una mujer grande y gorda, sin traje militar, con una mochila anaranjada, subida en un macho con las botas al viento. Pero llegamos.

Descansamos en las proximidades de la región de Tecoluca a poca distancia de donde se desarrollaba un operativo del Batallón Atlacatl. No podíamos llegar en ese momento a nuestro destino. Finalmente, a finales de octubre de 1981 llegué a Tecoluca, al Cantón San Jacinto, donde me asentaría los cinco años siguientes. Las libras de más desaparecieron como por arte de magia en cosa de un mes.

En Tecocula encontré a Felipe Dubón, y parecía que entonces yo tenía la vida resuelta. No me hacía cargo de que Ana Margarita estaba desaparecida, en mi cabeza era una presa política. Así que cuando por esos días, en el mes de diciembre, Felipe salió en misión a San Salvador, le pedí que visitara a mi mamá y me trajera noticias de mi hermana, convencida de que ya estaría en el penal de mujeres.

En el Frente Paracentral había mucho trabajo por hacer. Teníamos una importante fuerza guerrillera, milicias y unas siete mil personas civiles que habitaban en la zona controlada. A mi me correspondía la dirección del partido, por lo que tenía que atender los poderes populares locales, las milicias de autodefensa y la atención política del ejército popular. Un trabajo apasionante. Como habíamos expulsado al poder local enemigo, se presentaba la urgente necesidad de construir un poder propio que apoyara la organización de la vida comunitaria. Cuando llegué a esa zona el partido casaba, divorciaba, sancionaba a los que robaban y organizaba la producción familiar y de guerra. Era algo que me asustó. Saber que en mi nueva tarea, según los compañeros, yo tenía que casar y divorciar, era algo inaudito para mí.

Entonces decidimos diferenciar el trabajo partidario del de las autoridades locales, a las cuales las elegía la comunidad con voto directo y secreto. El partido dirigía y orientaba a los poderes locales, pero ellos se encargaban directamente de la conducción de la población. A mí me impresionaba ver a los presidentes de los cantones organizando la construcción de parques, los cuales eran camuflajeados para que la aviación no los viera, diseñando diferentes formas de producción, porque descubrimos que el colectivismo absoluto no nos funcionaba; teníamos producción familiar, producción para viudas y personas desvalidas y producción para alimentar nuestra tropa. La primera era privada y las dos últimas colectivas. Y así se producían frijoles, maíz, verduras, etc. Luego establecimos un sistema de trueque con diferentes regiones dentro del frente, intercambiábamos producción. Los del volcán Chinchontepec ofertaban frutas y café, por frijoles y pescado. En el sector de San Carlos Lempa había queso, maíz y pescado, en el Sector al oriente de Tecoluca había frijol, maíz y caña, y en el volcán había maíz, café y frutas. Este intercambio mejoraba nuestra alimentación.

En la dirección del partido organizamos la información de prensa. Un par de compañeros oían Radio Venceremos, la BBC de Londres, Radio Habana, la VOA, Radio Nederland, la YSKL y la recién creada Radio Farabundo Martí y acumulaban información con la que elaborábamos un resumen diario de noticias del país y del mundo, utilizando una vetusta máquina de escribir, haciendo copias con papel carbón. Sabíamos de esta forma qué pasaba en el mundo y en el país. Los sencillos boletines se enviaban a todas las comunidades y a todas las unidades guerrilleras y se leía en formación de tropa a diario.

Nuestro equipamiento había mejorado muchísimo, teníamos ya talleres en las zonas guerrilleras, radios de comunicación y nuestras instalaciones eran móviles en la zona pero relativamente estables y seguras. La población confiaba en su guerrilla y desde ahí empezábamos a construir el nuevo poder y continuamos golpeando al poder enemigo.

Yo estaba descubriendo un mundo maravilloso, la gente, su iniciativa, el modo de ser del campesinado. Eso de comer tortillas recién echadas con frijolitos sancochados era para mi todo un placer antes desconocido, el cual sigo valorando como tal. Aprendí a encender fogones, a caminar por las noches sin lámpara, a bañarme en ríos maravillosos. Disfrutaba de los inmensos cielos estrellados. De las imágenes, casi sicodélicas que formaban los millones de luciérnagas encendiendo y apagando su luz en los prados. Y logré tener una importante colección de orquídeas que me duró bastante, hasta que el enemigo quemó un cerro donde yo las guardaba durante los operativos militares.

El ejército ya no incursionaba tan fácilmente en nuestras zonas, pues sabía por experiencia que ya podíamos golpearle, emboscarle, aniquilarle. Nos habíamos propuesto ampliar la zona y para ello deberíamos limpiarla de puestos del ejército. Así, entre 1981 y 1983 se eliminaron varias posiciones que el enemigo tenía adelantadas en nuestro territorio en Paz Opico, Quebrada Seca, El Salto, El Carmen, Tecoluca, el Puente de Oro, Villa Dolores, etc. Les hacíamos difícil circular en camiones por las carreteras Litoral y Panamericana.

A mí se me ocurrían ideas para aplicar las experiencias de Vietnam en los poderes populares, pero también en la guerrilla y la milicia. Intercambiábamos con los compañeros del Estado Mayor y esos compañeros hombres, campesinos, aguerridos, con mucho respeto oían y me decían: «¿Emboscadas a ambos lados de las calles?» «Es peligroso, pero vamos a hacer un ensayo y veremos si lo podemos hacer» y efectivamente hacían el ensayo y luego poníamos en práctica esas técnicas. Otra vez se me ocurrió esconder unas minas en unos perros muertos, porque el ejército había quemado las orillas de las calles y ya no podíamos poner emboscadas y lo hicimos exitosamente. También practicamos eso de vestirse de hojas para no ser detectados en la maleza, lo ensayamos y lo generalizamos, hasta que un señor nos desmontó una emboscada cerca de Zacatecoluca, pues salió de la calle al montecito a hacer sus necesidades fisiológicas en medio de los «arbolitos», que eran unos compas, y por último le arrancó unas hojas a uno para limpiarse y el compañero se movió y el señor al ver el árbol moviéndose huyó despavorido y fue a contar el espanto que vio. Entonces, ya no podíamos usar en ese sector ese truco. Nosotros pasamos un buen rato muertos de risa oyendo el parte de la columna que tuvo que desmontar su operativo.

Cuando Felipe, mi compañero, volvió de San Salvador me trajo la noticia de que mi hermana no había aparecido más, que mi mamá la había buscado por todas partes sin éxito, que incluso como resultado de las gestiones de mi mamá los escuadrones habían arreciado su presencia en mi casa. Felipe me informó que mi mamá daba por perdido el caso y que en unos días se iba a ir exiliada a México con Vladimir, Adriana y mi abuelita a reunirse con Chepe (Anselmo) que había salido de la cárcel condicionado a abandonar el país. Recibí una carta desgarradora de mi mamá.

Esbirros habían saqueado el negocio de Angelita y asediaban por dentro y por fuera nuestra casa, pasaban adentro los escuadrones, mi mamá cuenta que quitaban las duralitas, pero los vecinos aunque hay de derechas, como habíamos sido bien unidos, dice mi mamá que aun con la ley marcial salían a calle a reclamarle a los escuadroneros y había un señor frente a la casa que era papá de un ministro de la dictadura y le hablaba: «Voy a tirar si no se retiran» les decía el señor, entonces el ministro mandaba a retirar los escuadrones. Mi mamá en ese tiempo vivía con mi abuela Anita, mi hijo Vladimir y Adriana (la hija de Ana Margarita).

Sentí que el mundo se me venía encima, que mi casi gemela se iba en un hoyo sin fin y yo no la podía alcanzar. Por unos segundos, quizás unos cuarenta segundos, tenía la idea de que me iba a pegar un tiro, que me asfixiaba y no tenía fuerzas para continuar. Sentí esos segundos largos y agobiantes. En ese momento entró Douglas Santamaría (Eduardo Linares) a la casita donde estábamos y me dijo con los ojos llorosos que no desmayara y siguiéramos adelante. Fue como que me dieran una cachetada para volver a la realidad. Sin embargo, hasta hoy me da miedo recordar esos cuarenta segundos suicidas de los cuales por mucho tiempo me avergoncé. Pero era un dolor muy grande el que sentía, no hay palabras para describirlo. Ya sólo quedábamos Virginia y yo. Pero Virginia estaba en Chalatenango y yo me sentía muy sola en ese momento.

Los desaparecidos siempre son un misterio y un dolor, porque una creía que algún día, sobre todo al terminar la guerra aparecerían por algún lado. Había una esperanza y nunca se termina de asimilar la pérdida. Siempre se piensa en que los desaparecidos están vivos. Y así me resigné a esperar la victoria para encontrarla. Sufriendo al pensar que estaría siendo torturada, y pensando que siendo como era no delataría a nadie, lo cual me lo confirmaron después los compañeros. Y eso que te da orgullo también te hace pensar que sería por lo mismo más torturada.

La buscamos todo el tiempo, terminó la guerra y no apareció. Tenía siete meses de embarazo cuando la capturaron, tampoco supimos si su hijo o hija nació. Ni la Comisión de la Verdad, ni Pro búsqueda, encontraron su rastro. Sólo fue reconocida en el informe de la Comisión de la Verdad como una de las desaparecidas por tropas de la Primera Brigada de Infantería. Hasta hace muy poco en mi familia no la asumíamos como muerta. Sólo cuando su nombre fue puesto en el muro de los mártires que está en el Parque Cuscatlán, fuimos a llorarla, a enflorarla, a decirle su misa y asumimos que está junto a mis hermanos y mi papá en algún lugar acompañándonos. Ahí vamos todas a verla el 2 de noviembre, le dejamos sus flores y platicamos un rato. Su nieta, Amaranta, juega en el jardín del muro, mis hijas arreglan el altarcito. Mi mamá y yo nos sentamos a llorar frente al muro. Eso es todos los años.

La Comandancia General dio la consigna «resistir, desarrollarnos y avanzar». Con esa divisa trabajábamos, eso para mi implicó reflexionar que la guerra sería más larga de lo pensado y que pasarían aún largos años hasta lograr el objetivo final. Entonces me inventé una consigna para mí: «Encharralaremos el cuerpo pero no el espíritu», así que encargaba libros para estar al tanto de los avances en la literatura, creamos una biblioteca móvil que funcionaba muy bien entre los campamentos. Trataba de estar al tanto de avances tecnológicos y científicos, a través de los noticieros internacionales. Que la guerra no nos tragara y nos volviera autómatas, sentía que era la batalla más grande. Celebrábamos las Navidades, imprimíamos tarjetas navideñas (de papel bond, diseñadas a mano en stencils) para que los combatientes enviaran sus saludos a familiares y amigos dentro de las zonas. Realizábamos concursos de poesía. Organizamos conjuntos musicales. Los curas guerrilleros daban misa y hacían casamientos y bautismos. En fin, intentamos a toda costa que la gente, en medio de tanta tragedia y tensión, tuviera sus espacios propios como todo ser humano.

Una vez encargué al correo de la ciudad libros de cuentos con ilustraciones. Nos trajeron *Cenicienta*, *La bella y la bestia*, *Caperucita Roja* y otros. Yo los quería para los niños y las niñas. Mi sorpresa fue que los compañeros campesinos del Estado Mayor de la Guerrilla se tomaron los libros y pasaron varios días clavados en los libros, viendo aquellos dibujos y colores con sus historias infantiles. Esto me conmovió, me enteré entonces que en el campo esos libros no llegaban y que estos hombres cuando niños nunca habían tenido un libro de esos en sus manos. También alfabetizaba directamente a los mandos, a unos les enseñaba a leer y escribir, a otros ortografía y matemáticas. Esta tarea me encantaba, parecían cipotes haciendo sus deberes y sus planas.

En 1982 fui nombrada jefa militar del Frente Paracentral, ya que Douglas salía del frente para ir a un entrenamiento. Quedé entonces como responsable directa de nuestras tropas que en ese momento eran varios miles de combatientes armados, unos tres mil más o menos. Al principio los jefes estaban dudosos, pero debo decir que con la ayuda de ellos y poniendo mi mejor esfuerzo, se mantuvo un alto nivel de efectividad, realizamos importantes operaciones y mantuvimos a raya al enemigo. Intentaron penetrar muchas veces nuestra zona y siempre salían con muchas bajas. Por esos días la Comandancia me otorgó el grado de Comandante Guerrillera.

Este nombramiento en las FPL tenía sus reglas. Todo comandante debería ser jefe en el terreno o de un batallón como mínimo, o de un frente de guerra. Adicionalmente debería ser integrante de la dirección nacional del partido. Un batallón equivalía a tres destacamentos de guerrilla de infantería y una unidad de armas de apoyo (artillería, explosivo, antiaéreos) que normalmente era otro destacamento. Cada destacamento tenía entre ochenta y cien combatientes. En el Frente Paracentral teníamos un batallón de vanguardia el Bon. Andrés Torres; teníamos además cuatro destacamentos guerrilleros locales, cinco agrupamientos milicianos y casi un batallón de abastecimiento y logística. Los puestos de mando del partido y los poderes populares también tenían combatientes, estos eran menos, pero constituían en su conjunto otro centenar de combatientes. Las funciones entre guerrilla local, unidades de vanguardia y milicias eran muy claras; todos en conjunto formábamos las Fuerzas Armadas Populares de Liberación FAPL.

La población civil había construido junto a la milicia y la guerrilla un excelente sistema de autodefensa, lo que evitaba que el enemigo continuara masacrando. La alimentación era siempre precaria, pero la resolvíamos con la producción propia, brigadas de caza, pesca y recolección (como en la edad de la comunidad primitiva) y requisando alimentos y vituallas a los transportes internacionales en la carretera.

Los operativos enemigos a veces eran largos, y pasábamos todos (guerrilla, milicia y población civil) muchos días en movimiento, sin poder comer casi, ya no digamos bañarnos; entonces sí teníamos bajas, sobre todo de niños y niñas que no soportaban la intemperie y el hambre. Porque el Gobierno pretendía rendirnos o por las balas o por el hambre. Hubo un tiempo muy duro, nos metieron operativos de varias semanas y en 1983 una campaña militar de varios meses. Por ese tiempo, una vez aluciné, sí, vi una olla con sopa que no existía y me quedé esperando con el tazón a que me sirvieran. Pasaron muchos años antes de que yo contara este cuento por vergüenza, ¡alucinar por hambre! Una vez fuimos con Chusito (Luis Caravantes) a una celebración en un cantón como a una hora a pie de camino. Y era claro que nuestra principal motivación era que ahí iban a repartir café con pan.

Mientras duraban esos grandes operativos, el batallón Atlacatl incursionaba en nuestra zona y nos arruinaba las milpas, mataba nuestro ganado y destrozaba todo lo que fuera comible. Nosotros comíamos hojas de úcula, una raíz que se llamaba jicamilla, y hacíamos tortillas de corazón de mata de plátano.

Una vez requisamos un camión que traía doscientos mil cartones de huevos. Fuimos con todos los poderes populares a recogerlos y luego se distribuyeron entre toda la población, la guerrilla y las milicias. Tocaría como a veinte huevos per cápita. Pero la gente se los venía comiendo en el traslado y quedó desde la Panamericana un gran sendero de cáscaras de huevo que conducía hasta el interior de nuestra zona. Yo les dije a unos compañeros de las comunidades: «Esto es como el cuento de Hansel y Gretel», «¿Y eso qué es?» me preguntaron. Otra vez fue una enorme cantidad de avena Quaker, sólo eso había de comida. Tortillas de avena, sopa de avena, pan de avena. Pasé muchos años sin querer probar ni un bocado de avena. Otra vez fuimos por comida y lo que llevamos resultó ser ropa interior. Una señora se casó en el frente por esos días y como traje de novia se puso un camisón con una bata vaporosa que se halló entre lo requisado. Los calzones eran de lycra… todo un lujo en el frente.

En ese frente sólo estábamos una treintena de gentes provenientes de la capital. Allí todo era campesino. Y hablar de la *metro*[1] era como algo despreciable, como de los burgueses.

A finales de 1984 el Frente Paracentral había ampliado considerablemente su control y ya disputábamos la periferia de San Vicente, además éramos una fuerza muy respetada por el ejército; ya no incursionaba a nuestros territorios en unidades muy pequeñas.

Milton (Medardo) había sido enviado a la zona para asumir la conducción del Frente Paracentral Roberto Sibrián y de la zona de Ángela Montano. Allí nos hicimos grandes camaradas, hasta la fecha lo somos, porque nos tocó vivir la época más dura de la consolidación del FMLN con la consigna «resistir, desarrollar y avanzar» que la realizamos exitosamente. Milton siempre tenía conversaciones interesantes. Una vez hablamos de por qué los murciélagos nos picaban a nosotros y no a las vacas… y que era porque ya no había vacas en la zona. Pero otras más serias, sobre por qué en una guerra tan cruel no terminábamos enloquecidos. Por qué había que respetar a los soldados capturados. Hacíamos cafecito y charlábamos y fumábamos.

Un buen equipo

Milton (Medardo González), Douglas (Eduardo Linares) y yo hicimos un trío inseparable en San Vicente. Teníamos un mando cohesionado, confiábamos entre nosotros y nos respetábamos personal y políticamente. Así logramos impulsar el concepto de guerra de todo el pueblo, pues el trabajo del partido, el de la población y el militar iban completamente de la mano.

Poníamos nuestros mejores esfuerzos en desarrollar el trabajo militar y el trabajo político. Ellos dos eran muy colaboradores con mi trabajo, sobre todo cuando me tocó dirigir el trabajo político partidario. Había algunos compañeros que no querían respetar la vida de los prisioneros de guerra y cuando yo planteé esto al mando, ellos no vacilaron en asumir la misma posición y llamamos a los jefes para insistir en este punto, que la vida de los capturados debía ser respetada. A veces otros querían reclutar forzosamente para la guerrilla, y cuando el trabajo político del partido detectaba esto lo parábamos de inmediato, y siempre tuvimos el respaldo de Douglas y Medardo.

Igual ocurría con la defensa de la población civil y de los heridos, tarea que estaba por una época bajo mi responsabilidad. Siempre tuve la información militar y la coordinación oportuna para movilizarnos y protegernos. De hecho pasábamos la mayor parte del tiempo en el mismo campamento. Y cuando había operaciones militares yo participaba con ellos en el puesto de mando, o ponía mi monitoreo de apoyo. Así fue que una vez por medio de mi equipo de intercepción detectamos un avance enemigo en el volcán Chinchontepec y se lo comuniqué a la unidad que se encontraba por ese sector. Era de madrugada y creo que nadie esperaba que mi puesto de mando estuviera pendiente.

Douglas era un espectáculo, siempre tenía frases dramáticas para ejemplificar situaciones. Al mismo tiempo, era muy querido por la gente, porque siempre andaba en medio de las unidades, exigía porte y aspecto, disciplina estricta, agresividad en el combate, pero también era confiado con todo el mundo y siempre tenía algo divertido y exagerado que contar. «Los militares son pérfidos y maquiavélicos, ¿si o si?» preguntaba Douglas a la tropa.

En el Frente Paracentral me curtí como guerrillera rural, llegué a ser parte del paisaje, aprendí a diferenciar algunas especies de árboles y otras plantas, a caminar de día y de noche hasta diez o doce horas seguidas; a poner bien mi hamaca y a hacer algunos nudos. Trabajé en el colectivo de mi campamento sembrando frijoles. Aprendí a cargar mis pertenencias y mis armas sin mayor dificultad. Aunque siempre «a paso de Rebeca», es decir despacio.

Nuestras chozas, camufladas, eran pequeñas, de paja y plástico, o de paja y lámina con estructura de madera. Ahí teníamos nuestro cantarito de agua, una mesa unas sillas y la hamaca para dormir. Todo «lo demás» (una mudada completa, otro par de calcetines, unos calzones, un suéter, una colcha, lámpara, cuaderno, lapicero, un jabón de baño y uno de lavar, una libra de azúcar, un poquito de sal, y a veces un poco de café en polvo) estaba en la mochila, siempre arreglada por si había que desplazarse de improviso. Esto se volvió más liviano en los últimos años de la guerra en que las tácticas tuvieron que ser más móviles.

En el año de 1983 terminé mi relación con Felipe. Quién iba decir que cuando estuvimos en la misma zona descubrimos nuestras incompatibilidades. Fue muy triste darnos cuenta que nos apreciábamos mucho, pero no como para continuar como pareja; a mí me golpeó mucho y fue una suerte que le enviaran a Chalatenango para no estar pendiente de esa difícil situación. Y, sin embargo, pasé muchos años creyendo que algún día nos reuniríamos de nuevo. Eso dejé de pensarlo en 1986 cuando salió libre del penal y pude verlo y constatar que nunca más volveríamos a tener la misma relación. Siempre he considerado que mi condición de jefa y el machismo incidieron en las «incompatibilidades»; esto no es lo único pues en una pareja siempre hay más cosas que sólo las parejas saben y que no es el caso venir a contar a todo mundo. Lo bueno fue que nos rescatamos como compañeros de lucha y hasta este tiempo guardamos un cariño fraterno, familiar.

«Quitar el agua al pez». La persecución del pueblo

El año 1983 fue un año excepcionalmente duro. La guerra se había intensificado y el ejército gubernamental realizó en nuestro frente un experimento el cual consistía en combinar un cerco militar a la zona, con incursiones a la profundidad, combinadas con ataques aéreos y de artillería. Al mismo tiempo pretendía capturar o rendir a la población civil que vivía en nuestras zonas y hacer un espectáculo de atención médica, etc., para ganárselos, según ellos, a su causa. Era la lógica de los asesores norteamericanos llamada «quitar el agua al pez».

Este operativo duró cinco meses y participaron en él prácticamente los cinco batallones elite del ejército gubernamental, sus fuerzas locales que constituían dos brigadas de infantería y un destacamento de ingenieros, la fuerza aérea y la brigada de artillería.

La población de la zona, en su mayoría, era gente consciente: sus hijos e hijas jóvenes, los hombres adultos y muchas mujeres familiares de la población civil se habían incorporado a la guerrilla. Eran los continuadores de la lucha de las organizaciones campesinas y protagonistas del poder popular en las zonas. Teníamos una buena relación cotidiana con esta población, aun cuando nuestros campamentos no estaban en medio de ella para no ocasionarle problemas. Era una población comprometida que no se iba a rendir, no era comprable.

En la medida que íbamos cobrando conciencia en el mando de la guerrilla de la amplitud y permanencia de este operativo, fuimos adaptando todo nuestro funcionamiento y el sistema de protección de la población civil. Básicamente anduvimos como jugándoles la vuelta a los grandes contingentes del ejército gubernamental; si ellos venían de una zona vecina hacia la zona nuestra, nosotros con esos miles de personas civiles nos pasábamos en sigilo, de noche y por veredas, a la zona vecina que ellos estaban desalojando, y estuvimos así hasta que logramos empezar a golpearles su retaguardia y abrirle algunos huecos al cerco militar. El esquema de la fuerza armada se llamaba «yunque y martillo», pero en esta ocasión fueron varias maniobras de «yunque y martillo» en simultáneo.

Pocas bajas tuvimos por arma de fuego, pero si murieron muchos niños y niñas por hambre, pues en esa ocasión nos destruyeron la mayoría de cultivos, nos cerraron los pasos de las rutas de abastecimiento, destruyeron las viviendas, y perdimos lo mejor de la temporada de siembra al andar de monte en monte.

Mi trabajo en ese momento estaba concentrado en la protección de la población, en la dirección de la unidad de armas de apoyo de nuestras tropas y en asegurar el abastecimiento. Realmente era muy difícil resolver adecuadamente todas las necesidades, éramos miles de personas. Un día conseguíamos dulce de caña y eso comíamos todo el mundo, otros días nada, otro día algunas gallinas, otro día raíces de plantas y corazones de matas de guineo, todo era muy difícil. Las ancianas y los ancianos, los niños y niñas, eran los que más sufrían, caminando muchas veces descalzos por la noche en los cerros. Dejando sus pertenencias, su perro, su milpa, su ropa, su gallina, sus recuerdos, pues nada de eso podíamos cargar en esas movilizaciones que la gente les decía «guindas». Algunos niñitos de pocos meses de edad murieron asfixiados, pues a veces alguna columna del ejército pasaba muy cerca de donde teníamos escondida la concentración de gente de civil y ellos pequeñitos, sin saber nada, comenzaban a llorar, la madre afligidísima les tapaban para que no lloraran y más de alguno de ellos, sin proponérselo sus madres, murieron asfixiados y le salvaron la vida al resto de gente. Esos niños son héroes desconocidos, nacieron en medio de la guerra y nunca tuvieron una partida de nacimiento, no existen. El hambre de una semana de no comer, no es el hambre de cuando se retrasa la cena… A veces teníamos muy poca comida y la prioridad era alimentar a los ancianos y ancianas, a las niñas y los niños. Nos daba entre compasión y risa ver a algún adulto, muerto de hambre igual que nosotros, diciendo: «¿Y los grandes qué, no tenemos derechos?» Y volvíamos a explicar el por qué de la prioridad en niños y ancianos.

Los hospitales de retaguardia de nuestro frente fueron sacados completamente del área de operaciones, los enviamos lejos a zonas secretas donde los heridos pudieran comer y ser atendidos médicamente, unos viajaron a la Isla de Méndez, en medio de manglares cerca del mar estuvo nuestro hospital un tiempo y otros hasta el departamento de San Miguel.

La guerrilla logró readecuarse y pasar ya no sólo a proteger el movimiento de la población civil, sino que logramos golpear la retaguardia del operativo enemigo y hacer algunas incursiones. Memito (el actual alcalde del FMLN en Santa Tecla, Oscar Ortiz) logró con su tropa, en Usulután, aniquilar una unidad del Batallón Bracamonte y requisar sus armas, saliendo él herido de su pierna izquierda. Estos golpes aflojaron el cerco que finalizó definitivamente en diciembre, cuando fuerzas del FMLN, concretamente de las FPL, aniquilaron la Cuarta Brigada de Infantería ubicada en el departamento de Chalatenango, lo que quebró la idea del Gobierno de que podría concentrarse con todas sus tropas en cada frente de guerra hasta acabarnos por partes. La guerrilla estaba en todo el país, la población no se prestó a su maniobra y esa capacidad combativa nacional hizo fracasar estrepitosamente este intento.

En 1984 hubo una semana en que me obsesioné con mi hijo. Soñaba con él y también despierta pensaba todo el tiempo en él, no podía en ningún momento quitármelo de la cabeza. Sólo tenía una cartita que me había llegado por un correo, y yo tenía ya más de dos años sin verlo. Eso me tenía desesperada. Un día de esos llegaron los correos de San Salvador con un montón de casettes que enviaban de la ciudad para que nos entretuviéramos, «es música» dijeron los compas, puse el primer casette en la grabadora y oí: «Me llamo Vladimir» y la cancioncita que hacía varios años yo le había grabado a mi hijo en la clandestinidad. Para mí fue una bendición, la voz de Vladimir en el momento que más desesperada por él me sentía. Era un milagro que nadie supo explicarme, como ese casette, después de casi cinco años, había llegado a un local desde donde, por pura casualidad, lo enviaron a mi zona, a mis manos.

El colectivo de dirección del partido en el Frente Paracentral estaba conformado en su mayoría por compañeros bastante entrados en años, la mayoría fundadores del trabajo guerrillero de la zona. Destacaban Tomás, Omar, Nico, David, y otros más jóvenes como Esteban, David Gavidia, Maribel, Esteban Ortiz y mi persona. Hacíamos muy buen equipo de trabajo, nos organizábamos por subzonas y todos participábamos en los mandos guerrilleros respectivos. Recuerdo que me hicieron «el minuto de silencio», cuando recién llegué a esa zona, un compañero dijo: «Recibamos a la compañera Rebeca con un minuto de silencio» y todos se pusieron en pie y se callaron. Yo me asusté, después supe que los compas creían que era un homenaje que se podía hacer a vivos o a muertos sin diferencia.

Mi campamento era vecino del campamento del Estado Mayor y del campamento del hospital del frente. Estábamos en el mismo cantón. Así que compartíamos el plan de seguridad y nos apoyábamos en todo lo que podíamos. En el hospital estaban varios médicos y enfermeras: Nacho, Raúl (Ángel Alvarado), Felipe (Eduardo Espinoza), René (Eduardo Coto), Nena, Mayra, Sonia, son compañeros que siempre recordaré por su dedicación al trabajo y por las incontables veces en que su determinación salvó vidas. Tenían un hospital completo bajo tierra, y otro local de rehabilitación al que sólo se llegaba por el río Lempa. Hacían aparatos ortopédicos, medicina de plantas y, ciertamente, paciente que llegaba vivo al hospital del frente, era muy, pero muy, raro que se muriera. Además habían organizado el primero y segundo nivel de atención médica, no sólo el hospital de retaguardia, sino todo el sistema.

Un buen día de 1985, hubo un gran operativo en cerros de San Pedro y en el volcán Chinchontepec, que luego se dirigió al sector de Tecoluca. En simultáneo la Sexta Brigada había tomado las riveras del Lempa y el DMIFA la carretera litoral, o sea que nos habían cercado por el norte, por el oriente, por el poniente, y por el sur. En cerros de San Pedro había sido capturada Nidia Díaz.

Nosotros decidimos movernos en dirección al volcán, o sea hacia donde estaba avanzando el Bon. Bracamonte, y esperar la noche para vigilar donde ellos acamparían para descansar y luego evadirlos para salir con todo y la población civil, burlando el cerco enemigo, hasta subir las faldas del volcán y llegar a un área cubierta de cafetales. Así lo hicimos y fue un gran acierto, porque a las 4:30 a.m. se estrenaron los b-52 en nuestra zona lanzando un feroz bombardeo, combinado con desembarco de helitransportados en varios puntos. Si la población hubiera estado ahí, hubieran habido muchas bajas civiles y guerrilleras. Las viejitas decían que el mando era «milagroso» porque les habíamos obligado a desplazarse, cosa a la que se negaban pues no teníamos exactamente sobre nosotros al enemigo en ese momento, y ahora veían los resultados. En realidad era la intercepción de las comunicaciones enemigas y nuestros excelentes criptógrafos los que nos permitían tomar buenas decisiones.

Lo de Nidia me impresionó mucho, además Nidia había sido gran amiga de Virginia. Yo la conocía desde pequeña y cuando me casé con Dimas me elaboró con sus manos un hermoso ramo de flores amarillas que me lo llevé a mi nuevo apartamento. A los pocos días la dictadura informó que tenía preso también a Miguel Castellanos. Hay entre los dos presos una diferencia: Miguel se vuelve un perfecto delator y activista del enemigo y Nidia libró una batalla moral contra el ejército, no delató, denuncia a sus captores y siguió combatiendo aún detenida y torturada. Con la traición de Castellanos las FPL teníamos enormes problemas, pues era el jefe de San Salvador y conocía prácticamente a todos los cuadros, los cuales andaban huyendo de su jefe traidor. Ya algunos locales habían sido cateados y varios compañeros estaban siendo capturados, entre ellos Felipe que estaba en cuestiones logísticas en la ciudad.

La Comandancia de las FPL decidió trasladarme para que me hiciera cargo del Frente Metropolitano y que retomara los contactos y reestructurara el trabajo clandestino de la capital. Así, en julio de 1985 salí de mi amado Frente Paracentral para dirigirme a Guazapa desde donde debía iniciar la reorganización del trabajo clandestino de San Salvador. Salí después de un largo operativo, lloré desde el campamento hasta la Panamericana, amaba a esa zona y a esa gente. Recuerdo que Merceditas, la cocinera de mi campamento, lloraba y lloraba por mi retiro del frente Paracentral y su explicación fue la siguiente: «Es que el nuevo jefe no va a encargar especies a los correos» y es que, efectivamente, ella me hacía ver que debíamos tener achiote, pimienta y tomillo al menos para mejorar los frijolitos...

Fue un recorrido largo a pie, de Tecoluca a cerros de San Pedro, de allí hasta Cinquera bordeando Ilobasco; de Cinquera debíamos pasar a Tenango y luego subir el cerro hasta el caserío «La Fuente» en el cerro Los Lirios, que es uno de los cinco cerros que tiene el cerro de Guazapa.

En el cerro de Guazapa. Julio de 1985

Cuando pasamos por cerros de San Pedro dormimos en la salida hacia Cinquera, y en la madrugada nos sorprendió un fuerte bombardeo apoyado con un helicóptero hug 500 (la «avispita») que realizaron a unos cien metros de donde dormíamos. Por suerte, la noche anterior yo había ordenado no dormir en la casita vacía, sino en el lindero del solar que estaba en la orilla de una quebrada y pudimos meternos en esa quebradita y salir del área del bombardeo al que luego siguió un desembarco. Cuando íbamos en la quebrada podíamos oír, como máquina de afilar cuchillos, el sonido de la «avispita» que muy a ras del suelo peinaba los zacatales, prácticamente iba a la altura de nuestras cabezas, sólo que nosotros íbamos protegidos en la quebrada donde caían esquirlas al rojo vivo que sonaban al entrar en contacto con el agua. Una unidad de las FAL[2] nos apoyó en la salida y luego seguimos camino hasta llegar a Cinquera, entrando por el cantón Trilladera, un lugar paradisíaco, con mucha vegetación y frutas, que por ese tiempo estaba deshabitado.

Al llegar a Cinquera me encontré con Ruth, quien me informó que en esa zona estaban operando las PRALES (Patrullas de Reconocimiento de Acción Local), que eran unidades comando del ejército que se infiltraban a la profundidad de nuestras zonas, ubicaban nuestras posiciones donde dormíamos y se comunicaban por radio con la fuerza aérea. En la madrugada el enemigo hacía un desembarco rápido encima de nuestros campamentos, aniquilaba apoyado por las patrullas infiltradas y se retiraban de inmediato en los helicópteros. Eran acciones comando de movimiento muy rápido, de manera que cuando otra unidad guerrillera llegaba a reforzar ya era tarde pues el enemigo se había retirado causándonos serias bajas. Debido a ello, el campamento se movía ya de noche a un sitio no anunciado antes por el mando, donde dormíamos en pleno sigilo y se mantenía todo el mundo muy alerta pues esta modalidad nos tenía preocupados y no la dominábamos todavía. Así que dormíamos en un lado, amanecíamos en otro, pasábamos el día en otro y así todos los días.

Pasamos rápido y seguimos por Tenango hasta cruzar la calle de Suchitoto y entrar al cerro de Guazapa que era para mí como llegar a la ciudad. Desde el cerro se miraba en panorama toda la ciudad capital y el espectáculo de las luces en la noche era maravilloso: «Por allá queda mi casita» pensaba yo.

La orden que llevaba era contactar con el compañero Chusón que llegaba desde Chalatenango y, entre los dos, recoger, borrar el hilo y los nexos que manejaba Miguel Castellanos, y reorganizar el trabajo de San Salvador. Salvar a los cuadros que andaban huyendo, reconcentrarlos en el cerro y reorganizar el trabajo de la *metro*, era la prioridad.

Guazapa era otra cosa. Un frente muy moderno sentía yo entonces, pues la periferia de nuestra zona controlada era también la periferia de la capital del país, San Salvador. En un pequeño territorio estábamos las cinco organizaciones del FMLN con sus respectivos mandos, nos comunicábamos con gran facilidad entre todos y además» había más gente de la ciudad, igual que yo, con lo que podía ampliar mi abanico de conversaciones.

Graciela

En el cerro Guazapa conocí a Graciela, la responsable del trabajo clandestino del PRTC en San Salvador. Tenía mi estatura, era blanca, pelirroja, con facciones muy finas. Había sido presa política, era una mujer muy dedicada, inteligente, conspirativa y humilde. Con ella hablé de algunas cosas que ya me cuestionaba internamente sobre la situación de las mujeres; yo todavía no hablaba de «nosotras las mujeres» como es correcto y realista, sino de las otras mujeres… Veíamos que a la mayoría de mujeres no les dábamos su uniforme verde olivo y que eso las exponía a ser vistas por la aviación y ser un blanco más fácil. El argumento que se daba era que las que estaban en hospital y cocina no iban al combate y que era prioritario uniformar a los combatientes directos. Graciela denunciaba lo que era una discriminación y me contaba que sentía que no la tomaban muy en serio cuando comentaba eso.

Yo admiraba su trabajo, ella se iba vestida de civil del cerro de Guazapa para ir a San Salvador pasando los controles del ejército de la dictadura, exponiéndose a ser capturada de nuevo, y yo me quedaba con mi «verde olivo» y mi fusil en el cerro acompañada de centenares de combatientes. Era muy organizada y valiente. Graciela murió en la zona del Paisnal al pisar una mina cuando se retiraba con Eduardo (Domingo Santacruz) después de una reunión del mando conjunto del FMLN de la zona metropolitana. Su muerte fue para mi una tragedia, la enterré con mis propias manos junto a otros compañeros. Fue la primera vez que supe que el amor lo supera todo, Graciela vomitaba sangre y yo no tenía problema en abrazarla y besarle sus mejillas, cuando ella agonizaba platicando con nosotros con serenidad y valentía en el Cantón San Francisco.

Ruth que era la jefa de esa subzona se sentía mal y culpable de no haber logrado asegurar su atención médica, pero su tipo de sangre era rara en la zona y no teníamos recursos para la envergadura del problema médico que Graciela presentó.

Una flecha clavada

Cuando fuimos entrando en contacto con la gente de la ciudad vimos que era necesario reubicar gente, locales, enviar nuevo personal que la policía no tuviera localizado, ese trabajo sirvió de mucho para evitar más apresados y muertos. Chusón era muy ordenado y minucioso, eso ayudó mucho a no dejar tanto cabo suelto. Yo estaba contenta porque, además de buen compañero, Chusón era mi cuñado, el compañero de Virginia, y podíamos platicar de ella, de la familia.

Para esa época en el frente se habían puesto algo de moda unos pequeñísimos televisores de baterías, que eran muy prácticos, no pesaban mucho, ni ocupaban tanto espacio en la mochila. La novedad era «ver tele». Como yo nunca he sido muy amiga de la tele y hablo mucho, casi me sacaban de la champa para que les dejara ver sus programas.

En Guazapa todo era diferente. Había una vegetación exuberante, café, frutas, nacimientos de agua y se daban bien el frijol y el maíz. Los problemas de abastecimiento eran relativamente pocos, además ya en 1985 teníamos bastante debilitado al ejército, sus cercos militares no eran tan cerrados como los pintaba, sus ofensivas generales eran cada vez más espaciadas y eso daba bastante estabilidad a nuestro trabajo, hacíamos hasta bailes y celebraciones en nuestros territorios.

Comíamos guineos majonchos asados, había izotes, también dulce de panela, pues al norte del cerro habían cañales y molienda, y la ropa era más moderna, pues la entrábamos desde la ciudad capital directamente.

Los bombardeos y los mortereos si eran preocupantes, en Guazapa no había semana que no bombardearan. Para protegernos teníamos un imponente trabajo ingeniero, trincheras, zanjas de comunicación, refugios antiaéreos en todos los campamentos y caminos principales. Prácticamente en cada asentamiento guerrillero habían suficientes refugios como para aguantar un bombardeo. Siempre había que estar listos pues el gran peligro estaba en la primera bomba, que no nos agarrara fuera de sitio. Siempre había que estar alertas pues todos los aviones que salían de la fuerza aérea, fueran para donde fueran, casi siempre daban una vuelta sobre el cerro, y una no sabía si venían por nosotros, o si iban para Chalatenango, San Vicente o Morazán.

Geográficamente Guazapa era un punto excelente para asediar a las tropas del ejército gubernamental que transitaban obligatoriamente por la carretera Troncal del Norte y cortar carreteras para impedirles su movilidad. También era un buen punto para impulsar nuestro trabajo político en San Salvador;

entraban y salían cuadros urbanos para evaluar, planificar y regresar a la ciudad a cumplir sus misiones tanto políticas, como militares. Adicionalmente era un buen corredor hacia Chalatenango para enviar gente o materiales logísticos.

Cuando nos trasladamos a Guazapa, también se trasladó la Radio Farabundo Martí que transmitía para San Salvador en frecuencia modulada. También estaba instalada una repetidora de Radio Venceremos. Era impresionante que cuando comenzaba la transmisión de Radio Farabundo Martí, llegaba un helicóptero a sobre volar o un avión de reconocimiento, me imagino que para ubicarla y bombardearla. Nosotros nos afligíamos mucho porque tanto Dreyfus (Alfonso Zamora) como Sebastián (Luis Barrera) no suspendían la transmisión y hubo vez que se oía en la transmisión al aire el ruido del helicóptero. Por suerte nunca les cayó bomba alguna. De modo que Guazapa era un gran centro de operaciones del FMLN. Y nosotros le gritábamos al viento: «¡Guazapa: una flecha clavada en el corazón del enemigo!».

Allí había mandos de todos los partidos del FMLN, siendo nuestra fuerza de las FPL la menor en tropa. Así que dependíamos del apoyo de las FAL, del ERP, del PRTC y de la RN para nuestros movimientos y para la seguridad de la Radio Farabundo Martí. Estaban Orestes, Hugo, Ramón y Chepón del PCS, Claudio del ERP, Chano Guevara de la RN y Chusón y yo. Muy a menudo nos juntábamos para valorar la situación y para intercambiar, también para bromear, bromeábamos mucho.

El cerro Guazapa es muy hermoso, su figura recuerda a una mujer dormida, contiene en realidad varios cerros: El Roblar, Los Lirios, El Caballito y Los Jarros. Tiene muchos nacimientos de agua y cafetales, frutales y en la zona baja tiene cañales y arrozales, también milpa. Nuestro mando siempre se ubicó en el sector sur del cerro, entre La Fuente y El Franco, es decir entre Los Lirios y El Caballito.

Finalmente las FPL envió una unidad del Batallón «X21» a reforzar nuestras fuerzas en el cerro de Guazapa y eso mejoró nuestra posición.

Inés Duarte

En ese tiempo estuvo en Guazapa Inés Guadalupe Duarte, la hija del presidente Duarte que había sido capturada por otra fuerza del FMLN con el objetivo de lograr un canje humanitario y liberar a un buen número de presos políticos y enviar más de un centenar de lisiados y heridos a curarse a Cuba. El mando conjunto nos informaba del avance de la situación y la situación de Inés Duarte y su acompañante. Se les proporcionaba todo lo necesario y tenían muy buenos refugios antiaéreos. Para mi sorpresa, la fuerza aérea bombardeaba la zona donde ella estaba retenida, concentraba también fuego de artillería, y yo me preguntaba por qué el ejército quería matar a la hija del presidente.

Un día me pidieron que la visitara y fui a platicar con ella. Me asombró su absoluta seguridad por su liberación, su extralimitada autoestima, por decir de algún modo. Pero también la forma en que era tocada por la realidad de pobreza que vivían las comunidades del cerro; me daba la impresión que antes de ser capturada no tenía ni idea de lo que podía sufrir esa gente y estaba sinceramente conmovida. Algo contradictorio, pero así lo percibía yo. Su conversación era de muchas preguntas curiosas sobre como éramos las mujeres guerrilleras. No parecía desesperada y reconocía sentirse bien atendida, incluso me confesó que un día que le indicaron bajar por una vereda, creyó que iban a matarla, y pronto supo que la llevaban a refugiarse en un tatú para librarse de un bombardeo de la FAES y estaba realmente agradecida.

La situación que se presentó en el cerro, de constantes ataques aéreos a los posibles lugares donde estuviera Inés Guadalupe Duarte, me hizo comprender que los militares no querían al presidente Duarte, lo soportaban, pero no le querían. Era para ellos una imposición de la administración estadounidense de turno que se sentían obligados a aceptar.

La operación fue exitosa y salieron libres muchos prisioneros y prisioneras políticos, entre ellos Américo Araujo, Nidia Díaz y Eduardo Espinoza, y pudieron ir a curarse muchos compañeros heridos y lisiados. El canje se hizo en Tenancingo el 25 de octubre de 1985. Fue un hecho que reforzó al FMLN como «fuerza beligerante y representativa de un importante sector del pueblo salvadoreño» tal y como habían declarado años atrás los gobiernos de México y Francia. El canje cortó el cerco desinformativo y visibilizo lo que en realidad ocurría en el país.

Poco a poco retomamos la ofensiva en San Salvador, reestructuramos el trabajo clandestino político y militar, y por otra parte estaba resurgiendo el movimiento popular amplio: las madres de presos políticos y desaparecidos, los sindicalistas del ISSS, organizaciones campesinas y cooperativas. También el estudiantado universitario que junto a los docentes no se rindió nunca ante las intervenciones militares del Alma Mater, la Universidad Nacional, ni del constante asedio, represión y muerte que la tiranía militar ejercía en su contra. En plena guerra, después de la terrible represión, el movimiento popular florecía de nuevo, con sus demandas económicas y reclamando una solución política negociada, y el cese de la represión.

Los presos y las presas políticos tenían el llamado «5º. Frente», estaban organizados y luchaban desde las cárceles por su libertad y por el respeto a los derechos humanos.

Nuestra actividad era intensa, tanto en lo político como en lo militar, en medio de constantes operativos de pequeña, mediana y gran envergadura que nos lanzaba el ejército y el asedio de la fuerza aérea. Sin embargo, logramos funcionar en esas condiciones y mantener nuestro trabajo hacia la capital y su periferia.

Cuando este trabajo ya estaba encaminado, las FPL decidieron devolver a Chusón hacia Chalatenango y enviaron a Facundo Guardado a trabajar conmigo en el mando de lo que llamábamos la Zona Especial, que abarcaba la ciudad capital y su periferia, hasta San Martín, Tonacatepeque, el Paisnal, Nejapa, Apopa, Guazapa, Quezaltepeque, Aguilares, Guayabal, Santa Tecla. Nos repartimos el trabajo, a mi me quedó el trabajo político militar de San Salvador, Ciudad y a Facundo Guardado el trabajo logístico, operaciones especiales y el mando general de la zona especial. Del colectivo formaban parte Alejandro, Marito, Oscar Ortiz, Israel, Ruth, Pedro Lucas y Diego (Juan García el diputado «malcriado»).

El ejército consideraba una afrenta esa posición guerrillera ubicada a veintidós kilómetros del Centro de San Salvador y que se proyectaba hacia el centro mismo de la urbe, así que decidió sacarnos de ahí y forzarnos a marchar hacia el norte y el occidente, hacia Chalatenango y Cinquera. Y en enero de 1986 inició el operativo Fénix que pretendía recuperar el cerro de Guazapa.

El operativo Fénix

Eran unos días muy fríos, al inicio no parecía un operativo de gran envergadura, pero con el paso de los dos primeros días comprendimos que sería una larga batalla. Participaron la mayoría de batallones élites de las FAES y la primera brigada de infantería, en combinación con la brigada de artillería y la fuerza aérea.

Nosotros utilizamos tácticas muy móviles, muy guerrilleras, para golpearles en nuestro terreno, y llegó un momento en que si bien ellos estaban en el corazón de nuestra zona, su desplazamiento se volvió lento, temeroso, complicado. Nuestros asentamientos y los de ellos llegaron a estar ubicados en el mismo kilómetro cuadrado, sólo que separados por inmensos barrancos, vaguadas y elevaciones. Y es que el cerro de Guazapa tiene mucha vegetación y es muy escarpado.

Así pasamos dos meses, golpeando al ejército y sin muchas bajas de nuestra parte. Pero el trabajo hacia la capital que era nuestra misión se había reducido al mínimo, y nuestras radios transmitían con mucha dificultad y a veces tenían que suspender sus transmisiones. La alimentación y sobre todo la cocina se volvió también muy difícil. Teníamos que tomar una decisión sobre cómo continuar nuestro trabajo, y cómo mantener nuestro vínculo con la ciudad y las acciones militares en la periferia de San Salvador. Decidimos irnos hacia el volcán de San Salvador, en vez de alejarnos, «aferrarnos al cinturón del enemigo» como sugerían los vietnamitas. De esta forma mantendríamos los objetivos de nuestro trabajo en la zona.

Quedaron algunas unidades del Batallón X21 y del Batallón Aguiñada Carranza de las FAL en Guazapa, combatiendo con el operativo Fénix, sobre todo en el sector sur; al lado norte del cerro quedó la RN con Chano Guevara a la cabeza y en el sector occidental quedaba el ERP. Nos trasladamos en secreto los mandos de las FPL y del PCS hacia el volcán San Salvador, bajamos hasta la periferia de Tonacatepeque y San José Guayabal, ya prácticamente en área urbana, y luego seguimos hasta los cafetales del volcán San Salvador, que era como introducirse en el jardín de las casas de la ciudad capital.

Pasamos noches en los patios de algunas casas de Nejapa, la columna nuestra totalmente armada y silenciosa, oyendo ruido de televisión, viendo por las ventanas casas con sala, televisores y radio, carros parqueados en las cocheras. Y nosotros como fantasmas y la gente sin vernos, o haciendo que no nos veía. Cruzamos la calle que conduce de Apopa a Nejapa, a la altura de una ladrillera en las faldas del cerro Nejapa y nos internamos al volcán, donde nos esperaba Israel-Alfredo y nos puso al tanto de cómo era la situación operativa y las reglas de seguridad para poder establecernos sin sucumbir.

En el cerro de Guazapa me acompañé con Facundo Guardado, con quien en el año de 1987 procreé a mi última hija, cuyo nombre es Ana Virginia. Esta relación terminó a fuerza de guerra y de distancia. Sobre todo con la separación que implicó parir a Ana Virginia. Mi maternidad en plena guerra civil me reveló una serie de inquietudes que a la larga me llevaron a buscar el feminismo para completar mi explicación sobre lo que ocurre en nuestra sociedad, sobre todo a nosotras las mujeres.

Por ese entonces, cuando salimos rumbo al volcán yo tenía ya 31 años, era una mujer hecha y derecha, ya no era la cipota que se metió al monte en 1981. Y obviamente, toda mi manera de desenvolverme había cambiado, llevaba ya seis años en el monte, y no tenía previsto salir de ahí en mucho tiempo. Pero me faltaba la experiencia del volcán, de la periferia a las ciudades. Yo creía conocer bien cual era la dinámica de la guerra, pero esa zona me convenció que me faltaba lo peor o lo mejor, según los ojos con que se vea.

El volcán de San Salvador era una zona en disputa. El volcán se eleva desde la propia capital del país y las colonias ya en 1980 penetraban en las primeras alturas del mismo. Es una zona de cafetales, debidamente cultivados y cruzados por una excelente red de caminos, por lo que es una zona donde no hay ningún espacio intransitado a más de doscientos o trescientos metros de alguna calle. La visibilidad no es muy buena, eso era una ventaja, pues los arbustos de café impiden ver a más de seis u ocho metros. Esa zona era visitada todos los días por centenares de personas que subían a buscar fruta, leña, a pepenar café, etc. Entre ellos habían algunos que eran exploradores encubiertos del ejército. Y la brigada de artillería y los batallones de la Policía de Hacienda patrullaban el volcán constantemente. Por ello las unidades guerrilleras, vivíamos entre los cafetales en absoluto sigilo y silencio. Pues no debía oírnos la gente que cortaba leña, y además muchas veces los patrullajes del ejército pasaban por esas calles a doscientos metros de nosotros, donde no nos veían, pero podían oírnos.

En ese volcán no hay nacimientos de agua, el agua de lluvia se recoge en tanques enormes que tienen las grandes fincas, y los pocos colonos que lo habitaban tenían tanques muy pequeños. Por eso la guerrilla debía ir a los grandes tanques a bañarse, y los tanques grandes, que eran muy pocos, tenían casi siempre vigilancia del ejército, esperando nuestra llegada. Entonces nos bañábamos cada quince o veintiún días, según ubicábamos algún tanque sin vigilancia, y lo hacíamos entre once de la noche y tres de la mañana. En esos tanques tuve la sensación de estrenar piel, pues el baño era algo real y literalmente extraordinario. Cuando llovía era mejor, pues recogíamos agua y nos bañábamos en el cafetal.

Nuestro equipamiento y alimentación cambió también. Por las noches montábamos las tiendas de campaña en «seda nylon», una tela como de paraguas en color oscuro, con la cual construíamos nuestras champitas. En el día, a excepción que lloviera, pasábamos sin techo, pero el sol no molestaba pues los cafetales siempre dan sombra. No teníamos cocina grande, pues no podíamos hacer humo, ni grandes concentraciones. Cocinábamos por escuadras, en pequeñitas cocinas de kerosene. Y como en esa zona no hay milpas,[3] los colonos hacen pocas tortillas, por lo que no podían justificar ante las requisas del ejército, ni mucho maíz, ni muchas tortillas. Y en el campamento no las podíamos hacer, pues el ruido y el humo nos exponía a ser detectados de inmediato.

Sin embargo la zona tenía varias ventajas operativas. Nuestra coordinación con la ciudad se volvió muy ágil, podíamos reunirnos con dirigentes sociales, coordinar con las milicias y guerrillas urbanas, además, rápidamente, construimos un excelente sistema de correos y estafetas para enviar y recibir información, y Facundo Guardado perfeccionó un buen corredor de armas, pertrechos, dinero y materiales para entrar al volcán y reenviar hasta Chalatenango. Por ahí también organizamos la entrada y salida al frente de muchos compañeros que se iban para Chalatenango, o de enfermos, becarios o cuadros que debían entrar a la ciudad. De vez en cuando, enviábamos por la mañana a algún colaborador a San Salvador que nos traía pizza para todo el campamento. Así estábamos de cercanos a la capital.

El ejército finalmente ubicó que ya no estábamos en Guazapa y comenzó a intensificar sus operativos en la zona. Tuvimos varios enfrentamientos a quema ropa, cuando alguna patrulla enemiga nos detectaba o incluso por error entraba al cafetal donde estábamos. En una ocasión nos persiguieron por varios días. Logramos salir airosos y ocasionarles bajas y desbandar sus tropas. La última vez fue un par de días antes de que me enviaran a Managua, cuando ya estaba esperando a Ana Virginia, en abril de 1987.

En esa época se consolidó la Unidad Nacional de Trabajadores Salvadoreños (UNTS). Conseguimos crear de nuevo una amplia red miliciana en la ciudad y reorganizamos la guerrilla urbana. De vez en cuando nos movimos hacia la zona del Paisnal a descansar, ya que en ella podíamos cocinar en serio, bañarnos de día en algún río, reírnos fuerte sin problemas, y si bien había operativos, nosotros controlábamos la zona y teníamos más ventajas frente al ejército.

Adiós a Susana

> *Vinieron a decirme*
> *Que la magia*
> *Sólo permanecía*
> *En el sueño de mi mundo.*
>
> *Pero yo*
> *Sé*
> *Que nosotros*
> *llevamos*
> *Sentimiento y sonido.*
> *Todo está allí*
> *Aunque no lo sabemos.*
>
> *Por eso*
> *La magia*
> *Como la luna llena,*
> *Se oculta,*
> *A veces, pero siempre perdura.*
>
> Poema de Virginia Peña. *Cdte. Susana* 1986.

En julio de 1986, estando en el volcán de San Salvador, me llegó un mensaje informándome que mi hermana Virginia (Susana) había muerto en combate en el Cantón Cuevitas de Dulce Nombre de María, en el departamento de Chalatenango. Había caído junto a su escuadra de seguridad, el 12 de julio. Murieron todos a manos del Batallón Atlacatl. Fue una operación tipo PRAL, les aniquilaron y se retiraron en helicópteros, dejando tirados sus cadáveres. La población recogió el cuerpo de mi hermana y la enterró. Posteriormente nuestra Comandancia la identificó y procedió a enterrarla nuevamente en el solar de la casa donde fue asesinada. Digo asesinada pues ella fue inmovilizada cuando le destrozaron su pierna y posteriormente le dieron un tiro de gracia en la cabeza. El ejército no respetaba a los capturados vivos, los asesinaba. Ese fue el caso de mi hermana Virginia.

No podía digerirlo, yo había estado con ella un par de meses antes, cuando fuimos a reunirnos con la Comisión Política en Chalatenango. Habíamos pedido una semana de permiso para andar juntas en la Montañona de Chalatenango y nos lo habían dado. Habíamos platicado, reído, nos habíamos bañado en el río, hasta nos tomamos unas fotos. Me alegró verla con su guitarra que no abandonaba, cantamos, y me acompañó hasta el Cantón Cuevitas, donde la vi por última vez y murió meses después.

Su muerte me pareció terrible. Ya no me quedaba ningún hermano, ni hermana viva. Pensé en mi mamá, en mi papá, me preguntaba qué sentirían cuando lo supieran, quería estar con ellos para abrazarlos. También pensé en Chusón, en cómo estaría, y me sentía muy mal. Sin embargo, dada la situación operativa del volcán, me preocupé de no desestabilizarme, pues temía fallar en mi trabajo y exponer a los compañeros y compañeras bajo mi responsabilidad. Pues en el volcán, un leve error o distracción podía costar vidas.

Sólo cuando llegaron los correos de Chalatenango y cuando efectivamente por primera vez no venía ninguna carta para mí de Susana, y lejos de eso me llegó una carta de Chusón contándome lo ocurrido, y varias cartas de compas dándome el pésame, entonces asumí que mi hermana estaba muerta, que se había ido para siempre y nunca más iba estrecharla, nunca más iba ella a escribir poemas, nunca más iba a oírla hablar, ni cantar. Nunca más iba a tener quien me mimara como madre, y nunca más sería yo la pequeña de mi familia.

Un año y medio después fui a Chalatenango y no fui a visitar Cuevitas, me sentía extraña. Chalate ya nunca significó lo mismo para mí. Pues para mí Chalate era el Frente, mis compañeros

Y MI HERMANA que siempre me esperaba con alegría cada año o cada dos años para celebrar la vida, por el sólo motivo de estar juntas, por el sólo motivo de estar vivas.

Cuando Susana murió era capitana de nuestro ejército, era la responsable de la subzona dos, en la zona occidental del departamento de Chalatenango y estaba abriendo trabajo en los pueblos cercanos a la Troncal del Norte, ya había trabajado años antes con éxito en preparar el terreno en la zona controlada para recibir las repoblaciones y era miembra del Estado Mayor del Frente Norte Apolinario Serrano. Fue declarada Comandante Guerrillera por la Comisión Política de las FPL después de su muerte.

Por esa época Susana se había echo cargo de un grupo de jovencitas combatientes a quienes querían sacar de la guerrilla porque decían algunos que «descomponían las unidades». Susana se rebeló contra eso, acusó a los hombres de machistas y pidió que le permitieran trabajar con ellas. Paty una compañera de ese grupo, murió junto a ella. Otras son hoy compañeras del FMLN ubicadas en diferentes zonas. Y Ana María que era como su hija, es técnica veterinaria, y mi mamá la considera su nieta, y yo como mi sobrina.

Ese dato me quedó en el disco duro... y fue otro de los elementos que me puso a pensar en si había algo más que «fatalidad» en la condición de las mujeres en general, y me empecé a preguntar si había o no alguna discriminación, hoy se diría de género, en el FMLN.

El «dentista veterinario»

Yo estaba padeciendo por varios meses de grandes dolores de muelas. No sé si era la mala alimentación, el estrés, la higiene no creo porque siempre me lavé mis dientes; el caso es que cada día iba incrementando el número de ibuprofenos que tomaba para quitarme ese dolor. También me dieron un remedio del campo que consistía en ponerse en la encía «leche de árbol de tempate», un arbusto que crece silvestre en el campo. Pero nada de eso hacía efecto. Luego me ofrecieron que un «dentista» de otra organización hermana podría quitarme la muela que más me doliera y yo acepté encantada bajo la lógica de que «muerto el perro se acaba la rabia». Me dirigí al sitio donde él hacía sus labores en el cerro de Guazapa y comenzó su trabajo.

Me inyectó un anestésico llamado xilocaína, pero luego supe que cuando una parte está infectada ahí no hace efecto ningún anestésico. Y comenzó con una tenaza a querer quitarme mi muela. Como la muela no cedía, decidió pelar un poco mi encía para aflojarla. Luego me dio unos golpecitos con una especie de cincel para que la muela aflojara... Yo sentía morirme... me inyectó como cinco veces xilocaína, nada hacía efecto, me agarré de un arbustito para soportar el dolor, pero era tan terrible que sentía que me estallaba la cabeza, «así debe ser la tortura» pensaba yo. El compañero sudaba y trataba de calmarme contándome historias mientras intentaba sacarme la muela, y me contó que él no siguió sus estudios de odontología, que el se graduó de veterinario porque finalmente no le gustó la odontología... en ese momento le di las gracias y salí huyendo, siempre con mi muelita, sólo que ahora a medio arrancar.

¡Cómo nos reíamos después de mi «dentista» y de mi susto! En realidad él hizo lo que pudo, y aun hoy le estoy agradecida.

Decidí solicitar autorización para salir del frente a la ciudad a curar mis dientes, no me gustaba la idea de depender de analgésicos todo el tiempo, tenía más de cinco años consecutivos de estar enmontañada y pensé que ya necesitaba un revisión de mi dentadura pues corría el riesgo de perderla. La decisión de Leonel González quien era nuestro jefe fue que debería viajar al exterior, pues era peligroso que pasara mucho tiempo en San Salvador habida cuenta que yo me encontraba en las listas de personas buscadas por los cuerpos policiales y la inteligencia enemiga. Así fue como salí del volcán de San Salvador rumbo a Managua, donde estaría un tiempo para curarme y regresar pronto. Un «detalle» que no conocíamos a esa fecha cambió la historia: yo llevaba ya en mi vientre a mi hija Ana Virginia.

Ese tiempo en Managua se convirtió en dieciocho meses, pues cuando en mi primer chequeo ordinario, que lo fui a realizar a Cuba, me detectaron mi embarazo, la organización decidió sustituirme en el Frente Metropolitano y que asumiera durante ese tiempo de embarazo, parto y puerperio, algunas tareas en el exterior del país, en el llamado Frente Externo.

Carlitos

Muchos niños y niñas quedaron huérfanos en medio del conflicto. Sus padres y sus madres fueron asesinados en las continuas operaciones de tierra arrasada o murieron en combate en las filas de la guerrilla. Uno de esos niños era Carlitos, que por sus constantes travesuras muchos le decían «Malilla». Cuando Facundo Guardado llegó al cerro de Guazapa iba con Carlitos que tendría unos ocho años y su hermano mayor, Ulises, que tendría unos diecisiete años. Me llamó la atención, pues desde el primer día se sentó en mi mesa, sin pedirme permiso, y se puso a dibujar unas tonteritas en un papel con un lápiz. Normalmente nadie entraba a la tienda de campaña del jefe o la jefa sin pedir permiso, pero este niño entró y se apoderó de mi mesa, después se apoderaría de mi buena voluntad. Carlitos era un experto en naipes, hacía cucharitas y las vendía, y también hacía algunos mandados en el mismo campamento. Facundo le tenía un especial aprecio y lo consentía en algunos de sus pequeños caprichos.

Sin embargo, Carlitos no sabía escribir, tampoco sabía comer con cubiertos y corría como mascota en medio de todos. Un buen día le sugerí a Facundo que ya era hora de que Carlitos tuviera clases de alfabetización y de matemáticas, las cuales las impartía en el campamento la compañera Rosario. Y Facundo asintió. Así que Carlitos empezó con sus clases y rápidamente aprendió la lectura y escritura, y poco después algo de matemáticas, de números. A mí me parecía que Carlitos no tenía por qué andar como hombre, sino como niño, así que poco a poco lo fui adoptando y me volví en los hechos la persona que le vigilaba que se limpiara los dientes y las orejas, que se bañara, que dejara de jugar naipes y juegos de azar y que comiera lo correcto.

Cuando Carlitos se juntaba con sus viejos amigos, jugaba 31 y Chucho[4] a escondidas, hasta que le puse la opción entre sus amigotes o nuestra relación, y ¡nos escogió a nosotros!

Carlitos aprendió a leer y escribir, así que por medio de contactos en la ciudad le conseguimos *El Principito* de Saint-Exupéry, y *Corazón* de Edmundo de Amicis, dos libros maravillosos que a mí me inspiraron en mi niñez. Y los estaba leyendo. Otro día pensé en que ya estaba listo para aprender a usar bien el tenedor, la cuchara y el cuchillo y comenzamos con la tarea de comer con buenos modales. Finalmente le comenté a Facundo y al hermano de Carlitos, el compañero Ulises, que lo mejor era sacarlo del frente, que no había razón para que un niño estuviera ahí, si lográbamos enviarlo con una familia. Ambos estuvieron de acuerdo y comenzamos a buscar como documentarlo legalmente para que pudiera salir, esta tarea no era tan fácil, requería su tiempo pero podíamos hacerlo.

De hecho yo ya había escrito a mi casa pidiéndole a mi mamá que recibiera a Carlitos como nieto, y ella había aceptado, así que sólo deberíamos esperar a conseguirle documentación para sacarlo del país y enviarlo a México con Vladimir y Adriana.

Salí del frente y cuando Ana Virginia estaba recién nacida recibí la cruel noticia: Carlitos había sido capturado y asesinado por el ejército, los compas intentaron enviarlo con la población civil para evitar que le pasara un percance en un enfrentamiento, pero el ejército no perdonaba a nadie, ni a los niños que antes habían quedado huérfanos por acciones de la dictadura. Su cuerpo fue mutilado por elementos del ejército y dejado en una vereda de los cafetales del volcán de San Salvador en septiembre de 1987.

Jamás olvido su linda cara, su mirada entre de niño y de grande, sus enormes celos cuando miraba la foto de Vladimir y su bella sonrisa cuando se desmoronaba ante un trencito de juguete y perdía la supuesta «hombría» y «madurez» que normalmente presentaba.

¿Qué libro de la ONU, o que estadística presenta estas vidas más allá de la fría cifra de asesinados? ¿Cómo lograr que el pueblo sepa en toda su dimensión el holocausto que vivimos? ¿En que cifras se especifica de que condición eran los seres humanos que cayeron? Así como Carlitos murieron centenares de niños y niñas. Sin embargo, las noticias de la prensa corrían como que la guerrilla reclutaba inhumanamente a niños para la guerra.

Ana Virginia, Vladimir y Adriana. Managua 1987-1988

Cuando supe que estaba embarazada tuve un gran choque interno. Decidí tener a mi hija y no interrumpir mi embarazo, pensé que si no tenía en ese momento a mi segunda criatura tal vez nunca iba a tener otra oportunidad. Vladimir tenía ya más de doce años y la guerra no terminaba, no tenía la menor certeza de sobrevivir a la guerra y si no tenía a la bebé ahora, era muy posible que nunca le hubiera dado una hermana a Vladi.

Pero también pensé en el mismo instante, que debería dejarla con alguna familia al nacer, pues la guerra continuaba y yo debería volver a mi trinchera en el frente. Lloré mucho por esos días, al pensar que iba a nacer mi hija, pero de antemano ya estaba decidido que su madre no la iba a criar, no la iba a cuidar. Reviví en esos momentos todo lo que sentí al dejar a Vladimir y sufrí muchísimo, pero no renegué de la decisión de parirla.

Por otra parte, me sentía rarísima fuera del frente, con las comodidades de una casa normal que las sentía injustas pues constantemente tenía en mi mente las imágenes de las privaciones materiales en los frentes de guerra. Los jardines de las casas, que en Managua son exuberantes, me parecían burdas falsificaciones, jamás comparables con los paredones de helechos y begonias que están junto a las pozas y quebradas en invierno, o los verdaderos bosques de nuestro campo. Sentía una sensación contradictoria, sintiendo crecer a mi hija y deseando regresar al frente de guerra, cosa que era incompatible con mi estado.

Me incorporé a las diferentes actividades del Frente Externo, aunque en realidad aprendí muy poco en ese año respecto del trabajo diplomático y de solidaridad, más bien les daba un seguimiento operativo. Pero sí aprendí mucho de las vivencias de esa revolución triunfante, de sus desarrollos y sus desafíos, de la intervención norteamericana. Y disfruté mucho de su dinamismo cultural, el cual creció con la Revolución Sandinista.

Mis tareas eran coordinar aspectos de trabajo de solidaridad y diplomáticos, aun cuando en la realidad eran Salvador Samayoa y Rafael Moreno los que desarrollaban el trabajo diplomático. Milton (Medardo González) que estaba por unos meses en el exterior y yo atendíamos además a los lisiados, a las organizaciones de refugiados políticos en Nicaragua y en mi caso, también participaba en las actividades del colectivo de dirección del trabajo exterior del FMLN que lo presidía Schafik Handal. En esa tarea retomé mis contactos con Nidia Díaz, conocí de cerca de Ana Guadalupe Martínez y estreché mi relación con Norma Guevara y otras compañeras.

Por ese tiempo el FMLN dio un nuevo avance en sus propuestas de solución política negociada. El pueblo salvadoreño apoyaba decididamente un esfuerzo por alcanzar la paz con justicia social, también habíamos logrado mucho apoyo de la comunidad internacional para avanzar en la búsqueda de una solución política negociada al conflicto armado en el país y esta presión llevó al presidente Duarte a convocar a una nueva reunión de diálogo en la Nunciatura Apostólica en San Salvador.

Los que estábamos en el exterior desarrollamos una intensa actividad organizando esa reunión, coordinando con los compañeros y compañeras que estaban en los frentes de guerra, con los miembros de la Comisión Político Diplomática y con los gobiernos amigos que estarían mediando en la reunión. La reunión fue exitosa, sobre todo por el vuelco popular en apoyo a nuestra Comandancia General que llegó de los frentes a San Salvador a mantener el encuentro con el Gobierno y luego se retiró a la montaña. Era una operación delicada ya que también los sectores recalcitrantes del ejército querían boicotear la reunión y nuestros compañeros podrían ser víctimas de un atentado.

El FMLN ya no era el de 1981. Habíamos crecido, éramos un poder real y la unidad entre las organizaciones integrantes del Frente era mayor. Aun cuando subsistían resabios sectarios se trabajaba en escuelas conjuntas y comisiones conjuntas en todas las áreas, manteniendo siempre una estricta compartimentación en los aspectos operativos concretos.

Había guerra en Nicaragua, los contras apoyados por el Gobierno de Estados Unidos impactaban en todos los ámbitos de la vida. Sin embargo, también había esperanza y mucha movilización del pueblo para salir adelante. En Managua pude disfrutar de un concierto y ballet garífuna, de la procesión de Santo

Dominguito, cuya celebración es casi pagana. Asistí a muchas muestras de cine, de pintura... el arte en plena combinación y armonía con los intereses populares y el momento histórico de avance en muchos aspectos de la vida de la gente.

En aquélla época, a una Nicaragua acosada por el imperialismo, le acechaba el «pájaro loco» que era como llamaban a un avión militar que el demente presidente Ronald Reagan pensaba estrenar atacando sorpresivamente Managua. Nos dieron instrucciones en los barrios de Managua de qué hacer en caso de un ataque artillado; recuerdo que los del FMLN nos proponíamos organizar un columna y sumarnos a la resistencia. Hasta exploramos las rutas que por vaguadas conducen del Crucero a Managua.

Ana Virginia nació en noviembre, casi a los diez meses de embarazo. Nació por cesárea en el Hospital Bautista de Managua. Mi madre viajó a Managua a acompañarme y eso me hizo sentirme muy reconfortada en ese momento. Fue niña, e indiscutiblemente y sin consultar con nadie decidí su nombre: Ana Virginia, reviviría en ella a mis hermanas y sería mejor que nosotras tres juntas. La tía Marta era una compañera ya mayor que me ayudó mucho con el cuido de Ana Virginia. Ella venía incorporada con la guerrilla desde los años setenta en la clandestinidad; para ese tiempo tendría unos cincuenta años, vivía en la misma casa que nosotras y fue una abuela completa para Ana Virginia.

Mi madre trataba de reeditar nuestro nacimiento, quería que esterilizáramos los guacales, pañales, biberones, un cuidado extremo para Ana Virginia, pero un buen día me dijo riéndose: «Tienes razón, ¿para qué tanto? Si a ustedes les esterilicé y han terminado comiendo tierra y raíces en esos cerros».

Angelita, mi mamá, me llevaba una serie de ropa para bebé, adornos, juguetes, ropa de cama de bebito, etc. Y yo le reprendí

Primera comunión de Lorena Peña, 1963.

En orden de izquierda a derecha: Ana Margarita Peña (desaparecida),
Virginia Peña (caída en combate), Angelita Mendoza de Peña, Felipe Peña
(caído en combate) y Lorena Peña.

Lorena Peña junto a su hermano y hermanas, en el día de la Virgen de Guadalupe.

Lorena Peña concluye el nivel escolar de bachillerato, 1972

Boda de Lorena Peña y Dimas Rodríguez, 1974

Virginia Peña al frente de reunión de estudiantes universitarios, Universidad de El Salvador, 1968.

Felipe Peña primero a la izquierda, en reunión con estudiantes universitarios.

Circulación Pagada
Enero a Marzo 1975
Diaria ... **62,264**
Domingo . **105,155**

Año LXI   21,826   San Salvador, El Salvador, Lunes 18 de Agosto, 1975   64 páginas

LA PRENSA
GRAFICA

PREMIO DE PERIODISMO MARIA MOORS CABOT DESDE 1960

20 Ctvs.

PLAN ASESINATOS
DESCUBRE POLICIA

INFORMACION EN PAGINA TRES

21 años de cárcel a banda Los Invisibles

INFORMACION EN PAGINA DOS

—Foto de LA PRENSA, por Aldana

Plan subversivo de asesinatos.— En conferencia de prensa en la dirección general de la Policía Nacional, fueron mostrados documentos de planes de secuestros y asesinatos localizados en la casa donde fue descubierto un arsenal de armas, municiones, disfraces, literatura comunista, etc, en la colonia Santa Cristina, de esta capital. A la izquierda, el coronel Jorge Montenegro Vásquez y el coronel Armando Nóchez Palacios (sentado), jefe del Departamento de Investigaciones y director general de la Policía Nacional, respectivamente, informando sobre el particular. A la derecha, un detective inspecciona el sitio donde quedaron residuos de artefactos estallados durante el choque armado, en el cual perecieron los estudiantes Felipe Peña Mendoza y su esposa Gloria Palacios Damián de Peña (en fotos insertas).

Felipe Peña cayó junto con su compañera Gloria Palacios, 18 agosto 1975.

Virginia Peña (Chana-Susana) se encuentra con su hermana Lorena Peña (Rebeca) en la zona llamada "La Montañona" del frente de guerra de Chalatenango en abril de 1986.

Manuelito, Comandante Susana (Virginia Peña) e Iveth, Managua, mayo 1982.

Virginia Peña (Susana) toca guitarra en el Frente Central Modesto Ramírez en un cantón del Municipio de Cinquera, 1981.

Susana y Jesús Rojas junto a otros combatientes del FMLN en el Cantón Cuevitas del Municipio de Dulce Nombre de María, Chalatenango, 1986.

San Salvador, Martes 8 de Septiembre de 1981.

HONORABLE JUNTA DE GOBIERNO,
SEÑOR MINISTRO DE DEFENSA,
SEÑORES DIRECTORES GENERALES
DE LOS CUERPOS DE SEGURIDAD,
HONORABLE CORTE SUPREMA DE
JUSTICIA:

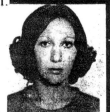

Yo Angela Mendoza de Peña, mayor de edad, de oficios domésticos, de este domicilio; a Vos con todo respeto expongo:

Que el día lunes 17 de Agosto del año en curso, a las once y treinta de la noche, hora en que rige el toque de queda, elementos uniformados llegaron a la casa de habitación de mi hija ANA MARGARITA PEÑA MENDOZA, de veintisiete años de edad, situada en Colonia Chávez Galeano, Polígono "G" número setenta, de la jurisdicción de Ayutuxtepeque, en donde procedieron a capturarla.

En la fecha y hora mencionadas llegaron todos uniformados de verde olivo y boinas azules, armados de fusiles G—3, en dos vehículos, quienes pidieron que les abrieran la puerta, al mismo tiempo que la golpeaban para ello. Como los habitantes de la casa, mi mencionada hija, su compañero de vida, la doméstica y una hija de ésta, pudieron apreciar que andaban uniformados decidieron abrirles la puerta, e inmediatamente procedieron a capturar a mi hija y después la subieron a un vehículo en el cual se la llevaron sin considerar el estado de gravidez en que se encuentra, pues tiene siete meses de embarazo.

Desde el día de su detención se ha ido a preguntar a cuerpos militares y de seguridad sobre ella y los motivos de su captura; sin embargo, niegan que esté detenida.

Tomando en consideración que el hecho que os expongo constituye una grave violación a los Derechos Humanos en la persona de la detenida, basándose en los Arts. 164 inc. 2o., 162 de nuestra Constitución Política y 40 del Código de Procedimientos Constitucionales, con todo respeto PIDO:

Decretéis auto de Exhibición Personal a favor de mi hija, ANA MARGARITA PEÑA MENDOZA, de las generales anteriormente expresadas, nombrando al efecto Juez Ejecutor para que a la mayor brevedad posible intime al jefe del Cuerpo o cuartel, que según se sabe procedió a su captura, a efecto de que exhiba a la persona de la favorecida, explique las razones de su detención, la pongan en libertad si no se le acusa de ningún delito, caso contrario se le consigne a la orden de los tribunales respondientes. Asimismo pido se autorice al Juez Ejecutor para que en la forma intime a todos los Directores Generales de los Cuerpos de Seguridad, en caso que el primero negare tenerla capturada, para establecer si se encuentra en alguno de ellos.
JURO QUE LO DICHO ES LA VERDAD.

San Salvador, veintiséis de agosto de mil novecientos ochenta y uno.

Angela Concepción Mendoza de Peña.
C.I.P. No. 1—1—104038.

Angela Mendoza de Peña denuncia captura y desaparición de su hija Ana Margarita Peña Mendoza con siete meses de embarazo, suplica la inmediata libertad. Campo pagado, El Mundo, martes 8 de septiembre 1981.

Comandante Susana (Virginia Peña), La Palma, Chalatenango, 1983.

Comandante Rebeca, Lorena Peña en reunión del Comando Central en el Frente Norte Apolinario Serrano, en Chalatenango.

Comandante Dimas Rodríguez se dirige a población civil de San José La Flores.

Combatientes y población civil celebran firma de paz, Volcán de San Salvador, 2 de febrero 1992.

Medardo González y Lorena Peña en el frente de guerra en San Vicente en 1983 durante una entrega de prisioneros a la Cruz Roja.

Lorena Peña (Comandante Rebeca) de la Comisión Político Diplomática del FMLN, enero 1992. Arribo de la Comandancia General del FMLN al Aeropuerto de El Salvador.

Ana Guadalupe Martínez, Nidia Díaz, Gladis Melara, Lorena Peña, Mercedes Letona, Marisol Galindo ex comandantes del FMLN, febrero de 1992.

Ana Virginia, con Familia Sánchez Villalta, quien le cuido mientras su madre cumplía tareas en el frente de guerra.

Esposa e Hijo de combatiente guerrillero caído recibe reconocimiento, Volcán de San Salvador, 2 ce febrero 1992.

Madre e hija combatiente reunidas en Cerro Guazapa, 25 de enero 1992.

Celebración de Acuerdos de Paz en Museo de Antropología de México, D.F., 17 de enero de 1992. Lorena Peña con hija Ana Virginia.

Familia Lorena Peña, de pie Vladimir y Adriana y sentadas de izquierda a derecha: Lorena, Amaranta (sobrina nieta), Angelita y Ana Virginia.

Lorena Peña saluda la caravana de la esperanza en Ateos, El Salvador, 15 de noviembre 2008.

un poco: «¿Por qué has gastado tanto?», su respuesta me dejó fría: «No, no he gastado, esta era la ropa que le tenía preparada al hijo de Ana Margarita!», yo sabía que mi hermana fue desaparecida cuando estaba embarazada, pero nunca como ese día se me hizo tan concreto, tan real, ese bebé que hasta hoy no sabemos si fue asesinado o fue adoptado por alguien. ¿Cómo será mi sobrino? ¿será sobrina? tendría hoy veintiocho años, ¿existe acaso? Será que lo mataron, o será que algún esbirro se compadeció de él o ella. ¿Es él, es ella? ¿En qué parte del mundo se encuentra? Estas preguntas jamás fueron resueltas. Y cada vez que mencionan a algún niño o niña que el Comité Probúsqueda encuentra, mi madre me pregunta: «¿Cuando encontraremos al nieto? ¿Donde estará mi nieto? ¿O será nieta?»

En esa casa donde nació Ana Virginia también vivía por ese tiempo Milton (Medardo González) que se encontraba en tratamiento médico. Y un colectivo de compañeros de seguridad que fueron los «tíos», Mauricio y Orlando, de Ana Virginia desde el primer momento. Ellos la cuidaban, me ayudaban a lavar pañales, y jugaban con ella desde que tenía unos días. Esa era mi familia real.

Cuando mi hija cumplió un mes y mi mamá regresó a México, pensé que Adriana y Vladimir no debían estar lejos de mí en ese momento, que los cuatro deberíamos estar juntos y sellar en los hechos un pacto de tribu, un pacto de amor, que los cuatro estaríamos juntos siempre en los momentos cruciales, pasara lo que pasara. Entonces los mandé a traer de México donde se encontraban como refugiados políticos y los cuatro estuvimos juntos durante un mes. Así pasé de repente a cuidar dos niñas y un adolescente en vez de una. En esos días reconocí de nuevo a Vladimir y Adriana. Ellos descubrían cada día a quien se parecían en tal o cual gesto cuando miraban mis gestos. Me daba la impresión que ellos habían hallado un eslabón perdido entre sus abuelos y sus madres.

Adriana tenía entonces nueve años, era la mimada de mis padres. Dimas y yo habíamos decidido que si Vladimir y ella estaban creciendo como hermanitos, nosotros dos, aunque ya estuviésemos separados, seríamos el padre y la madre de los dos y no sólo de Vladi. Mientras Dimas vivió cumplió esa promesa, en la medida que la guerra se lo permitía.

Antes de que Susana muriera teníamos a veces una leve disputa sobre Adriana, quién de las dos sería su madre era el tema de la controversia. A esta fecha estaba claro que Vladimir y Adriana eran hermanos, eran mis hijos que tenían una nueva hermana llamada Ana Virginia. Vladimir estaba muy grande ya, era más alto que yo y estaba en plena adolescencia, le gustaba el rock, oír conciertos y bailar. Yo trataba de acercarme a sus gustos, pero era obvio que no podía pretender ser de su pandilla, aunque lo intenté. Adriana era aún una niña y estaba todo el tiempo jugando con Ana Virginia como si tuviera una muñequita nueva.

Me sentía hermosa, como una leona con sus cachorros a su alrededor, protegiéndoles y lamiéndoles la piel y mimándoles. Íbamos los cuatro al mar de Pochomil, también íbamos con todo el equipo campestre y la bebita a algunas zonas rurales, a la laguna de Masaya, o simplemente nos acostábamos todos hechos un nudo a dormir. Ese tiempo juntos en Managua fue muy lindo, y cuando tuvieron que regresar con los abuelos a México yo me quedé muy triste. Sin embargo, Ana Virginia iluminaba mi alma que por ratos se atormentaba mucho pensando en el próximo retorno al frente. Era cosa de meses, quería volver al frente y no quería dejar a mi hija.

En septiembre finalmente me llegó el tiempo del retorno, lo supe en julio de 1988. Comencé a arreglar como trasladaría a

Ana Virginia con mis padres y junto a sus hermanitos. Pero surgió algo inesperado, a Chepe, mi papá, le detectaron leucemia y fue hospitalizado de inmediato en México.

Yo había visto a Chepe en La Habana unos meses antes de que naciera Ana Virginia. Le veía bastante deprimido, no lograba ya asimilar tanta muerte, y su energía y jovialidad me parecían debilitadas, al menos por momentos, y como Chepe era la alegría misma, me dolía mucho verle en ese estado. Recordaba constantemente a mis hermanos, lloraba por ellos y se había vuelto especialmente sensible. Hasta creo que mi euforia por la lucha me volvía superficial para comprender su dolor. Sin embargo, nadie esperaba que se nos enfermara tan de repente y de algo tan grave.

La situación se tornó angustiosa. Debería volver al frente, ya me había separado de Facundo Guardado, tendría que dejar a Ana Virginia, y dejar también a Vladi y a Adriana, y lo más grave en ese momento, tendría que dejar a Angelita y a mi abuelita cuidando de los niños y cuidando a Chepe que pronto moriría. Es decir, tendría que dejarlos en el peor momento. Pero era imposible en ese tiempo pensar que me pudiera quedar un tiempo más, no entraba en nuestra imaginación, no entraba en nuestra disciplina. Sólo correspondía volver a resolver revolucionariamente el dilema familia o revolución.

No podía dejar a mi madre con una carga más, consideré que ella no podría cuidar a mi padre enfermo y agregarle a Ana Virginia; entonces comencé a buscar quien podría hacerse cargo de la niña hasta que mi padre muriera. En ese momento llegó a Managua la compañera Verónica (Margarita Villalta) que es la esposa de Leonel González (Salvador Sánchez Cerén), me fue a buscar y me planteó lo siguiente: «Rebeca, vengo del frente y también pasé por México, ya hablé con Facundo y con Angelita, les pedí opinión para hacerme responsable de Ana Virginia si usted regresa al frente y están de acuerdo, ¿usted que opina? Yo ya no tengo hijos tan pequeñitos y con todo gusto le cuido su niña». Es difícil contar la alegría que sentí al escuchar esa propuesta, ese apoyo. Yo conocía a Verónica y a Leonel y sabía que si yo moría en la guerra y mis padres se morían ella era una excelente persona y una excelente madre para mi hija. Así que no vacilé en aceptar su apoyo, con la solicitud de que al morir mi papá le enviara a Ana Virginia a Angelita, mi madre.

El último mes que estuve en Managua con Ana Virginia conscientemente realicé la transición entre Verónica y yo. Me gustaba ver lo bien que ya se llevaban Verónica con Ana Virginia que tenía siete meses, y pensaba que la niña no sufriría tanto, era bien contradictorio, porque me entristecía como se iba encariñando en poco tiempo con otra madre.

Cuando salí para el frente, Verónica con la bebita me fue a despedir al aeropuerto. Ana Virginia de nueve meses de edad estaba sonriente y cuando le dije adiós, aun cuando estaba tan pequeña rompió en un llanto desesperado que aun hoy me resuena en los oídos y miro su carita triste, como si ella supiera la trascendencia del momento que vivíamos, que pasaríamos años sin vernos y que tal vez no nos volveríamos a ver. Y creo que sí lo sabía, pues es sólo hasta hace relativamente poco tiempo que ella no me pregunta con dudas si voy a regresar cada vez que salgo a otro país.

Lloré todo el viaje pensando nuevamente en esta amputación del alma, con hierro al rojo vivo; ¿volvería a ver a mis niñas y a mi niño? Y ¿quién me esperaba en el frente? Todo y nada. La revolución, los compañeros y compañeras y mi soledad, que la sentí enorme, apabullante como nunca.

De regreso al Frente Occidental Feliciano Ama, 1988

Al regresar a El Salvador caminé primero hacia el volcán de San Salvador y luego desde ahí hacia Chalatenango, para llegar a hasta Metapán en Santa Ana. Unos pocos días en contacto con los compañeros y las compañeras, unas buenas caminatas por cerros y llanos, una inmensa y maravillosa noche viendo el cielo estrellado, algún operativo del ejército gubernamental y la realidad de los pueblos de los cantones por donde caminé fueron suficientes para levantar mi espíritu y llenarme de entusiasmo y energía.

Cuando finalmente descansé de tanta caminata y ya había tenido encuentros con varios combatientes que me pusieron al tanto de lo ocurrido durante mi larga ausencia, me desperté un día en un campamento donde había muchos pinos, olía a madera, pasaba cerca un riachuelo y la gente era bien amable. Estaba en el cantón Zapotillo, jurisdicción de Metapán, en las estribaciones del macizo montañoso llamado el Bosque de Montecristo.

El Frente Occidental había cambiado mucho respecto a 1981, se había extendido sobre todo en trabajo clandestino tanto hacia las ciudades y cantones del norte, como del sur de Santa Ana. Teníamos ahora una retaguardia consolidada en el cerro La Gloria, que queda en la rivera del Río Lempa, y otra base de retaguardia en la región norte del departamento, ubicada entre Metapán, Citalá y Santa Rosa Guachipilín; al oriente nos diferenciaba del Frente Norte de Chalatenango el Río Lempa, que atraviesa el país por ocho de los catorce departamentos que componen todo el territorio nacional.

También teníamos presencia guerrillera en zonas aledañas a la ciudad de Santa Ana, cabecera departamental, sobre todo en la ruta de Santa Ana hacia Metapán.

Nuestro trabajo político urbano se había consolidado y muchas personas participaban en el movimiento social llamado UNTS.[5] Sin embargo, el desarrollo guerrillero de la zona era limitado, únicamente contábamos con un par de centenares de combatientes, dispersos en tres asentamientos, al norte en Metapán, al sur en La Gloria, y otro móvil en la ruta de la carretera a Metapán. Debido a esa situación nuestra operatividad era escasa y como el territorio era enorme, el enemigo poco nos atacaba con operativos de gran escala, sobre todo en la zona de Metapán. Sin embargo, las PRALES estaban operando y éramos golpeados constantemente por pequeños operativos sorpresa que nos ocasionaban bajas. En general, debido a nuestra fragilidad, a los combatientes de otras zonas no les gustaba ser trasladados al Frente Occidental.

Le costó trabajo a Dimas hallar a quien me acompañara desde Chalatenango hasta Santa Ana, finalmente me asignaron a dos compañeros como seguridad personal: eran Marvin y Miguel. El primero un jovencito de diecisiete años que quería iniciar una nueva vida me dijo: «Al llegar a Santa Ana mi seudónimo ya no será "Chusito", me llamaré Marvin!» Era un jovencito valiente y disciplinado, rubio, blanco, robusto a quien llegué a tener un gran aprecio. El otro era Miguel, un hombre ya mayor, muy calmado, muy respetuoso, famoso por parlanchín y por caballero (nos preparaba las tiendas de campaña a todas las mujeres del campamento y las dejaba perfectas), este último es aún hoy mi escolta de seguridad.

En Santa Ana muy pronto retomé una actividad febril, recorrí palmo a palmo todo el departamento, visité nuestros asentamientos y trabajamos con el mando integrado por Felipe (llamado Felipón), Orlando (llamado Carabina) y yo misma un nuevo plan para desarrollar nuestras fuerzas militares y políticas. Además la Comandancia nos planteó que debíamos atraer

como mínimo una vez al mes hacia nuestra zona, a un batallón elite del gobierno y mantenerlo ahí una semana. O sea que
nuestro frente, si bien era pequeño en tropa, debería aliviar el
peso de las ofensivas enemigas en otras zonas atrayendo a un
batallón cada mes, por una semana. Semejante tarea requería
que intensificáramos la presencia y operaciones guerrilleras en
la zona y que nos acercáramos a la retaguardia enemiga.

Felipón y Orlando eran dos hombres portadores de una cultura machista dominante en nuestra sociedad, pero la vida los
puso a prueba enviándoles una comandante mujer. Orlando lo
asimiló muy rápidamente, a Felipón le costó un poco más. Sin
embargo, en cosa de un par de meses estábamos en sintonía, al
menos en lo que se refiere a la línea de mando y la ejecución
de nuestras misiones. Orlando, de nombre legal Ovidio López,
era realmente un adelantado a su época. Una persona interesa-
da en saber siempre más, atenta a lo nuevo, de mente y corazón
abiertos. Un campesino conocedor de los cerros, de los ríos, de
los árboles y de las costumbres y sentimientos del pueblo campesino. Cantaba como pocos, y en las veladas después de comer
nos alegraba la vida con alguna ranchera. El era el segundo al
mando en el Frente Occidental.

En este frente habían muchas mujeres; en mí campamento
éramos más mujeres que hombres, eso era una novedad para
mi. Elisa, nuestra jefa de comunicaciones, hacía equipo con
Samuel, un jovencito inteligentísimo originario de Las Lomas.
Ellos, además de ser responsables de las comunicaciones eran
los encargados de educación en el campamento, daban clases
de matemáticas, de lectura y escritura. La China y Mercedes
eran radistas operativas, Rosita y Yanira eran nuestras cocineras. Yanira tenía veinte años, una belleza morena que rompió
más de un corazón en esos cerros. Sabina, que hoy es abogada y
trabaja en la Corte Suprema de Justicia, era junto a Rafita encar-

gada de las comunicaciones enemigas, pero también lo era de reparar nuestros radios, manejaba soldadura y demás cosas de las que yo no entiendo. Aloña era nuestra médica. También estaba Tere nuestra correo, que junto a Sibrián entraban y salían de nuestra zona con los mensajes secretos del campo a la ciudad, y hacia el exterior. Estaban también Claudia Sánchez. Norelvi, que hoy vive en San Vicente, Rosi que hoy vive en San José Las Flores, Silvia, Rosario y Rosita.

Cuando comenzamos a desarrollar nuestros planes de crecimiento se incorporaron muchos hombres y mujeres a la milicia y a la guerrilla. En un inicio Felipón quería mandarlas a todas a la cocina y al hospital, finalmente le pregunté: «Cuánta gente se necesita en cocina? Pues no creo que todas las mujeres puedan seguir engrosando la cocina...» Así es como tuvo que aceptar que las mujeres podían desempeñarse en otras áreas.

El Batallón Atlacatl fue el designado por la Fuerza Armada para reforzar a la Segunda Brigada de Infantería que ya empezaba a sentir que nuestra presencia y sus bajas eran más continuas. Así que una vez al mes nos tocaba andar replegados, pues nuestra pequeña tropa no podía defender posiciones. Ese frente era bien móvil, esa era la táctica correcta.

Samuel

Samuel era un joven campesino, muy culto, tendría unos veinte años. Sabía leer y escribir perfectamente, sumar, restar y multiplicar. Oía noticias, programas culturales, leía cuanto libro llegaba a sus manos y además era un combatiente muy valiente, y hábil también para cortar leña y cuanta tarea difícil se le planteara. Yo le admiraba mucho, él había crecido en medio de la guerra, me contaba que cuando su papá entró a la guerrilla siempre lo quería tener cerca y que cuando fue creciendo le daba pena no andar con la tropa, no tener un fusil y que le vieran como niño. Me contó que un buen día le dijo a su padre (el campesino Hilario que nos regaló miel en 1981) que ya estaba grande y que se iba para la guerrilla, es decir que se cambiaba de campamento para ser combatiente. Me gustaba mucho sentarme a platicar con él, yo le hallaba cierto parecido con Vladimir, aun cuando Vladimir era todavía más jovencito. Y me divertía verlo, igual que a Marvin, luchando por crecer y ser hombres. Yo pensaba que Samuel llegaría muy lejos por su honestidad y sus habilidades intelectuales.

Un día de mayo de 1989, la Cruz Roja nos envió una solicitud para tener un encuentro, quería dialogar sobre la situación de la población civil de la zona. Felipón asistió a la cita y después de conversar con la Cruz Roja se retiró hacia nuestro campamento en el cerro Montenegro. Este era un cerro poblado de pinos, cercano al cantón donde fue el encuentro. A la mañana siguiente me dirigí a darme un baño con Marvin a una quebrada cercana al asentamiento nuestro. Eran las seis de la mañana, cuando llegó Samuel a avisarnos que las postas del campamento habían visto unos bultos negros desplazarse en las inmediaciones del cerro. Rápidamente me vestí y me dirigí al campamento, ordené que recogiéramos nuestras cosas, envié una patrulla hacia la parte alta del cerro en que estábamos y otra hacia la parte baja. Le planteé a Felipón —pues Orlando se encontraba en la región sur del frente cumpliendo una misión—, que deberíamos retirarnos en dirección a la quebrada donde yo acababa de bañarme pues yo acababa de revisar ese sector y estaba despejado.

Felipón me dijo que no fuéramos miedosos, que no deberíamos huir, y yo pequé de soberbia y acepté que nos quedáramos esperando en el sitio a ver qué sucedía. Apenas habíamos terminado la conversación cuando una ráfaga atronó el espacio; venía de una ametralladora ubicada exactamente sobre mi tienda de campaña. El enemigo había entrado por una vaguada lateral hasta el propio campamento y nos abrió fuego. En ese mismo instante entraron en combate las patrullas guerrilleras que andaban revisando la periferia.

La primera ráfaga impactó a Samuel, que estaba junto a nosotros, matándolo en el mismo instante. Nuestra columna comenzó a combatir y a retirarse en la dirección que yo había previsto, pero en condiciones de total desventaja. Felipe fue herido en su pierna izquierda y cayó desplomado, dos compañeros le recogieron y avanzaron con él en una dirección diferente del resto de la columna. Finalmente logramos salir del cerco y refugiarnos en un cerro vecino. El Atlacatl se reconcentró en el caserío que estaba al pie de ese cerro y se dedicó a amedrentar a los pobladores. Algunos campesinos de ese cantón nos ubicaron y fueron a avisarnos con cuidado de cuáles eran las ubicaciones del enemigo. Las dos patrullas guerrilleras que envié habían ocasionado bajas al ejército y se retiraron en rutas diferentes. El campamento quedó repartido en cuatro pequeños grupos ubicados en distintos puntos. El ejército enemigo estaba molesto por sus bajas y envió aviones a bombardear intensamente la zona. Por suerte no tenía información muy precisa y no ocasionó ninguna baja más.

Durante todo ese día, me preocupé por dos cosas. Una fue mover a otra unidad guerrillera a emboscar al Atlacatl en su ruta de retirada. Esa emboscada fue efectiva a las 5 de la tarde cuando se aburrieron de buscarnos y decidieron retirarse; no se retiró intacto ese Batallón después de sus fechorías. La otra cosa fue contactar con Felipón, a quien no lográbamos hallar por ningún medio, yo me temía que también hubiera muerto, y me sentía muy mal por haber cedido al machismo.

En la guerra, los éxitos y los fracasos son responsabilidad del jefe, pues él da las órdenes. En esa ocasión la jefa era yo, y nada hasta hoy me disculpa de no haber ordenado de inmediato la retirada. Quizás siempre hubiera muerto Samuel, fueron minutos quizás unos cinco a lo sumo los que perdimos. Pero me queda en mi conciencia no haber tenido la humildad suficiente para salir en carrera en el momento preciso. Siempre que me dicen «Comandante» me acuerdo de Samuel y tantos otros y otras que pagaron con su vida, para que nosotros estemos vivos. Y les pido perdón por nuestros desaciertos, que si bien no fueron premeditados, les costaron la vida. Es por eso que no soporto cuando se usa con soberbia el título de «Comandante».

En esas angustias estaba cuando apareció en mi radio de comunicaciones la voz serena, reconfortante y solidaria del Comandante del FMLN Héctor Martínez. Había oído desde su campamento, al otro lado del río Lempa en Chalatenango, los enfrentamientos y el ataque aéreo. Me preguntaba por mi situación y me informaba que ya estaba moviendo su tropa hacia el río para reforzarnos y apoyarnos. No tiene quizás Héctor idea de que huérfana me sentía en ese momento y cuanto alivio y seguridad sentí al oír su voz. Le informé de inmediato de nuestra situación y le pedí que avisara al mando nacional que suspendiera el uso de claves que habían sido capturadas en el campamento. De igual forma nos coordinamos para salir hacia el río Lempa después de contactar a Felipón. Por la noche apareció la voz de Felipón en la radio, ¡estaba vivo! Sólo que había perdido ocho centímetros de hueso en su pierna.

Al día siguiente enterramos a Samuel en el cerro y exploramos algunos cerros aledaños al campamento, para luego dedicarnos a movilizar a Felipón.

Felipón mide casi 1,90 metros, nos costó un mundo movilizarlo y atravesar el río Lempa con él a cuestas, que en ese sector corre muy enzanjonado y es algo hondo. Un tramo que se hace en cinco horas, lo hicimos en todo un día. Lo amarramos en una hamaca a una gran vara de bambú y así lo cargamos y ya en el río lo colgamos de una «garrucha»[6] y logramos pasarlo. Ese movimiento además tenía que ser muy cuidadoso pues no teníamos claro si el enemigo nos había dejado patrullas en la zona, por lo que nuestra columna guerrillera se desplazaba explorando con mucha cautela.

Al otro lado estaban Héctor, Silvia y Paco, que era el médico de las unidades guerrilleras de esa zona. Nos tenían preparados frijoles, tortillas y café. Todos nos abalanzamos a comer. Teníamos ya cuarenta y ocho horas de no probar un bocado y no dormir. Héctor con su tropa montó guardia para que todos durmiéramos y Paco se hizo cargo de inmediato, con apoyo de Aloña, de atender a Felipón. Al día siguiente nos internamos a la subzona 3 de Chalatenango. Ahí pudimos descansar, Felipón fue atendido, su pierna estaba ya engusanada, sin embargo pudo salvársele, pero ya no estaba en condiciones de continuar en el Frente, su recuperación sería larga por lo que decidimos sacarlo de la zona de combates.

Se prepara una nueva ofensiva estratégica

Ya más tranquilos comenzamos a reorganizarnos. Orlando se presentó al campamento de Héctor y pudimos evaluar la situación. Pasamos varias semanas en la subzona 3 de Chalatenango, ubicada en el Municipio de Agua Caliente. Estando ahí nos llegó una comunicación desde el mando. Dimas nos ordenaba a Héctor y a mí dirigirnos de inmediato hasta Sumpul Chacones, un bello cantoncito de Chalatenango, para recibir nuevas instrucciones. Así fue que Orlando se regresó para occidente y yo me dirigí hacia Chalate. Dimas había hecho un viaje relámpago al exterior y de nuevo tenía yo esperanzas de saber algo de Vladimir, de Adriana y de mi bebita Ana Virginia. De seguro Dimas tendría noticias de ellos.

Viajamos una noche y un día completo, y llegamos finalmente al campamento de destino en Chalatenango. Nos recibió Dimas quien nos anunció nuevos planes, nos enseñaría un nuevo armamento popular y luego regresaríamos a nuestro campamento. Ya en el primer descanso asalté a Dimas y le pregunté por mis hijas y mi hijo. Me contó que estaban bien, que Ana Virginia todavía estaba en Managua y me traía unas fotos. Esas fotos las llevé conmigo mucho tiempo hasta que un río me las arruinó. Ahora que recuerdo, las noticias eran mínimas, pocas, pero en ese momento yo me sentía completa con sólo saber que estaban bien y algunos detalles de cada uno. Ello revela bien cómo eran nuestras vidas, siempre pendientes de un hilo.

Luego nos informó Dimas que la Comandancia del FMLN había hecho valoraciones políticas estratégicas, entre otras que había llegado el momento de lanzar una ofensiva en todo el país para derrotar a la dictadura, ya sea derrocándola o forzando una solución negociada. Nos explicó que era muy fuerte el debilitamiento del modelo económico y también que la moral del ejército enemigo estaba minada. Nuestros nuevos métodos de operar los tenían otra vez desconcertados y, sobre todo, la administración norteamericana estaba perdiendo la confianza en la efectividad de la fuerza armada, por su descomposición y los altos grados de corrupción. Además, la oligarquía estaba en ese momento aturdida al descubrir que una serie de secuestros a millonarios los realizaban elementos y mandos militares. Era el momento de lanzar la ofensiva, en la que el Frente Occidental tendría como rol principal retener en la zona a la segunda brigada de infantería, a las tropas de Sonsonate y de ser posible atraer durante la ofensiva a una unidad elite del ejército. Deberíamos actuar sobre las ciudades en contra de las posiciones estratégicas del ejército.

Como nuestro desarrollo militar era limitado en esa zona, se nos asignó como refuerzo al compañero Héctor Martínez y a un destacamento guerrillero, con tropa experimentada que podía asumir jefaturas en caso de ser necesario. Que Héctor debería partir de inmediato bajo mis órdenes hacia Santa Ana y deberíamos comenzar a preparar el terreno para las acciones que nos habían encomendado: preparar el plan de operaciones, el personal y la logística necesaria. Así salimos de regreso al Frente Occidental con una nueva misión y un gran entusiasmo, acompañados de setenta combatientes que se sumaron a nuestra fuerza.

¡Al tope y punto!

La situación política del país cambiaba constantemente y el auge del movimiento popular estaba ya reflejándose en las ciudades. Destacaba Febe Elizabeth Velásquez una aguerrida sindicalista que lideraba el movimiento sindical y a la UNTS que era una alianza entre cooperativas de izquierda, cooperativas demócrata cristianas, sindicatos, organizaciones estudiantiles, de desempleados, de empleados públicos y otros. El FMLN estaba empeñado en generar una correlación de fuerzas político militar tal que permitiera derrotar a la dictadura, abrir espacio a la solución política y a las transformaciones estructurales del país.

La dictadura había recrudecido de nuevo la represión en las ciudades junto a los operativos en las zonas bajo control guerrillero, al tiempo que hablaba de negociaciones y de solución política. En octubre de 1989 fuerzas gubernamentales colocaron una bomba de alto poder explosivo en el local sindical de FENASTRAS[7] causando la muerte de la gloriosa sindicalista Febe Elizabeth Velásquez. Este hecho aceleró y terminó de definir el tiempo de la ofensiva estratégica de noviembre que ya veníamos preparando, la cual se llamó «Ofensiva Estratégica Compañera Febe Elizabeth Velásquez», con la que el FMLN buscaba derrotar al ejército, mostrar su poderío y obligar al Gobierno a una negociación estratégica.

De regreso en el Frente Occidental, ya con Héctor y la nueva unidad guerrillera de refuerzo, nos dedicamos a preparar la ofensiva del 11 de noviembre de 1989. La actividad era febril pues deberíamos contribuir, otra vez, a que cayera el cuartel de la Segunda Brigada de Infantería y a contener las tropas enemigas de la zona occidental. Montamos de inmediato una escuela militar en el cerro La Gloria, donde se entrenarían los milicianos que voluntariamente decidieran pasar a formar parte de la guerrilla. Este trabajo duró varios meses, en los que preparamos a más de cuatrocientos compañeros y compañeras, tanto política, como física y militarmente. Realizamos algunas operaciones de asalto a cuarteles medianos, para ir dominando el asalto a posiciones, ya que anteriormente nuestras fuerzas, básicamente, se dedicaban a realizar emboscadas a unidades en desplazamiento. Atacamos el cuartel enemigo de Texistepeque con resultados exitosos y recuperamos algunas armas.

Con Héctor y Orlando diseñamos la planificación de todas las operaciones de la ofensiva, lo que incluía reconocimiento de la ciudad de Santa Ana; tanto de día como de noche se trabajó en tareas de explorar rutas para incursionar con tropa sin ser detectados, medir los tiempos que nos requería desplazarnos desde la retaguardia nuestra hasta la ciudad y prever puntos de acantonamiento de tropa.

La logística en armas y equipos para los milicianos urbanos debería ser colocada en buzones secretos en la ciudad para ser utilizada al iniciarse la ofensiva. Orlando fue el encargado de esta misión. Necesitábamos organizar un tren, clandestino, de abastecimiento de frijoles, maíz, sal, tela, zapatos, material médico, material explosivo y armas, en gran escala, pues nuestra tropa había pasado de doscientas personas a setecientas. Debería ser clandestino, pues necesitábamos que el enemigo no se percatara de que había más tropa concentrada en nuestra zona de retaguardia.

En esta tarea nos ayudaba la población civil que vivía en las zonas aledañas al cerro La Gloria, nuestros contactos en las ciudades que se habían multiplicado y algún oficial del ejército de la dictadura que simpatizaba con nosotros. Era una inmensa operación con participación popular, movilizando toneladas de comida, de tela y de armas, en las barbas del enemigo y sin que éste detectara semejante movimiento.

Nuestra misión militar era cortar el paso a las tropas del ejército gubernamental entre Metapán y Santa Ana, y entre Santa Ana y Ahuachapán. De igual forma, cortar el paso entre Santa Ana y San Salvador. Al mismo tiempo, apoyar al ERP que pondría una fuerza estratégica para aniquilar la guarnición de la Segunda Brigada de Infantería. A las FPL nos correspondía atacar el lado oriental del cuartel, el ERP se haría cargo del resto.

En medio de operativos del ejército enemigo avanzamos en las tareas previstas. Cada día que pasaba crecía la tensión y la emoción en todos los campamentos guerrilleros, era un secreto a voces entre nosotros que íbamos «Hasta el tope y punto» como lo anunciaban Radio Venceremos y Radio Farabundo Martí. El ambiente se podría decir que era festivo, todo el mundo se preparaba y preparaba los planes y materiales que utilizaríamos en la gran ofensiva que se esperaba desde hacía tanto tiempo. El ambiente en el frente había mejorado mucho, pues también había mayor desarrollo político, Héctor, Orlando, Aloña y yo continuamente realizábamos debates sobre la situación del país, y también sobre la situación de las mujeres, lo que ya era un tema permanente en mi cabeza. Las noticias eran religiosamente escuchadas por radio y analizadas en todos los campamentos. Además la biblioteca móvil funcionaba muy bien, por lo que siempre teníamos buenos libros que leer y comentar: *La Diáspora* del escritor Horacio Castellanos Moya, *El amor en tiempos del cólera*, *Yo fui una de ellas*, memorias de una prostituta, *El Principito*, *El Príncipe* de Maquiavelo, así como el famoso libro *La Perestroika*.

Al principio a Héctor le leíamos en voz alta los libros y los comentábamos, hasta que un día lo encontré acuclillado sobre una roca, con las manos sobre la cabeza y los ojos clavados en un libro, y me dijo: «¡Qué barbaridad todo lo que pasa en la Unión Soviética!», pues estaba leyendo a Mijail Gorbachov.

Algunas compañeras del campamento se resistían a incorporarse a la lectura de los libros, una de ellas me dijo claramente que no quería leer pues temía que su compañero la abandonara: «Hasta ahora hemos sido felices, yo le cocino y le lavo su ropa, y no me exige más. Pero si empiezo a leer libros ya no va a valorarme igual...» eso me expresó. Yo se lo comenté a Aloña y ambas coincidimos que era necesario que hiciéramos más labor de concienciación entre las mujeres.

Otra compañera me dijo una vez: «Los jefes siempre son perseguidos por las mujeres...», y cuando le recordé que en ese campamento la jefa era una mujer, que era yo, me dijo: «Sí, pero siempre las mujeres van detrás de los jefes». Pero otras en cambio iban asumiendo un poco más sus derechos y se daban tiempo para que platicáramos entre nosotras de otros temas y de compartir experiencias diversas. Lo malo es que no teníamos conceptos feministas claros, sólo un malestar sin explicación científica.

Pero sobre todos estos temas, lo que más nos motivaba era la próxima ofensiva, éramos una maquinaria completa preparando el gran operativo del 11 de noviembre.

Orlando se centró más en la ciudad, él dirigiría los preparativos del levantamiento urbano. Héctor y yo estábamos en el puesto de mando, viendo sobre todo lo relativo a la guerrilla. A Orlando, pobrecito, Aloña y yo le teñimos el pelo para que no lo reconocieran en la ciudad, le aplicamos en el río el tinte que habíamos mandado a comprar, le prometimos dejarlo canoso y quedó pelirrojo... se veía rarísimo y divertido, pero como él era un tipo muy seguro de sí mismo nos dijo que él se sentía muy guapo con ese color de pelo.

Cuando fuimos a coordinar con el ERP nos entraron serias dudas, ya que el jefe del ERP no tenía planos, no tenía medidos los tiempos de avance, ni nos pudo definir su ruta de acceso al cuartel. Únicamente logramos acordar la hora del ataque, señas y contraseñas para identificarnos en el terreno, eso fue todo. Regresamos con Héctor muy inquietos, pero la Comandancia del FMLN aseguraba que todo marchaba bien y así lo asumimos finalmente.

Nosotros definimos operar en varios puntos del modo siguiente: el compañero Paco y su tropa atacaría el puesto militar ubicado en el cerro Tecana para garantizar una ruta de retirada hacia nuestra retaguardia; el compañero Hugo controlaría la salida hacia Metapán, el compañero Alonso asediaría la posición enemiga de Metapán, el compañero Darwin y los milicianos pondrían barricadas y emboscadas entre Chalchuapa y Santa Ana. Por su parte Héctor con un destacamento de ciento cincuenta combatientes avanzaría hasta el Cuartel de la Segunda Brigada y tomaría control del sector oriental del cuartel, cuando simultáneamente (supuestamente) el ERP atacaría los demás flancos. Orlando se reuniría conmigo en un punto entre el Cantón la Gallina y el Cementerio de Santa Ana, donde tendríamos el mando central de la ofensiva, coordinando el movimiento de unas setecientas personas.

Saldríamos dos días antes del cerro La Gloria, cruzando en silencio el río Lempa, acamparíamos en zonas en disputa en absoluto secreto, en lugares previamente escogidos y, finalmente, a las 6 p.m. iniciaríamos el avance hacia la ciudad, para llegar sin chocar antes de tiempo con el ejército, a las nueve de la noche al propio cuartel de la Segunda Brigada. A esa hora atacaríamos en simultáneo todos los objetivos.

Cuando iniciamos la marcha hacia la ciudad todos íbamos emocionados, teníamos la idea de que tal vez ya no volveríamos al cerro. Las compañeras y los compañeros íbamos con nuestros mejores uniformes, debidamente equipados para combatir, es decir sin mucha carga superflua. Llevábamos munición, explosivos, lanzacohetes, una pequeña ración individual de comida cada quien y un hospital de campaña. El cruce del Lempa fue difícil, el río estaba crecido, tuvimos que hacer cadenas humanas para atravesarlo por la noche. Finalmente la fuerza del agua arrastró y casi ahoga a un compañero que tuvo que soltar un lanzacohetes para poder nadar y salvarse. Al otro lado del río fue nuestro primer descanso. Cuando ya era de noche, el once de noviembre, mientras íbamos avanzando por las colonias periféricas de la ciudad, los radios noticiosos informaban que ya en San Salvador se estaban librando combates; nosotros nos mirábamos en silencio y sonreíamos, en unos minutos se iniciaría el combate en Santa Ana. A las nueve en punto dieron comienzo los combates en todo el Frente Occidental y en poco tiempo el compañero Paco informó que tenía bajo control el cerro Tecana, luego se fueron reportando todos con sus misiones desarrollándose exitosamente.

Héctor llegó con su destacamento sin ser detectado hasta el cuartel. En un primer combate su tropa aniquiló las postas del cuartel y requisó sus armas, pusieron explosivo en las paredes del cuartel y dieron inició al asalto del fortín. Sólo pasaba algo raro, la tropa del ERP no aparecía por ningún lado. Es decir que los tres flancos restantes del cuartel estaban descubiertos. El combate continuaba y si bien no teníamos bajas, no podíamos avanzar, y comenzó a preocuparnos que no apareciera la tropa del ERP. Yo me comunicaba por el radio y le preguntaba a Pichinte cuál era su ubicación y en cuanto tiempo llegarían al objetivo, y él siempre me respondía que en unos pocos minutos.

A las doce de la noche el compañero Héctor me reportó que se había detectado movimiento de tropa en la retaguardia de nosotros y que cuando le dieron la contraseña para saber si eran los compañeros, les respondieron a balazos. Él consideraba que era el ejército enemigo el que se estaba movilizando. Una vez más consulté al ERP por su ubicación y su mando me dijo que en cuestión de minutos iniciarían el combate, y yo entonces ordené a Héctor que resistiera, que el ERP estaba por llegar.

A las dos de la mañana, bastante preocupada y molesta, pregunté directamente al responsable del ERP por su ubicación, y cuál no sería mi sorpresa, cuando finalmente me confesó que se encontraba a esas horas en los alrededores del pueblo de Coatepeque, a unas dos horas de nuestra posición, la cual quedaba a unos cuarenta y cinco minutos de donde se hallaba Héctor. Entonces comprendí que el ERP no llegaría y que debíamos retirarnos, pues nuestra tropa no iba preparada para cercar por sí sola al cuartel de la Segunda Brigada. Di la orden de retirada. En efecto, ya el ejército enemigo había detectado que no estaba cercado, que el ataque al cuartel era sólo por un flanco y se disponía a cercar a Héctor y a nuestro destacamento guerrillero. El enemigo había movilizado su tropa y nuestro destacamento debería romper a bala el cerco para poder dirigirse hacia el cerro Tecana y reorganizarnos.

Héctor dejó de comunicarse a las cuatro de la mañana, pues los combates que su tropa debió enfrentar fueron cuadra por cuadra. La Guardia Nacional y el ejército gubernamental habían tendido un cerco cerrado que sólo fue posible romperlo por la determinación, la disciplina y la combatividad de este destacamento. Perdimos en combate a siete compañeros y compañeras, entre ellos a Rosario, una sanitaria militar, y a Pablo que era el compañero de Norelvi mi radista. Sólo después de romper el cerco, la voz de Héctor salió en las comunicaciones con el Puesto de Mando y me reportó lo acontecido.

Héctor fue herido de gravedad en su pierna. Aloña fue herida leve y así también otros compañeros. Felizmente Paco (José Manuel Olivares) con su tropa controlaba el paso a la retaguardia y hacia ese lugar se dirigió nuestra tropa, después de un combate de más de diez horas, cuadra por cuadra. Cuenta Aloña que el que no disparó se murió, pues la única manera de avanzar era con fusil en ráfaga, para que los efectivos enemigos se tendieran y en ese momento podían caminar y tomar nuevas esquinas y cuadras.

El puesto de mando también comenzó a ser cercado y con Orlando decidimos movernos en dirección al campamento del ERP para encontrarnos con ellos, conocer la versión real de lo ocurrido y planificar la continuidad, pues en San Salvador, Soyapango, San Marcos, Mejicanos, Ciudad Delgado y muchos otros lugares la ofensiva continuaba avanzando y nosotros teníamos que cumplir nuestra misión, a pesar de que nos había fallado el asalto a la Segunda Brigada de Infantería.

El encuentro con el mando del ERP fue para mí muy impactante. Allí se encontraba el compañero Octavio (Héctor Acevedo) de las FAL, quien me informó que toda la noche habían estado desengrasando fusiles, es decir que ni siquiera los tenían listos para ser usados. Que fue hasta la mañanita del 12 de noviembre que el Jefe de las unidades del ERP envió en unos camiones por la carretera a un grupo de combatientes, quienes fueron emboscados y aniquilados en la entrada a Santa Ana por el ejército enemigo que ya tenía el control de la periferia.

Pero no había tiempo que perder en reclamos y decidimos movernos en un mando conjunto hacia el volcán de Santa Ana, el «Lamatepec» y desde ahí continuar coordinando los ataques. Nos desplazamos hacia un lugar llamado «Flor Amarilla», lleno de cafetales iguales a los del volcán de San Salvador. Entonces pudimos tomar contacto con todos los mandos de las FPL y conocer la situación real: manteníamos emboscadas y barricadas en la carretera Santa Ana-Ahuachapán, manteníamos fijada una unidad enemiga en Metapán que estaba combatiendo con nuestras tropas, las unidades del cerro Tecana y de Héctor se habían unido y estaban organizando hostigamientos a tropas del ejército enemigo destacadas en la periferia de Santa Ana. También Hugo estaba activando tropa entre Texistepeque y Santa Ana. Esta actividad la mantuvimos constante hasta que el 16 de diciembre nos indicó la Comandancia que deberíamos volver a las zonas de retaguardia.

Durante ese mes de ofensiva en el país se dieron acontecimientos que nos marcarían para toda la vida. El Alto Mando de la Fuerza Armada de El Salvador, cuyo comandante en jefe era el presidente Alfredo Cristiani, planeó una operación criminal contra los sacerdotes jesuitas que dirigían la Universidad Centroamericana José Simeón Cañas, conocida como UCA, asesinan a seis sacerdotes y a dos empleadas. Los asesinados entre los que destaca muchísimo Ignacio Ellacuría[8] eran activos promotores de una solución negociada al conflicto, lo que para la mente fascista de los cuadros de ARENA y de las FAES era igual a decir «son subversivos». En esa noche del «ellos o nosotros» deciden asesinarles fríamente en su casa de habitación, pretendiendo inculpar a la guerrilla, cosa que rápidamente quedó desenmascarada por su falsedad obvia.[9]

El gobierno norteamericano quedó convencido que la teoría de que las guerrillas éramos una fuerza en extinción era totalmente falsa, que habíamos mostrado una capacidad nacional sin precedentes y que no estaba muy fácil nuestra derrota militar. Mientras, el gasto militar del gobierno salvadoreño se volvía insostenible, sobre todo por la escandalosa corrupción que era manifiesta en todos los niveles. Los señores del dinero sintieron por primera vez la guerra en sus casas; lo «normal» era que se invadieran y arrasaran casas y cultivos de los campesinos, que las mujeres y niñas del campo salieran con lo que llevaban puesto a huir por los montes; pero en esta ocasión las casas que fueron desalojadas para convertirlas en zonas de combate por la guerrilla fueron las casas de los opulentos, los que huyeron con dinero y joyas en sus carros dejando atrás sus mansiones, pensando que tal vez no volverían... esto también motivó a pensar en la paz a estos señores que antes no fueron sensibles ante los miles y miles de refugiados que habían huido de la política de tierra arrasada de los gobiernos del PDC y de ARENA.

En aquel escenario convulso tenía algún tiempo para escuchar noticias internacionales entre combate y combate y me daba la impresión que «algo raro» estaba ocurriendo en el campo socialista, pero durante ese mes no tenía mente ni tiempo para pensar mucho en ello.

Con Orlando tomamos la decisión de dividirnos, yo me quedaría en el mando conjunto hasta que la Comandancia enviara orientaciones, por si se necesitaba otra acción conjunta, y él se iría a hacer cargo de la unidad de Héctor ya que éste estaba herido. Nos despedimos en el volcán de Santa Ana a las 5:30 p.m., él tendría que pasar la carretera conocida como Calle Nueva a eso de las 7:00 p.m. A las 7:30 p.m. oímos un enfrentamiento desde el volcán, Orlando había sido emboscado y aniquilado por una patrulla especial del ejército. Tiempo después supimos que uno de los guías que lo conducía pasaba información al enemigo y colaboró con esta operación. Este golpe fue muy duro para mí, tanto en lo personal como en el trabajo. Yo le tenía un enorme aprecio a Orlando, habíamos llegado a ser como hermanos, nos teníamos confianza, nos contábamos nuestras historias, nos cuidábamos y apoyábamos, y ahora no estaba más. Por otra parte perdíamos al segundo jefe del frente, y al más antiguo de los jefes de este Frente Occidental.

Héctor logró llegar con su unidad y sus heridos hasta nuestra retaguardia en el cerro La Gloria. Me preocupaba que no me hablara por radio, únicamente salía al aire su radista o Aloña, explicándome que Héctor no podía caminar y subir a una altura donde nuestros radios «pegaran». Pensaba yo que él estaría muy enojado porque no le di la orden de retirada un poco antes de que el ejército se desplegara. Sin embargo, a los diez días de la ofensiva, Héctor subió a un cerro y su voz alegre y decidida me salió en el radio: «Compa, ya voy mejorando, usted tome las decisiones que sean necesarias y aquí vemos con Paco y los compas como las continuamos! Estoy al tanto de todo lo que pasa en el país y debemos seguir operando! Usted envíe instrucciones». Años después me pregunto si Héctor tiene conciencia de la felicidad y agradecimiento que sentí al oírle, yo esperaba su reclamo, pero encontré comprensión, respeto y solidaridad.

Viuda

Iniciamos con todos los grupos operativos el camino hacia nuestra retaguardia más cercana, el cerro La Gloria. Allí debíamos encontrarnos para evaluar la ofensiva, la continuidad de la lucha y descansar aprovechando que venía Navidad y Año Nuevo. Llegarían tropas de Metapán, de Texistepeque, de Santa Ana, de todos los rincones, también de Ahuachapán. Salimos del volcán Lamatepec, cruzamos por las bóvedas de las quebradas la carretera principal, y llegamos a un sitio conocido como «La Gallina», una zona cafetalera en una finca que tiene además árboles de carao y madre cacao que por ese tiempo estaban floreando, era un bosque rosado. Además había una zona con una especie de corredor de árboles de eucaliptos que con sus troncos verde acuarela, con pinceladas opalinas, generan un ambiente muy hermoso.

En esa finca cafetalera descansamos. Nos había conducido hasta allí el mismo guía que traicionó a Orlando. Al día siguiente por la mañana me enviaron un mensaje firmado por el compañero Leonel González, el mensaje venía sobre cifrado,[10] eso me alarmó pues los sobre cifrados siempre tenían información extremadamente delicada o grave. El mensaje informaba de que el día 12 de diciembre había muerto en combate el compañero Dimas Rodríguez, Segundo Responsable de las FPL, cuyo nombre legal era Hernán Solórzano. Había caído víctima de un ataque aéreo en el volcán de San Salvador, cuando se desplazaba con unidades guerrilleras hacia el sector occidental de la ciudad capital.

La noticia me hundió en una profunda tristeza, inmediatamente pensé en Vladimir, en que se quedaba huérfano, en que no vería más a su padre, pensé en todos los momentos que vivimos juntos, en nuestros encuentros y desencuentros, en su bondad infinita, en su calidez, en su valentía, en su amor, pensé y sentí que me quedaba viuda y sin hermano. Sí, viuda y sin hermano, y era raro que lo sintiera así, pero me sentía de esa manera. No hallaba con quien comentarlo, sólo con Elisa la radista que conocía a Dimas, lloré un buen rato, hasta que me avisaron que el campamento nuestro estaba siendo cercado por el enemigo, eran las 5:30 p.m. y había que tomar decisiones.

Por fin en «La Gloria»

El camino hacia el cerro La Gloria fue complicado. Salimos de noche del cerco «obligando prácticamente al guía infiltrado» —todavía entonces no sabíamos que era un traidor, pero es el caso que él ponía dificultades, decía no conocer los caminos y veredas— a sacarnos del lugar hasta un sitio donde pudiéramos avanzar sin peligro.

En el trayecto tuvimos un fuerte enfrentamiento con el ejército enemigo en la zona de San Felipe y Resbaladero. Finalmente logramos avanzar y llegar a nuestro cerro, donde fuimos convergiendo todos los mandos y las tropas. Recuerdo que cuando tuvimos ese enfrentamiento estaba amaneciendo y ya íbamos muy cansados. Agradezco al compañero Paco,[11] que en esa ocasión me ayudó un rato a cargar la mochila, en lo mejor de la balacera, para que yo pudiera avanzar más rápido y salir del área de peligro, pues ahí se juntaban dos lomas en un portillo y el que llegaba primero ganaba ventaja, pues desde ese punto se podía repeler al otro bando y además salirse del área de fuego hacia un sitio más seguro; el enemigo y nosotros estábamos peleando por tomar esa posición y había que moverse rápido.

En el cerro La Gloria encontramos a Aloña con un excelente hospital de retaguardia establecido en un sitio conocido como la «Quebrada de Los Monos». Tenía a una docena de pacientes perfectamente atendidos y alimentados, en completa asepsia. Aloña mostraba orgullosa los avances de cada uno: «¡Joder! Mira como tiene la herida Héctor, está sana y roja como una sandía» decía orgullosa. Al atardecer los monos gritaban y chillaban y saltaban de árbol en árbol, pero nunca nos agredieron, ni nosotros a ellos, teníamos coexistencia pacífica. Era muy linda esa quebrada, sombreada, con nacimientos de agua y buenos trabajos ingenieros para ataques aéreos.

Realizamos las evaluaciones de las operaciones y concluimos en que como FPL en el Frente Occidental Feliciano Ama cumplimos exitosamente las misiones que nos encomendó la Comandancia General del FMLN. Qué era necesario reorganizarnos aprovechando las nuevas capacidades militares y políticas que habíamos ganado y esperar instrucciones de nuestra dirección.

Celebramos la Navidad y el Año Nuevo en grupos, logramos conseguir pavos y tamales, los cuales preparamos. Uno de ellos lo cocinamos Aloña, Cristina Ibáñez[12] y yo; se nos ahumó, además se nos había olvidado echarle sal, pero no importaba, estábamos felices por estar juntas de nuevo y listas para seguir la pelea. Frente a eso todo lo demás era secundario y en el caso del pavo ahumado esto sólo sirvió para acrecentar la fama de malas cocineras que ya teníamos. Ordené realizar una gran jornada de sanidad pues todos regresamos con piojos, pues en los pueblos cercanos a las grandes ciudades escasea el agua y además al estar acantonados en secreto no podíamos bañarnos a diario. Para mí era cuestión de moral y dignidad, una tropa guerrillera no podía ser piojosa. Y creo que estuvo bien, pues todos empezaron a preocuparse más por su porte y aspecto y por estar en forma en todos los sentidos.

El día de mi cumpleaños, 20 de diciembre, oímos la noticia de la invasión gringa a Panamá, lo cual nos preocupó mucho. Otras noticias internacionales recién empezaban a llegarnos... Nos llegó de golpe la noticia que, durante ese mes de combates, había sido derribado el Muro de Berlín y caían como en dominó las diferentes repúblicas socialistas de Europa del Este; que el campo socialista no existía más. Estas noticias impresionaron a los combatientes, por lo que tuvimos muchas charlas y debates de por qué nuestra revolución continuaba, porque era producto de nuestra realidad que demandaba cambios; hubiera o no campo socialista en el país la revolución seguía siendo necesaria.

Por ese tiempo llegó Joel a nuestro campamento, era un inmenso hombre blanco que se había incorporado en la ofensiva. Con Aloña le hacíamos mucha burla pues parecía desubicado del terreno, aun cuando tenía una gran voluntad de trabajo. Además bromeábamos pues no le encontrábamos zapatos, calzaba un cuarenta y siete. Este hombre terminó casado con Aloña y ambos viven en nuestro país hasta la fecha con sus dos hijos.

6

Un cambio drástico: de guerrillera a diplomática

En febrero de 1990 me llegó la orden de trasladarme a Managua para incorporarme al trabajo diplomático y a las negociaciones de paz que se estaban abriendo paso como resultado de la ofensiva de noviembre de 1989. Debería salir a pie hasta Guatemala, tomar un avión para España y de España volar a Managua donde me darían nuevas instrucciones.

Me acompañaron Marvin y Wilbert hasta que atravesamos por un punto ciego la frontera entre El Salvador y Guatemala; en la madrugada estábamos ya en territorio chapín muy cerca de la Laguna de Guija. En un recodo el compañero guía del lugar me dijo: «Hasta aquí podemos caminar uniformados y con fusil, ahora póngase su ropa civil y lleve esta pistolita». Me cambié, me puse un vestido blanco y amarillo que me habían enviado para la ocasión y unas sandalias, le di mi navaja a Wilbert y mi cadenita de oro a Marvin y nos despedimos, ellos regresaron al frente y yo seguí rumbo a la capital de Guatemala. Fueron momentos en los que yo habitaba en esas regiones claro oscuras, donde se pasa de guerrillera a población civil, de los combates a la «normalidad».

En Guatemala operaban los escuadrones de la muerte por lo que no debería registrarme ni alojarme en ningún hotel. Así fue como me alojaron los compañeros en un colegio católico donde trabajaba una monja que colaboraba con la guerrilla. Esta monja es hasta hoy una buena amiga, con la que comparto inquietudes y visiones, y es además muy querida por toda mi familia. Lo primero que pedí en Guatemala fue un buen libro. Fuimos a la Librería Artemisa de la Zona 4 a comprar *El General en su Laberinto* de Gabriel García Márquez que relata los últimos días del Libertador Simón Bolívar. También me hice de más ropa civil, además Verónica me había enviado unas lindas sandalias y un vestido nuevo que usé por mucho tiempo.

El día que viajamos a Madrid fueron las elecciones en Nicaragua, por lo que cuando aterrizamos en Barajas y empezamos a oír noticias nos enteramos de la derrota electoral sandinista. Era una tragedia total en todo el movimiento de solidaridad español, asistí a varios eventos en los que se reflexionaba sobre el trágico acontecimiento. De Madrid viajé a Managua donde todo era tragedia. Ningún sandinista había imaginado esa gran derrota. Se hacían las más variadas reflexiones sobre el servicio militar obligatorio que debió ser derogado antes del día de las elecciones, sobre la gran presión económica y política que ponía sobre la revolución la agresión norteamericana a través de los *contras*. También sobre la separación del pueblo que se sentía en algunos sectores medios y superiores del FSLN, y sobre el gran respeto a la democratización y a la institucionalidad que había demostrado Daniel Ortega y el FSLN al reconocer la derrota.

Para el FMLN el asunto era claro, en adelante no podíamos contar con esa retaguardia como lo habíamos hecho hasta ese momento, y el trabajo diplomático tenía que pasar a realizarse desde México. El Gobierno mexicano aceptaba eso con la condición de que en su territorio no se desarrollaran acciones militares o de apoyo a lo militar, y que no nos metiéramos en los asuntos internos de México. El Gobierno de México era coherente con la Declaración Franco-Mexicana[1] y con su política exterior que era, en ese tiempo, no alineada y realmente muy independiente de la política de la Administración de Estados Unidos.

Leonel González me comunicó entonces que yo debería salir hacia México y organizar el colectivo de dirección del trabajo político diplomático y de solidaridad de las FPL, incorporarme a la CPD[2] del FMLN y coordinar todo el trabajo exterior del partido. Me explicó cómo, producto de la ofensiva del 11 de noviembre, se estaba abriendo una coyuntura de negociación estratégica que requeriría de mucho trabajo, de mucho seguimiento, de decisiones importantes, por lo que debería reunirme periódicamente con él y el colectivo de Comisión Política que estaba en Managua para el seguimiento de las negociaciones que tendrían como base de operaciones México Distrito Federal.

Un reencuentro diferente del soñado

La perspectiva de asentarme en México me puso de inmediato ante la reunificación inminente con toda mi familia. Ana Virginia ya se encontraba con mi mamá en México, Chepe se encontraba muy delicado de salud, en tratamiento regular en Estados Unidos, al parecer estable. Les llamé a México y les conté que pronto llegaría por la capital azteca. Hablé con Chepe quien me contó que saldría en unos días hacia Estados Unidos a su chequeo ordinario, me preguntó que si me esperaba o se iba. Yo le pregunté cómo se sentía, y me dijo que muy bien, entonces le sugerí que mejor fuera al chequeo médico y que al regreso nos veríamos, que no lo retrasara.

Arreglé mis papeles y salí en abril de 1990 para México. Cuando llamé a casa de mis padres para avisarles de mi viaje, la abuelita me dijo que mi mamá también estaba en Estados Unidos. Que sólo estaba ella con Vladimir y las niñas. No me pareció nada extraña su información. Al llegar a México me informaron que mi papá había caído repentinamente en coma y que mi mamá se había ido de emergencia hacia San Francisco, California. De manera que llegué a hacerme cargo del apartamento que teníamos en Coyoacán, de los cipotes y de mi abuelita que ya tenía noventa años. Y quedamos pendientes de las noticias de mi mamá. Yo no podía por ese tiempo ni soñar en viajar con ellos a San Francisco, ya que no tenía pasaporte legal, mucho menos visa para entrar a ese país.

Chepe no volvió a hablar, estuvo más de tres semanas en coma, acompañado de mi mamá, de los compañeros y compañeras de la ciudad californiana de San Francisco que le habían tomado mucho cariño. Cuenta mi madre que sólo reaccionaba un poco cuando ella le gritaba los nombres de su hijo y de sus hijas, o cuando le ponían un corrido dedicado a la *Brigada Felipe Peña Mendoza* o *El sombrero azul*. Fue operado de emergencia pero fue en vano, su cuerpo ya no resistía a la enfermedad, finalmente los médicos sugirieron desconectarle los aparatos que a esas alturas le cubrían todas las funciones vitales y mi mamá me llamó por teléfono pidiéndome que yo tomara esa decisión.

Hablé con Benito, nuestro médico que estaba en Estados Unidos, y le pedí que fuera a revisar el expediente médico de Chepe y su situación, y que me dijera si había alguna esperanza. A los pocos días Benito me habló llorando y me dijo que no había nada más que hacer. Fue así como me comuniqué con Angelita y le dije que estaba bien, que deberíamos desconectar a Chepe. La desconexión de aparatos fue programada para el 19 de mayo de 1990. Nos reunimos con mi abuelita y los niños a esperar la hora, la llamada de mi mamá informándonos que todo había concluido. También estaban con nosotros los compañeros y compañeras más cercanos, esperando la hora fatal. A eso de las cuatro de la tarde nos llamó mi mamá, Chepe acababa de morir, le habían puesto su corrido de la *Brigada Felipe Peña Mendoza* en una pequeña casetera, y murió oyéndola con el rostro tranquilo.

No le vi más, ¿por qué no se me ocurrió decirle que retrasara su chequeo para vernos? ¿Por qué siempre la maldita disciplina y la responsabilidad? ¿Por qué otra vez mi mamá sola en los momentos más terribles? La única diferencia era que en esta vez yo al menos apoyé cuidando de la casa, de la abuelita que rezaba todos los días por Chepe, de Vladimir, de Adriana y de Ana Virginia.

Cuentan que los funerales de Chepe en San Francisco fueron muy sentidos, pues mi papá tenía a mucha gente que le quería, sobre todo gente joven que miraba en él lo que yo siempre admiré, esa decisión de asumir lo correcto, de asumir lo nuevo, de no anquilosarse, esa gran alegría de vivir, la felicidad de la solidaridad y la hermandad, el entusiasmo por luchar y la severidad en el cumplimiento de sus principios y valores. Angelita arregló papeles para traer a El Salvador a mi papá, lo enterró en la tumba de la familia, y luego regresó a México. Iba destrozada, sin ánimos de nada, había perdido al amor de su vida, a su compañero de mil batallas, a su cómplice, a su todo. «¿Para qué arreglarme y maquillarme si ya no está Chepe?» Me comentaba. Para qué vivir si ya no está Chepe, pensaba.

A mí se me ocurrió decirle que el apartamento en que vivíamos era un desastre y que ella tenía que arreglar todo de nuevo, que no me gustaba como estaba. Lo hice para sacarla un poco de la depresión y fue algo efectivo pues se puso a realizar diferentes actividades para mejorarlo. Además le pedí apoyo porque «yo tenía que hacer mis tareas revolucionarias y no podía estar cuidando la casa y los niños». Es muy posible que eso le ayudara, ella asumió de nuevo sus tareas y sintió que tenía un motivo importante para continuar adelante, además la lucha continuaba en los frentes de guerra y no podíamos acomodarnos en el exterior y eso para Angelita era definitivo.

Cuando vi a Ana Virginia me sorprendí de lo hermosa que era; una niña robusta, blanca, pelo castaño rizado, muy hablantina y totalmente encariñada con su hermana Adriana y su hermano Vladimir. Le decían ellos la pequeña Buda. Adriana estaba entrando en la adolescencia y era muy rebelde, había desarrollado un carácter especial, que no terminábamos de comprender, por ratos muy amable y mimosa, por ratos agresiva. Pero con sus hermanos era muy pegada. Vladimir tenía el pelo rapado, y le gustaba mucho el rock pesado, y el metal, yo no entendía nada de su música. Además tenía la costumbre de regalar todo y/o cambiarlo por cosas viejas, lo cual nos enojaba a Angelita y a mí.

En los estudios ambos iban más o menos bien, no había nada de que alarmarse. Pero tenían según yo, costumbres no correctas, manías no revolucionarias, como eso de raparse... A mí, además, se me ocurría que eran tropa, y trataba de organizar «sesiones de crítica y autocrítica» y además que entendieran que «yo daba las órdenes»... ¡qué ridículo lo miro hoy en la distancia! Por supuesto que se revelaron y se frustraron mucho de la mamá que les había caído encima y que venía queriendo imponer temas y costumbres, y que no les comprendía, aparte de que ellos estaban acostumbrados a Chepe y a Angelita.

Sólo con el paso de los meses fui cayendo en la cuenta de que mi familia no era tropa, que los cipotes no iban a aceptar una jefa, que no podía trasladarles mecánicamente mis costumbres, que eran unas niñas y un niño, que vivían en el exilio y que eso tenía sus costos y sus ventajas. Que no estaban acostumbrados al trato que yo quería darles, en fin... fui aprendiendo a ser mamá.

Y los disfruté mucho, muchísimo, a los tres. En los ratos libres íbamos a pescar truchas en un arroyo cercano, en un bosque llamado «La Condesa», también íbamos a las aguas termales, o a escalar la pirámide del Sol y de la Luna en Teothihuacan, o a Tepoztlán a subir una pirámide que hay allí, a pasear al Parque de los Venados o al Parque Hundido, al teatro, o a Cuernavaca a bañarnos en alguna piscina, o simplemente a caminar en

Coyoacán. A veces los domingos nos íbamos a desayunar juntos a los Sanborns, famosos por su comida típica mexicana y sus buenas librerías. También me fui acercando a su mundo, a sus inquietudes, a sus resentimientos, a sus esperanzas.

Las niñas se adaptaron conmigo más pronto que Vladimir. Influyó mucho el hecho de que me fui a vivir con ellas a un apartamento diferente y dejé a Vladimir con mi mamá y la abuelita. Esta decisión la tomé pensando en que las niñas me necesitaban más y que las abuelitas no podían quedarse solas. Quizás por ello con Vladimir pasaron muchos años, antes de que finalmente estuviéramos en paz el uno con el otro.

Decidí recuperar el tiempo perdido con ellos, pero también supe que eso es imposible, que lo que una puede hacer es vivir bien y en armonía el tiempo que se tiene y no pretender que el pasado se puede recuperar. También reflexioné sobre cual debería ser mi actitud, y decidí ser una mamá «normal», ni culpable, ni extraordinaria, sólo ser mamá. Revisarles deberes, cuidar que se lavaran los dientes, acompañarles, regañarles como mamá, y sobre todo amarlos y que supieran que les amo.

El tiempo perdido, sí, es algo irrecuperable, pero no por ello es irrecuperable el amor, el amor siempre vive y se engrandece. Hace unos años Vladimir tomó un libro de cuentos de Ana Virginia y me dijo: «Anda, léeme un cuento antes de dormir», a mi me pareció que a sus veintiocho años bromeaba, y se lo hice ver, él me contestó: «En serio mamá, léeme un cuento, a mí nunca me has leído un cuento para que me duerma», con un nudo en mi garganta tomé el cuento de Pinocho y se lo leí, Vladimir se quedó profundamente dormido y yo le agradecí que a sus veintiocho años me hubiese dado esa oportunidad de madre que nunca antes tuve.

Comienza la negociación estratégica

El 4 de abril de 1990 se había firmado en Ginebra el acuerdo marco que estableció los criterios, los objetivos y la agenda de las negociaciones de paz entre el Gobierno y el FMLN. En ella se estableció claramente que ambos éramos partes iguales en la negociación, que tenía no sólo el objetivo de terminar el conflicto armado sino también la democratización de la sociedad, el respeto a los derechos humanos y la justicia social. Y que esa negociación sólo se rompería por acuerdo de las dos partes.

Con ese acuerdo se inició la ruta que concluyó el 16 de enero de 1992 en Chapultepec, México. Fueron dos años casi de intenso trabajo, las reuniones de diálogo entre el Gobierno y el FMLN se celebraron en su mayoría en México a excepción de una reunión en Venezuela en mayo de 1990 en la que se pactó el calendario y los temas a abordar, otra reunión tuvo lugar en julio de ese año en San José, Costa Rica, donde se tomó el acuerdo de Humanización del Conflicto, y la última en Nueva York en diciembre de 1991.

Yo trabajaba en la Comisión Político Diplomática (CPD) con Salvador Samayoa, Rafael Moreno, Ana Guadalupe Martínez, Nidia Díaz, Miguel Sáenz Varela, Roberto Cañas, Mercedes del Carmen Letona y Schafik Handal, que era nuestro jefe. Ese era el equipo permanente en México. Nuestro trabajo como CPD era atender a los organismos como la ONU y sus comisiones, la OEA, el CICR,[3] gobiernos de Europa y América Latina que apoyaban la solución negociada, y también atender contactos con la Administración Norteamericana y su Congreso y Senado.

También atendíamos a las agencias internacionales de prensa, a las organizaciones salvadoreñas sociales integrantes del CPDN,[4] a los partidos políticos salvadoreños, y a las organizaciones solidarias entre las que se destacaban CISPES,[5] la Iglesia Luterana, religiosos y sacerdotes católicos, otras iglesias cristianas, sindicatos de Europa, comités de solidaridad en Europa, movimientos autónomos, etc. Al mismo tiempo, preparábamos las reuniones de negociación, llevábamos seguimiento de los temas, preparábamos nuestras propuestas, las consultábamos con la Comandancia General del FMLN y luego se llevaban a la mesa de negociaciones, que era intermediada por la ONU.

A mí me tocó el trabajo de preparación de algunos temas como la elaboración de la propuesta del acuerdo de Derechos Humanos y el Económico Social, así como mantener las conferencias con las agencias de prensa y enviar información a los gobiernos del mundo sobre como avanzaba la negociación y buscar que éstos nos apoyaran en nuestras propuestas y presionaran al Gobierno de Alfredo Cristiani para que se comprometiera seriamente con el proceso de negociación.

Nuestra organización exterior era muy fuerte. Teníamos representantes en toda Norteamérica, Europa, África, los países socialistas, Panamá y Sudamérica. Era una vasta red de trabajo diplomático y de solidaridad mucho más efectiva que la Cancillería Salvadoreña, en eso les llevábamos ventaja.

México se convirtió en un gran centro de conspiración política en apoyo a la solución negociada. En el DF concurrían todas las fuerzas vivas de El Salvador a entrevistarse con nosotros, con el FMLN, a exponer sus puntos de vista sobre las negociaciones y sobre el contenido del futuro acuerdo de paz. Estas reuniones nos servían para valorar cómo avanzaba la situación política en el país, era obvio que se había despertado en la gente una gran esperanza de que finalmente hubiera paz y cambios profundos en el país. La gente pedía angustiosamente que llegara la paz, no quería más guerra, pero también exigía que llegaran cambios sociales y políticos, justicia y democracia, no quería seguir bajo la injusticia y la dictadura. Y esa relación entre paz y cambios marcaba la dinámica, las contradicciones y en general todo el proceso de negociación que nosotros empujábamos.

Se desataron muchas movilizaciones y demandas populares por la solución negociada, la dictadura era como un barco haciendo agua por todos lados, la gente se salía de los límites que le quería imponer el Gobierno y tomaba a la calle desafiando a los militares a pedir el cese de la represión, el respeto de sus derechos y la solución política negociada al conflicto. Monseñor Arturo Rivera y Damas y Monseñor Gregorio Rosa Chávez lideraron al pueblo católico en la búsqueda de la paz y fueron promotores del espíritu de paz, de justicia y de reconciliación. Ellos también viajaban a México a participar en debates y reuniones informativas.

Pero la guerra continuaba su marcha en nuestros frentes, el ejército y nuestra guerrilla seguían combatiendo. En noviembre de 1990 lanzamos otra ofensiva que golpeó seriamente a la dictadura militar y todos los días había enfrentamientos en las diferentes zonas. Algunos militares apoyaban la solución negociada, pero había otros que pretendían continuar con la guerra pues para ellos era un excelente negocio. Esa mentalidad guerrerista debía ser derrotada en la mesa de negociación y en el terreno militar, no era sencillo por consiguiente el proceso de diálogo.

En el FMLN también habían dudas. Recuerdo que Joaquín Villalobos nos criticó duramente haber avanzado en la firma del primer acuerdo sobre derechos humanos que se tomó en San José, Costa Rica.[6] Llegó a acusarnos de habernos rendido, según él, en aquel tiempo, los militares ganaban con ese acuerdo y el FMLN perdía su carácter revolucionario. Fueron arduos debates hasta que se comprendió que ese acuerdo humanizaba el conflicto, y sobre todo permitía que el pueblo tuviese la libertad de participar activamente en el proceso de solución política sin ser reprimido, sin ser encarcelado y torturado.

La dinámica de trabajo era muy intensa en México. Una semana en la reunión de diálogo, otra semana de descanso y evaluación, otra semana de preparación de las propuestas a la próxima reunión y de trabajo de acompañamiento, y nuevamente la próxima reunión de diálogo. Vivíamos todo el tiempo en movimiento, de México a Managua, de Managua a México. Y los de la CPD en los intervalos visitábamos las embajadas del Cuerpo Diplomático en México y eventualmente viajábamos a Europa o a Norteamérica para dar nuestros informes y buscar apoyos al proceso.

Como FPL teníamos varias oficinas en México, estando la oficina principal en la Colonia Plateros, cerca del Metro Mixcoac. También teníamos otras oficinas para trabajo de solidaridad y la oficina de nuestra agencia de prensa Salpress ubicada muy cerca del Ángel de Reforma. Yo vivía con Adriana y Ana Virginia en Lacandones, por la calle Agrarismo, muy cerca de la oficina de la CPD que quedaba en el eje 3 sur, también llamado Benjamín Franklin. Vladimir, mi abuelita y Angelita siguieron viviendo en Coyoacán en el apartamento que Angelita había comprado hacía algunos años.

Poco a poco se fueron consolidando algunos acuerdos. Al inicio de las negociaciones las reuniones eran meras escaramuzas, el Gobierno pretendía que únicamente nos desmovilizáramos y nosotros exigíamos que se cumpliera la agenda pactada. La representación del Gobierno en un inicio quizás creía que iba a «poner en orden» a un grupo de «comunistas terroristas» y de esa forma se expresaban los delegados del presidente Cristiani. Sus planteamientos chocaban con un intenso debate y un planteamiento de fondo sobre la justeza de nuestra lucha, sobre la necesidad de erradicar la tiranía militar, que era el principio de nuestra delegación encabezada por Schafik Handal. Esos acalorados debates generaban a veces escepticismo sobre el futuro de las pláticas con el Gobierno. Sin embargo, poco a poco las dos delegaciones fueron tomando conciencia de que del diálogo tendría que salir un acuerdo. Cada acuerdo fue muy difícil y muy debatido, ninguno fue fácil, pues la parte del Gobierno se limitaba a ponerle peros a nuestras propuestas y no llevaba ofertas propias. Uno de los más complicados fue el de la reforma constitucional, pues en ella acordamos reformar la Constitución de la República reduciendo drásticamente las funciones del ejército, disolviendo los cuerpos represivos, suprimiendo los espacios legales implícitos para la tortura y ratificando los derechos civiles y políticos que la Constitución vigente nos negaba. Esa reunión duró varias semanas, parecía que no iba a tener solución, recuerdo que el gobierno mexicano tenía un mariachi para celebrar el acuerdo de esa ronda, y el pobre mariachi nunca lograba tocar la pieza de celebración, pues cada vez que salían los delegados de las dos partes, salían con caras largas y enojadas a buscar nuevas salidas.

Schafik Handal era el jefe de nuestro equipo de trabajo en México y era un placer trabajar con él. Sabía organizar el trabajo, delegar responsabilidades y fomentar la iniciativa individual y colectiva. Nos preparábamos para las reuniones, y él decía, por ejemplo: «Con los misiles que nos han quitado nos han jodido en esta vez, así que entremos riéndonos para desconcertarlos» y así lo hacíamos, y efectivamente los del gobierno se ponían nerviosos y molestos de ver nuestra «felicidad». Era muy analítico de cuanto leía, de cuanto oía y veía. Así que las evaluaciones de las reuniones eran muy importantes, pues ahí con la conducción de Schafik precisábamos cual era el enfoque y objetivo del Gobierno, qué fisuras mostraban, en qué puntos podíamos ceder, cuáles se podían reformular para mantenerlos y cuáles definitivamente no podíamos cambiar en nada.

Rodrigón

El Padre Rafael Moreno fue un elemento clave, fundamental, en todo el proceso de negociación; él fue por más de diez años nuestro delegado ante la ONU, era así mismo el encargado del seguimiento y fundamentación del tema de derechos humanos, año con año preparaba el informe del FMLN ante la ONU sobre las violaciones a los derechos humanos y, mediante un intenso trabajo, lograba mantener la relatoría especial sobre el gobierno salvadoreño por estar en la lista de gobiernos violadores de los derechos humanos. Ya en el proceso de negociación fue uno de los principales redactores de los acuerdos, llevaba una memoria minuciosa de todas las reuniones y presentaba constantemente lineamientos para hacer avanzar la negociación.

Él había sido un colaborador muy cercano de Monseñor Romero, como sacerdote jesuita que es tiene una disciplina impresionante. Sin embargo, es un hombre jovial, muy dulce y también olvidadizo en las cosas cotidianas, yo quizás por eso me llevaba bien con él, pues entre los dos éramos un desastre andando, dejando grifos abiertos, cocinas encendidas, confundiendo la puerta del baño con la de salida, etc. No se puede hablar de los Acuerdos de Paz sin hacer mención del Padre Moreno, Rodrigón para nosotros.

México lindo y querido...

La vida en México era maravillosa, ahí una aprendía algo a diario. En sus periódicos había información seria de lo que ocurría en el mundo, leía con avidez los periódicos *La Jornada*, *El Día* y *El Excelsior*, entre otros. También había muchas librerías con libros excelentes, me encantaba escaparme a la Librería Gandhi o a la Librería Parnaso a buscar algún buen libro sobre política o una buena novela. Leí la biografía de Frida Kalho, la biografía de Isadora Duncan, la biografía de Mallinalli Tanepantli (La Malinche), *El elogio de la madrastra* de Vargas Llosa, *Trópico de Cáncer* de Henry Miller, y algunos otros. Pero también pude leer algunos libros sobre semiótica, *La estructura ausente* de Umberto Eco, y otros libros más. Pensaba yo que quizás debería haber estudiado letras, pues me sentía feliz leyendo tanto libro.

Por otra parte, me entró una onda de cocina que aún hoy no termina. Preguntaba cada día a mi abuelita sobre sus excelentes recetas de cocinas y las practicábamos juntas, los tamales, los pasteles pollo, su inigualable chumpe, hasta los frijolitos volteados y sus píos nonos. Decidí que debía escribirlas, por lo que tomaba nota de sus recetas. Y ella aceptaba de muy buen grado jugar a cocinar conmigo.

En México vivía una comunidad de refugiados políticos salvadoreños muy entrañable. Jorge Pinto, el dueño del periódico *El Independiente* y fundador del *Latino*, se encontraba entre ellos. El visitaba frecuentemente a mi familia con el capitán Pedro Guardado y el Ingeniero Manuel Reyes, golpistas de 1972, y comentaban cuanto ocurría en nuestro país y en el mundo. Sus pláticas me gustaban mucho oírlas, ya que siempre se aprendía algo nuevo con ellos.

Los refugiados y las refugiadas salvadoreñas estaban organizados, tenían talleres de autoayuda, cooperativas, asociaciones de mujeres y de esta forma se apoyaban mutuamente y apoyaban la solidaridad internacional con nuestra lucha. Fue con la organización de mujeres refugiadas que asistí en México por primera vez a un taller de género... ¿qué era eso? Ni recuerdo bien la explicación, pero supe que algo nuevo traería a mi vida esa teoría de género.

México había tenido su Revolución y su huella permanecía imborrable; había subsidios para los alimentos de la canasta básica, educación pública, centros públicos de arte; el seguro social y la salud pública eran indiscutiblemente mejores que en El Salvador. Existían tierras ejidales y comunales en manos de los campesinos, el petróleo no había sido privatizado, sus tacos eran más importantes que los Macdonalds, y, a pesar del sistema de control que el PRI tenía en todo el gobierno, también crecía una izquierda pujante representada en el PRD y el PT.[7]

En México las comunidades marginales tenían como líder a Superbarrio, un personaje que es un activista político y social, representado en un luchador de lucha libre enmascarado que promovía la movilización de las comunidades de la «Asamblea de Barrios» contra los desalojos de las viviendas. Peleaba en el Arena México contra otros enmascarados que representaban a los ricos y a la policía y los terminaba derrotando. Un superhéroe real que combatía junto a los pobres de la Ciudad de México. Un rollo increíble para nosotros que teníamos esquemas más rígidos de organización. Cuando lo conocí creí que era algún cómico que iba a realizar algún teatrillo, y me sorprendí mucho cuando me enteré que él presidiría la reunión en la que se dio un reconocimiento al FMLN por parte de las Asambleas de Barrios. Hay quienes afirman que el subcomandante Marcos y Superbarrio tienen en común ese aura de superhéroes populares que es muy tradicional en México.

Las mujeres estábamos despertando

En México tuvimos una reunión varias mujeres de la organización, la mayoría eran compañeras que trabajaban en lo urbano, en la clandestinidad. Ellas nos explicaron que se habían organizado ya algunos colectivos de mujeres que planteaban sus demandas propias y estaban desarrollando su visión de género, que la teoría de género era un importante descubrimiento para nosotras que nos permitiría tener herramientas para luchar por nuestra liberación.

Discutimos mucho y llegamos al acuerdo de que cuando se firmara la paz haríamos una reunión de mujeres en San Salvador para organizarnos y luchar por nuestros derechos. Ángela Zamora y Gracia María Rusconi eran esas mujeres que me abrieron más los ojos en ese año de 1991.

La guerra tocaba a su fin

A mediados de 1991 la Comandancia General del FMLN preparaba decretar una tregua indefinida que pusiera en claro nuestra voluntad de avanzar hasta una solución definitiva y que presionara al gobierno salvadoreño a avanzar en los temas pendientes.

Vivíamos en un momento crucial, de mucha responsabilidad. Sabíamos que lo que se firmara sería la cosecha de muchos años de lucha, de sangre y sacrificio de nuestro pueblo, y que debería estar a la altura de todo el heroísmo y sufrimiento de nuestros hermanos y hermanas. Por otra parte se avecinaba un cambio radical en el FMLN, deberíamos convertirnos en partido político, y también se avecinaba un cambio radical en nuestras vidas, pues dejaríamos las armas, la clandestinidad, los colectivos y los campamentos; deberíamos volver a vivir con nuestras familias y reasumir las obligaciones y en general la vida cotidiana, como todo mundo.

Un día de esos tuve una pesadilla, la pesadilla era que ya se había firmado la paz y me llegaban a decir unos compañeros que teníamos que abandonar el campamento guerrillero, y yo les preguntaba angustiada que cuando nos íbamos a volver a ver, y ellos me decían que no se sabía, que deberíamos irnos a nuestras casas. Y yo me desperté angustiada... O sea que en el sueño era una gran tragedia dejar a los camaradas para volver con la familia.

Me reprochaba ese doble sentimiento que me ha acompañado toda la vida, entre la vida familiar y la vida en el FMLN. A veces estando en México miraba el cielo estrellado y sentía una ausencia de montaña y aire tremendas y quería volar hacia los frentes de guerra, y luego miraba a Ana Virginia dormida a mi lado y me preguntaba a mí misma el por qué de esa conducta tan contradictoria.

La reunión de negociaciones de paz en el pueblo de San Miguel de Allende fue muy importante. En ese pequeño y maravilloso pueblo colonial se trabajó mucho en la creación conceptual de la nueva Policía Nacional Civil. Las partes habíamos reflexionado mucho sobre los nuevos conceptos de seguridad que deberíamos impulsar y las características de este nuevo cuerpo que dejaría atrás las prácticas de corrupción, tortura y muerte que prevalecieron en los cuerpos policiales represivos de la dictadura militar. Ese pueblo alejado del Distrito Federal, con una tranquilidad absoluta, fue el sitio ideal que sabiamente ofreció el gobierno mexicano para esa reunión de diálogo. Con sus calles empedradas, sus iglesias coloniales, albergó por unos días a los representantes más antagónicos que hayan existido en El Salvador y quizás en Centro América.

Se comenzaba a discutir también el Plan de Reconstrucción que debería impulsarse inmediatamente después de firmada la paz, así como los temas relacionados con la reinserción de los excombatientes de ambos bandos. El final estaba cerca, ya teníamos «en el congelador» acuerdos sobre cuerpos de seguridad, reforma constitucional, reforma electoral, derechos humanos, se estaba discutiendo el tema económico social, de fuerza armada nos quedaban todavía cosas importantes, pero era obvio que ya no había marcha atrás. Sobre todo en la derecha civil había un repudio a los militares y deseaba ansiosamente desembarazarse de ellos, además la economía no soportaba ya mucho tiempo más en guerra, teníamos tasas negativas de crecimiento y la burguesía misma había comenzado a sufrir las repercusiones de la guerra. Y, por nuestro lado, la reflexión se daba en torno al hecho de que habíamos asaltado y destruido brigadas enteras del ejército, asaltado y aniquilado batallones, controlábamos casi la mitad del territorio nacional, sin embargo, tampoco los militares se rendían. Estábamos en un empate militar permanente, sin posibilidades para ninguno de superarlo.

Políticamente estaba claro que las fuerzas democráticas y progresistas estábamos ganando la batalla de la democracia, de sacar a la dictadura militar y construir una nueva nación sobre bases nuevas, donde la participación, los derechos humanos, civiles y políticos, fuesen la norma permanente. Donde la libertad no buscara la sangre, sino su genuina expresión en el pluralismo, la libre organización, movilización y expresión de todo el pueblo. La guerra llegaba a su fin, había que prepararse para ello.

Jesús Rojas «Chusón»[8]

Jesús participaba con nosotros en el equipo negociador de los acuerdos de paz, había sido destacado para ese trabajo desde hacía unos meses. En abril de 1991 la Comandancia decidió enviar a Jesús al interior para que se entrevistara con los diferentes mandos guerrilleros, les informara sobre el avance de las negociaciones, recogiera sus puntos de vista y volviera a México para comunicárnoslos y analizarlos.

Jesús junto a catorce compañeras y compañeros fue emboscado por el Batallón Atlacatl el 11 de abril en Nueva Trinidad, Chalatenango. Fue una operación especial, muy similar a la que en 1986 el mismo batallón ejecutara en contra de mi hermana Susana. Jesús murió en el instante, al igual que la mayoría de acompañantes, muy pocos lograron salir ilesos.

Tal como lo afirmamos en ese momento, esa operación enemiga buscaba desestabilizar el proceso de negociación, pues el Alto Mando tenía pleno conocimiento de que Jesús Rojas se encontraba en la población de Arcatao, cerca de Nueva Trinidad. El asesinato de Jesús y sus acompañantes fue, sin lugar a dudas, una operación política del Alto Mando que buscaba entorpecer el clima de la negociación y tratar, echando mano de métodos criminales, de sacar ventaja político-militar que no había podido conseguir en diez años de guerra.

Al contrario de lo que pretendía el Alto Mando del ejército gubernamental, ese crimen nos confirmó plenamente la justeza y necesidad de la lucha del pueblo salvadoreño por la justicia, la libertad y la democracia, como condición indispensable para alcanzar la paz.

Para mí era ya como lo último que me podía ocurrir. Era mi último hermano y también moría abatido por las balas del régimen. Decidí pedir permiso para irme de inmediato a Managua a esperar la llegada de los restos de Jesús, acompañar a su compañera, Raquel, y participar de sus funerales, pero en condición de doliente... pedí a Leonel González que no me encargara ni declaraciones de prensa, ni nada, sólo quería llorar tranquilamente por mi cuñado, por mis cuñados, por mis hermanas, por mi hermano, al menos podría presenciar la despedida de Jesús. Recuerdo que me salí de una reunión de negociación y me fui a Managua, y cuál no sería mi agrado al ver en la sala del aeropuerto de México que me acompañaban Miguel Sáenz y Mercedes Letona que también iban a Managua a los funerales, ya me sentí mejor, no iba sola, iban los compas conmigo.

El pueblo le rindió tributo a Jesús. Lo escondieron en las montañas por varios días, sortearon varios operativos enemigos, hasta que finalmente el embajador de Nicaragua, Luis Cardenal, tío de Jesús, pudo entrar con salvoconducto a la zona guerrillera, retirar los restos del compañero y finalmente llevarlos a Managua, a su tierra natal donde hoy descansa. Le despidieron con una misa popular en Arcatao, hasta donde llegó el embajador, Raquel y Julio Cardenal, su hermano, quien no pudo con tanto dolor y se suicidó a los pocos meses de muerto Jesús.

Hace poco Rosita Valiente me mostró a un joven espigado, blanco, cabello castaño lacio, mirada entre tímida y alegre, con hermosas facciones. Es Gabriel, me dijo, el hijo de Jesús. Me alegré mucho y lo abracé, aunque no sé si lo asusté o me entendió a que se debía tanta felicidad de mi parte. Y es que celebro que entre todos y todas logramos salir adelante en medio de tanta dificultad. Este es el caso de Gabriel, con una vida nada fácil, pero saliendo adelante.

7

Chapultepec… el gran final… la paz… la esperanza

El 31 de diciembre de 1991, a las doce de la noche, después de detener el reloj de la oficina del Secretario General de la ONU, Javier Pérez de Cuellar, se firmó la última parte de las negociaciones de paz en la sede de la ONU en Nueva York. Detalles pendientes se deberían resolver entre esa fecha y el 16 de Enero que sería cuando se firmarían oficialmente los acuerdos de paz entre el Gobierno y el FMLN.

La noticia nos llegó al colectivo que nos quedamos en México DF en la misma madrugada, minutos después. La guerra había terminado. Estábamos juntos Diego, María Elena, Dieter, mi familia y muchos compañeros más que nos habíamos congregado a celebrar el Año Nuevo y esperar los resultados de esa noche decisiva para El Salvador. Al día siguiente leí en los periódicos que los combatientes del FMLN habían celebrado en sus campamentos el acontecimiento, que el pueblo se había volcado a las calles a festejar, que se organizaban conciertos populares, que las organizaciones sociales estaban optimistas, que los policías y soldados estaban en franco desconcierto, y que había una especie de caos de felicidad en todo el país.

Al ver las fotos de mis compañeros combatientes en los periódicos me puse a llorar, ¿qué hacía yo en México al final de la guerra? Los medios de comunicación se referían al «exilio», a los representantes diplomáticos, y yo me sentía inconforme de estar en ese momento fuera de mi país, y además que me consideraran en el paquete «de los de afuera». Sin embargo, inmediatamente nos dispusimos a asumir las tareas que ese momento nos planteaba, y que eran de diferente tipo: desde organizar la lista de invitados a la firma en Chapultepec, discutir y diseñar los lineamientos políticos del nuevo período en que habíamos entrado, conscientes de que el cumplimiento y profundización de los acuerdos era un objetivo estratégico a perseguir, hasta discutir como regresar de inmediato al país, donde vivir, qué hacer con mi familia, etc.

No fue fácil resolver bien el asunto de la lista de invitados del FMLN. Fue una especie de telenovela tragicómica que no olvidaré y que me dio muchas lecciones de diplomacia. El Gobierno de México auspiciaba el evento, por lo que cancillería llamó a la CPD para decirnos que el Palacio de Chapultepec sería el escenario y que le cabían creo que ochocientas personas, por lo que el gobierno anfitrión invitaría a unas trescientas y el gobierno salvadoreño y el FMLN deberían invitar doscientos cincuenta cada uno.

Nosotros nos asustamos por el número «tan pequeño» de invitaciones pues teníamos la intención de compartir ese momento con centenares de dirigentes de las organizaciones sociales y políticas del país, con los comités de solidaridad que por años nos acompañaron en el exterior, con al menos una importante representación de los mandos militares de la guerrilla, con pastores, religiosas y religiosos, obispos que también habían desarrollado una gran labor humanitaria, con los líderes de los ayuntamientos de las ciudades hermanas de las poblaciones en guerra, con los partidos de izquierda que fueron solidarios, y la dirigencia de las cinco organizaciones del FMLN.

Pero el Gobierno de México nos pidió una lista de doscientos cincuenta. Nos llovían reclamos y solicitudes, nos tocó hacer criterios de invitados: los invitados por los cinco partidos y los invitados por cada partido. Después de muchos debates logramos configurar una lista y la presentamos en la Cancillería de México. La respuesta fue que deberíamos reducirla a ciento cincuenta porque no cabían tantos, que había un error, y volvimos de nuevo a recibir reclamos de quienes ya no iban en la lista, y al final nos dijeron que nuestro cupo sólo sería de cien, así que la lista definitiva se entregó a la media noche del 15 de enero. Pero centenares de personas estaban ya viajando a México para compartir de cualquier manera ese histórico momento. Había tristeza, felicidad, incertidumbre, esperanza, muchos sentimientos encontrados en es histórico momento. Fue tanta la gente que llegó que el FMLN hizo una celebración especial para todos en el Gran Auditorio del Museo Antropológico de México y un gran mitin en el Hemiciclo Juárez en el centro del D.F.

Mi hija Ana Virginia, entonces de cuatro añitos, me preguntó: «Mami: ¿qué quiere decir que ya terminó la guerra? ¿Por qué están celebrando?». Yo le contesté que había llegado la paz y que eso sería bueno para todos y todas, en especial para los niños. Entonces me comentó, que a lo mejor ya firmada la paz ella ya no se orinaría en la cama... Eso me hizo mucha gracia.

Se firmó la paz en solemne acto en el Palacio de Chapultepec, donde cayeron los Niños Héroes defendiendo a su patria; asistimos todos los integrantes de la Comisión Político Diplomática, y muchos lloramos desde que inició el acto hasta el final, pues en ese momento se nos vinieron encima los años de lucha, de muerte, de sacrificio de todo nuestro pueblo, y desfilaban ante mis ojos, como en la niebla los rostros de los y las caídas, ahí estaban todos y todas también presenciando ese momento.

Pasados unos días, una mañana decidí ver hacia mi alrededor, en mi entorno, y no pude continuar evitando la necesidad de verme, la guerra había terminado, y ahora mi familia entraba a vivir de otra manera, y se había reducido al mínimo, sólo éramos mi abuelita, mi mamá, mi hijo, mis dos hijas y yo. Y yo que era la menor de mi casa, ahora era la responsable de este clan, que debía continuar y salir adelante. Fue dura esa constatación inicial. Luego vinieron otras interrogantes: ¿Dónde vamos a vivir? ¿Cómo volver a nuestro país? ¿Qué tengo? ¿Qué tenemos para empezar esta nueva vida? Recuentos que no me preocuparon en la guerra, ahora afloraban: ¿casa? Si, nuestra casa estaba todavía, semi abandonada y en ruinas, pero estaba, otros y otras no tenían nada, absolutamente nada.

¿Cómo van a estudiar las niñas y Vladi en El Salvador? No tenían legalizado ni un solo papel para validar sus estudios en nuestro país. ¿Cómo trasladar a mi abuelita con los noventa años encima? Todas estas preocupaciones, que antes no teníamos ahora surgían potentes ante nosotros.

En el plano político, en el partido trabajábamos intensamente planificando nuestra inserción a la lucha política, la fundación legal del FMLN, cómo funcionaríamos legalmente la dirigencia del FMLN, qué recursos y organizando nuestras tareas fundamentales, sobre todo el cumplimiento de los Acuerdos de Paz y el fortalecimiento del partido. También había asuntos prácticos, urgentes, como garantizar los recursos para la reinserción de los miles de combatientes a la vida civil, la entrega de tierras, de créditos, de capacitación laboral y formación académica; la atención de los lisiados, de los huérfanos y las viudas.

Se sabía de sectores recalcitrantes y guerreristas que querían sabotear el proceso, y los escuadrones andaban (y andan) sueltos. Esa amenaza era motivo de preocupación y reflexión, pero la decisión estaba tomada, pelearíamos en la paz por medio de la lucha política los temas no resueltos en la negociación y empujaríamos con todas nuestras fuerzas el fiel cumplimiento de los acuerdos de paz, muy en especial los de fuerza armada, cuerpos represivos, democratización, derechos humanos, civiles y políticos.

De vuelta a casa

Después de la firma de la paz, viajamos hacia El Salvador para asistir al inicio del cumplimiento de los acuerdos. Fue el primero de febrero de 1992. Volamos la Dirección del FMLN que nos encontrábamos en México en el avión presidencial «Emiliano Zapata»: Schafik Handal, Miguel Sáenz, Salvador Samayoa, Rafael Moreno, Ana Guadalupe Martínez, Nidia Díaz y otros compañeros y compañeras. Nos acompañaba una delegación de CISPES y otros compañeros europeos.

Fue muy emocionante para nosotros volver a nuestro país, además usando nuestros nombres legales. Cuando el avión iba a aterrizar pude ver el edificio y pista del aeropuerto totalmente rojos, era una masa de banderas ondeantes compactas que se habían tomado todo el edificio. Allí nos esperaban los compañeros de San Salvador y Leonel González; la seguridad del aeropuerto estaba en manos de nuestros compañeros. En la pista nos entregaron ramos de flores hermosísimas, y había una valla roja de pueblo, desde el aeropuerto Comalapa hasta San Salvador. ¡Ganamos la Paz! ¡Conquistemos la Democracia! Gritaban a coro. ¡Que viva el FMLN! ¡Que viva!

Fuimos directamente al Hotel El Salvador, donde estaba ya el dispositivo de Naciones Unidas que dirigiría la verificación del cese al fuego y la ejecución de los acuerdos. Desde el hotel fuimos enviados a residencias de embajadores del Grupo de Países amigos de la negociación. Nidia, Fermán Cienfuegos, Margarita Sancho y yo fuimos alojadas en la Embajada de Venezuela. El embajador de ese entonces nos atendió y alojó amablemente durante más de una semana. La idea era tenernos bajo protección diplomática los primeros días para valorar si había intentos de matarnos o algo así.

Hubo un gran mitin de bienvenida en la Plaza Barrios frente a la Catedral Metropolitana. En ese lugar emblemático de la ciudad estaban guerrilleros que habían llegado por fin libres, en camiones y buses, destruyendo cuanta casamata militar hallaban en el camino, organizaciones sociales, grupos de artistas, religiosos, pueblo, y muchos amigos y familiares de compañeros y compañeras buscando a sus amigos, hijos e hijas, hermanos, tíos, que se habían ido a la guerrilla y tenían años de no ver. Había reencuentros emocionantes, la gente lloraba de felicidad. También otros deambulaban con la foto de su hijo o hija que no aparecía por ninguna parte. Los policías y soldados estaban alegres y desconcertados pues sabían que muy pronto su situación iba a cambiar, pero la mayoría, los que no eran escuadroneros se mostraban contentos. Ese tiempo era de felicidad compartida, toda la nación tenía una sonrisa, el sol de la paz había iluminado la larga noche de guerra y muerte.

Salí del mitin y Eduardo Espinoza que había llegado también al mitin me ofreció que fuéramos a cenar, le acepté a condición de que antes me llevara a ver a la mamá de Dimas. Fui a buscarla esa noche a su humilde casa en Ciudad Delgado, le llevaba de regalo mi pañoleta roja. La encontré viendo por televisión la gran concentración del FMLN y cuando me reconoció me dijo: «Qué alegría, yo pensaba que un día así vendría Hernán a abrazarme, pero ha venido usted que es lo mismo» y me abrazó llorando. Y es que todas las madres de guerrilleros y guerrilleras esperaban ese día la llegada de su hijo o hija a la casa.

Volví a México a traer a las niñas y a organizar mi traslado completo a San Salvador, decidí que no podía perder un solo día sin regresar. Vladimir no quiso volver conmigo, no le apetecía en lo más mínimo. Mi mamá opinó que mientras Vladi no se viniera, ella y la abuela se quedarían. Además no tenían claro donde se alojarían en El Salvador, pues nuestra casa estaba ocupada por otras personas. Tomé mi carrito volkswagen y ahí nos vinimos Rhina Clará, Ana Virginia, Adriana y yo, más un compañero con el que me turné para manejar todo el trayecto desde México. Llegamos a la casa de unos colaboradores que estaban por abandonarla, de ahí pasamos a otra vivienda clandestina que también fue desalojada, más tarde a otra casa de colaboradores donde nos dieron un cuarto y, finalmente, logré alquilar una casita para irme a vivir ahí con las niñas. Ellas ya estaban cansadas de cambiar de casa cada tres semanas o menos, así que se sintieron contentas cuando les dije que ahí nos quedaríamos algún tiempo.

Decidí que si mi hermana Ana Margarita ya no aparecería al menos deberíamos lograr que la Comisión de la Verdad esclareciera su desaparecimiento y se lograra una amplia explicación de la verdad sobre todos los crímenes cometidos por la dictadura militar. Así que me dediqué de inmediato a organizar un equipo que preparara la mayor cantidad de reportes posibles sobre crímenes para entregar a la Comisión de la Verdad. Nos asesoramos con un prominente jurista experto en la Comisión que hizo este trabajo en Argentina y de esta forma trabajamos intensamente documentando asesinatos, masacres, desapariciones. Entregamos miles de testimonios que documentaron estos hechos, los cuales fueron recibidos y verificados por la Comisión de la Verdad, dentro de ellos el caso de mi hermana Ana Margarita. Fui a entregarlo a la Comisión Adhoc de Depuración de la Fuerza Armada y a la Comisión de la Verdad. Expliqué a los funcionarios de la ONU que no quería venganza, que no más quería saber donde habían dejado enterrada a mi hermana y si mi sobrino nació y si vivía aún.

Yo quería creer que eso ablandaría el corazón de los asesinos y me darían esa información, garantizando de mi parte que no pretendía nada más que eso. Fui ingenua, la Comisión de la Verdad confirmó que mi hermana fue capturada y asesinada por el ejército, concretamente bajo las órdenes del general

Palacios de la Primera Brigada de Infantería en 1981, pero esos datos los aportó el folder que mi mamá me entregó para presentarlo. Nunca supimos nada de dónde fue enterrada o tirada mi hermana, mucho menos sobre mi sobrino o sobrina. Sin embargo, ese mes fue atacada mi nueva residencia, un grupo de hombres armados llegó de mañana y pretendió matar a mi escolta y llevarse mi vehículo; por suerte no lograron su objetivo y nadie salió herido en mi casa.

Por ese mismo tiempo también nos reunimos las mujeres de las FPL tal y como lo habíamos acordado en México para crear una organización femenina revolucionaria. Yo no tenía muy claro que perfil le daríamos, pero tenía la convicción de que debíamos organizarnos.

Los grupos feministas nos invitaron a una reunión a las comandantes del FMLN y asistimos Nidia Díaz, Ana Guadalupe Martínez y otras. Por las organizaciones de Mujeres asistieron Morena Herrera, Isabel Ramírez, Isabel Ascencio, Angélica Batres y otras. Ahí empecé a despertar con más fuerza en mis inquietudes feministas. Ellas nos reclamaron que en los Acuerdos de Paz no hubiera ni una coma para las mujeres. Que en el FMLN no había muchas mujeres en la dirección. Que la violencia intrafamiliar iba a continuar a pesar de los acuerdos. Que la agenda de las mujeres no estaba registrada en la agenda de la izquierda. Que la paternidad irresponsable y la violencia de género también eran «patrimonio» de los hombres de izquierda. Para nosotras fue un golpe, pues no habíamos reflexionado crudamente sobre esta situación, además fue el único encuentro en que nadie nos felicitó, todo era reclamo.

Las Mélidas

El 25 de julio de 1992 realizamos en San Salvador una asamblea de tres mil mujeres donde fundamos el Movimiento de Mujeres Mélida Anaya Montes, yo era su primera presidenta, cargo que ejercí hasta el año 2000, e Irma Amaya fue electa como Coordinadora del Movimiento. Vinieron de todos los departamentos, sobre todo mujeres de las FPL. Me impresionó la acogida positiva que tuvo esta convocatoria y la esperanza que había en el rostro de todas, algo había que nos provocaba esa necesidad de juntarnos... pronto comenzamos a constatar que era ese algo.

En los programas de transferencia de tierras del FMLN las mujeres no aparecían en los listados, las tierras se las daban a sus maridos, a sus hijos, o a hermanos o padres. Esto era una norma no escrita que estaba operando por todos lados. Las combatientes se estaban quedando sin acceso a la tierra. En los planes de formación laboral a las combatientes les ofrecían panadería, cosmetología, corte y confección. A los hombres les tocaba mecánica, motoristas, agricultura, soldadura y reparación de electrodomésticos, y además las mejores tierras. Igual estaba ocurriendo con los créditos. Además, de un día para otro, la mayoría de compañeras se vieron reducidas de nuevo a cocineras, lavanderas, cuidadoras de sus niños y niñas. Y los compañeros volvieron a la rutina general de todo hombre salvadoreño, desligado de las tareas del hogar, dedicado al trabajo fuera de la casa, a la diversión y en algunos casos a la política. Las mujeres fueron en su mayoría encerradas de nuevo en el estricto ámbito doméstico. Surgieron demandas de cuotas alimenticias a compañeros que no querían colaborar económicamente con la manutención de sus hijos e hijas. En la ex guerrilla urbana el panorama era esencialmente el mismo.

Era para mí mucho en poco tiempo. Estaba encarando una situación que jamás había imaginado como posible en mi mundo de adolescente pequeño burguesa y luego como comandante en la guerrilla. Yo pensaba que el asunto era aclarar conceptos y concientizar. Sin embargo, con el paso de los meses me enteré que el asunto era de relaciones de poder entre los géneros, que era un asunto del sistema político, económico y cultural que debemos transformar. UNICEF junto a la Fundación 16 de Enero F16 realizó una investigación muy reveladora sobre la situación de las excombatientes del FMLN en el primer año de postguerra que puso en evidencia todas estas situaciones de las mujeres desmovilizadas de la guerrilla.

Las Mélidas comenzamos de inmediato a movilizarnos y a protestar por estas situaciones, a pedir que las mujeres fueran tomadas en cuenta en la reinserción a la vida civil de manera igualitaria. Además comenzamos a estudiar teoría de género con apoyo de una excelente feminista, la compañera Clara Murguialday.

Las organizaciones feministas que no contaban con militantes del FMLN nos miraban con recelo, nos consideraban una maniobra política partidaria, nos criticaban por seguir en el FMLN y por luchar por otros temas que no fueran específicos de mujeres. Sin embargo, nosotras fuimos perseverantes en profundizar nuestra lucha feminista autónoma desde Las Mélidas y luchar junto a todo el pueblo por el cumplimiento de los acuerdos de paz y trabajarle correlación a nuestras propuestas al interior del FMLN. No fue ni es fácil. Sin embargo, fruto de todas esas luchas logramos las cuotas de participación política en el FMLN y una política de género muy avanzada que se ha expresado a lo largo de toda la estructura y actividad política del partido. Hoy en día hemos retrocedido, las mujeres hemos perdido terreno en el FMLN y se impone de nuevo el reto de recuperar nuestras conquistas y alcanzar nuevos escalones.

En lo cotidiano, en el FMLN, muchos creían que yo me había hecho lesbiana, lo que según ellos es una gran desviación; otros decían que estaba resentida con los hombres porque no tenía marido por ese tiempo; otros creían que la caída del muro de Berlín nos había hecho perder la perspectiva. Es decir, muchos no comprendían o no aceptaban que las mujeres debemos visibilizarnos como sujetas activas de los cambios, del desarrollo con derechos humanos propios que debemos ejercer y hacer respetar. Sin embargo, yo estaba feliz. Había encontrado una explicación a nuestra discriminación, además el feminismo es irreverente, crítico, humano, de manera que yo estaba «en mi charco» y nada de esas críticas me calaron. Mi cabeza y mi cuerpo son míos y para auto determinarse los pueblos, deben auto determinarse las personas, y lo primero que yo debo auto determinar es mi vida, mi cuerpo… que es el primer espacio donde existo. ¡Se me había hecho la luz y no estaba dispuesta a que nadie me la apagara!

La pedí a Silvia Matus que me llevara a «conocer el feminismo» y fuimos juntas a Managua a hablar con cuanta feminista conocíamos para intercambiar experiencias. Mi conciencia se fue aclarando más. No había un enfoque único, nosotras deberíamos construir una política feminista, de izquierda, adecuada a nuestra realidad. Todavía ahora siento la necesidad de seguir profundizando, pues a veces en algunos círculos la tentación es la de renegar de todo lo que hicimos las mujeres guerrilleras en el conflicto, y considero que eso es un grave error pues también con esa lucha fuimos parteras de la época de la democracia y es un mérito que no debemos devaluar, ni invisibilizar.

También comprendí que todos esos años en mi militancia personal no había registrado mi condición de mujer, que yo funcionaba para efectos prácticos del trabajo y toma de decisiones como cualquier compañero varón, que me había hecho falta tener una visión diferente para fortalecer a las mujeres en la organización, o al menos para impedir donde yo ejercía el mando las prácticas discriminatorias. Me sentía obligada a rectificar y a procurar una política y una actitud diferente en el FMLN, por ello promovimos la Secretaría Nacional de la Mujer, de la cual fui su fundadora y primera Secretaria.

Las Mélidas, Mélida por siempre

El Movimiento de Mujeres Mélida Anaya Montes, lleva el nombre de una de las mujeres que más ha influido en mi vida, y que considero es la mujer más emblemática de las luchas populares de la segunda mitad del siglo pasado, junto con Prudencia Ayala, la primer mujer que quiso ser candidata a la Presidencia en El Salvador a principios del siglo XX. Ambas constituyen la referencia histórica más relevante de cómo una mujer puede sobreponerse a los roles tradicionales y contribuir a la emancipación de los pueblos y en particular de las mujeres.

Mélida, nuestra Comandante Ana María, además fue una mártir de la unidad de las fuerzas de izquierda y una mártir defensora de la libertad de conciencia, del derecho al criterio propio, de la ética y del desapego. Como dirigente del movimiento social más significativo del último siglo y como miembro de la Comandancia General del FMLN aportó a la creación del concepto de la lucha de todo el pueblo en mi país. Fue además un constante canto a la vida, una oda a la alegría y una espada contra la opresión.

Fue asesinada por órdenes de Salvador Cayetano Carpio, Marcial, quien fue en otro tiempo mi mentor. Pero no quiero hablar sobre él, quiero destacar que curiosamente fuimos las mujeres las que la regresamos a su sitial de honor, y la devolvimos a la tierra donde nació. Tuvimos que ser Las Mélidas, las que trascendimos la visión de la historia oficial de la intriga de su asesinato, para resucitarla entre nosotras, las jóvenes y las adultas, que hoy, cómo ella, nos burlamos del poder autoritario, nos reímos de la hipocresía y proclamamos el derecho de nuestro pueblo a una vida digna y soberana y afirmamos nuestra autonomía.

No podía ser de otra manera, mientras muchos hablan de las virtudes o defectos de su asesino, muy pocos destacaban la calidad y personalidad de Ana María, que junto a Schafik Handal son hoy en día los más grandes líderes del FMLN en lo que ha sido su existencia. Pero las mujeres lo hicimos, las mujeres hacemos justicia a las mujeres.

Dieciocho años después

Regresé a mi casa materna a finales de 1992, dieciocho años después de haber salido de ella. Estaba semi destruida y en total estado de abandono, el jardín y los cuartos interiores eran un inmenso basurero, muchas paredes estaban afectadas por los últimos terremotos, y las raíces de un inmenso árbol de fuego que creció a sus anchas en el patio habían atravesado las tuberías y reventado los pisos de los cuartos. Inmensas ratas y ratones corrían por todas partes, parecía la casa de los monstruos. Cuando logré entrar a ella por primera vez me embargó una gran tristeza, la recorrí y reconocí de punta a punta, miraba los sitios de nuestros juegos, nuestros dormitorios, el techo al que nos subíamos a jugar, todo ello era ahora un sitio como de un pueblo fantasma, aun cuando en el resto de casas del vecindario la vida transcurría normalmente.

Decidí repararla y para ello pedí un préstamo, y mi mamá me envió todos sus ahorros para que concluyera esa reparación que salió casi igual de cara que construir casa nueva. Tardamos un año en tenerla en buenas condiciones. El regreso a mi cuadra fue muy agradable, los vecinos y vecinas salieron a saludarme con el rostro sinceramente alegre de que una de los Peña volviera con vida de la guerra, y al poco rato ya estábamos bromeando como en los viejos tiempos. Entonces volví a ser Lorena, pues en mi cuadra nadie me llama Rebeca.

Me organicé como pude con las niñas, pues Vladimir se quedó en México y no quiso regresar sino hasta en 1997. Fui al colegio donde estudié y las hermanas oblatas me aceptaron a las niñas sin sus papeles para iniciar sin dilaciones el año escolar.

Continué con mi trabajo internacional diplomático, pero ya con la firme decisión de crear condiciones para trasladarme a tareas internas en el país. Poco a poco me fui colando en la Comisión de Organización y Educación hasta que finalmente pedí salir del trabajo en el exterior, y es que comprendí que las niñas se desestabilizaban tremendamente con mis salidas del país y cada regreso era como volver a empezar. Ese año me propuse juntar los huesos de mi familia y fui a Chalatenango a buscar los restos de Susana. Un buen día viajé hasta Cuevitas y fue muy impactante que desde que entré al Cantón un grupo de niños me rodearon como mariposas y me condujeron sin que yo les preguntara hacia la casa donde estaba el predio en el cual permanecía enterrada clandestinamente mi hermana. La familia me recibió con cariño: «Ya la esperábamos cualquier día» dijeron, y me guiaron hasta la tumba de Susana y Paty que habían sido enterradas juntas.

Luego organicé varias expediciones de búsqueda de los restos de Dimas al volcán de San Salvador, fueron varios viajes, pues el monte había crecido y los árboles que teníamos de señal habían sido talados. Un día de esos, cuando ya casi perdíamos la esperanza de encontrarlo, un campesino nos preguntó que a quien buscábamos y le explicamos nuestro propósito y que no encontrábamos los árboles. Fue este campesino el que nos explicó que habían sido talados y nos señaló el sitio exacto donde estaban antes los árboles, ya con esas señales, bastaba caminar unos metros en cierta dirección y cuando excavamos, ahí estaba aun con su cabello rubio y su mochila la osamenta de Dimas.

Cuando tuvimos los sitios bien ubicados, di mil vueltas legales en juzgados y alcaldías hasta proceder a la exhumación de sus restos y poder proceder a velarlos y enterrarlos en la tumba familiar.

Mi mamá viajó valientemente a Cuevitas a presenciar la exhumación de Virginia, esperábamos expectantes ver el cuerpo de mi hermana, sin embargo, primero apareció un calcetín y en el otro extremo su boina, poco a poco quedó a la vista el uniforme guerrillero con sus huesos rotos, y su cráneo partido en varios pedazos. Todo cabía en una pequeña bolsa, en una bolsita iba mi hermana, que se la llevaron al instituto de medicina legal donde deberíamos recogerla después. Al siguiente día procedimos a la exhumación de Dimas, fue algo parecido el procedimiento, yo estaba exhausta y realmente adolorida.

Los funerales fueron en el local del FMLN, llegó gente de todos los cantones guerrilleros, se sentía electricidad y energía en toda esa gente, compañeros y compañeras, que rendían tributo a sus mártires. Mis familiares, humildes y sorprendidos, estuvieron ahí con nosotras en todo momento. Vladimir vino también a los funerales que los ofició el Padre Jon Cortina.

Me quedan aún pendientes José Roberto el padre de Adriana, que sigue enterrado en el volcán Chinchontepec, y conocer el paradero final de Ana Margarita.

La Huelga de Hambre

En 1993 ya se contabilizaban en más de dos decenas los excombatientes del FMLN asesinados al estilo de los Escuadrones de la Muerte. Habían asesinado a compañeros y compañeras, sobre todo mandos del FMLN como Carmelo, Franco y Francisco Veliz a quien lo asesinaron cuando cargaba a su bebita llevándola al kínder donde estudiaba.

El Padre Jon Cortina, junto con el Padre Manolo Maquieira, ambos párrocos en pueblos de Chalatenango, iniciaron el primero de noviembre de 1993 una huelga de hambre con miembros de las comunidades eclesiales de base. Se habían sumado además la compañera María Chichilco, el compañero Héctor Martínez y varios compañeros y compañeras del FMLN de los cantones de Chalatenango. La petición era que la Misión de Naciones Unidas que verificaba los Acuerdos de Paz realizara una investigación exhaustiva y que se diera cumplimiento a la creación del grupo de trabajo que realizaría una investigación de los Escuadrones de la Muerte, cuestión que no había caminado.

Yo me encontraba en el Tercer Encuentro Feminista Latinoamericano que se realizaba en octubre de ese año en nuestro país. Estaba muy entusiasmada y aprendiendo de todas las experiencias de las mujeres que ahí se encontraban reunidas, provenientes de América Latina y de otras regiones del planeta. Había sido vergonzosa la actitud de las autoridades de migración que habían detenido a varias de ellas en el aeropuerto argumentando que venían a violar la moral y las buenas costumbres. Pero finalmente el encuentro marchaba. Un día de esos, llegó la información de la huelga de hambre y me propuse que al terminar el encuentro iría a visitarles y a mostrarles mi solidaridad. Así lo hice, sólo que cuando llegué decidí quedarme y sumarme a la huelga de hambre. Me parecía legítimo y justo protestar por esos asesinatos y llamar la atención nacional e internacional sobre los crímenes que se estaban sucediendo.

La huelga duró cuatro semanas, tres de ellas estuve en completo ayuno en esa iglesia de la ciudad de Chalatenango acompañando la huelga de hambre. En el día leíamos y reflexionábamos, por las noches había vigilias religiosas y en las noches hacíamos turnos de vigilancia por si llegaban los escuadrones a atacarnos. Don Diego García Sayan, quien era el responsable por la ONUSAL de la verificación del tema de Derechos Humanos nos visitó varias veces; en un principio nos pedía que cesáramos sin más la huelga, pero finalmente logramos un acuerdo para que avanzara la investigación sobre los Escuadrones de la Muerte.

El único alimento que teníamos era agua y suero. Realmente fue para mí una experiencia intensa. En parte por la convivencia con los demás compañeros y compañeras, y en parte porque durante nuestra huelga de hambre se inició nuestra primer campaña electoral. Yo era candidata a diputada y no pude ir al mitin de inicio de la campaña pues me encontraba en huelga de hambre. Algunos de los que después se fueron del FMLN llegaban a pedirnos que suspendiéramos la huelga de hambre pues entorpecía la campaña electoral, según ellos. Pero nosotros continuamos hasta que se logró el acuerdo de iniciar la investigación de los Escuadrones de la Muerte. Nuestro lema en la huelga de hambre era «Sí a la paz, NO a la guerra», la huelga tuvo repercusión en todo el país. Logramos con una acción pacífica que muchos grupos de varios departamentos se solidarizaran y realizaran también jornadas de ayuno y oración.

Yo no iba preparada para quedarme en la huelga de hambre, así que a la semana llegó a verme mi mamá, un poco alarmada me dijo: «Bueno, ¿ya andas otra vez dejando la casa tirada para meterte en nuevos líos?», en ese momento me disculpé de no avisarles y le pedí que cuidara a las niñas (nuevamente, sí) hasta que terminara la huelga.

Distintos sectores y la Misión de la ONU en El Salvador, presionaron al presidente Alfredo Cristiani quien finalmente tuvo que solicitar la ayuda de organismos policiales internacionales

—Scotland Yard, el FBI y la Policía española— para que colaboren en la investigación de los asesinatos. La ONU envió a San Salvador a Marrack Goulding, para avanzar en la investigación de los asesinatos y del modus operandi de los escuadrones de la muerte.

La investigación sobre los escuadrones se realizó. Sin embargo, hasta la fecha en que escribo estas líneas, los sucesivos gobiernos derechistas de turno, se han negado a divulgar y cumplir las recomendaciones que surgieron del estudio del funcionamiento de los escuadrones de la muerte, esta tarea sigue pendiente.

No es casual en este ambiente de impunidad que en El Salvador hayan encontrado refugio personajes tan siniestros como el terrorista Luis Posada Carriles, responsable del sabotaje en 1976 al avión de Cubana en Barbados, asesinando varias decenas de cubanos en su mayoría integrantes de la selección cubana de esgrima, y que haya logrado montar una plataforma para realizar atentados, particularmente contra el presidente Fidel Castro.

La investigación reveló que estos grupos operaban con apoyo de estructuras el ejército y de los cuerpos de seguridad que fueron desmantelados y que eran financiados por prominentes familias de las clases dominantes, familias de mucho dinero y «muy buen apellido» que se involucraron de esta forma en el genocidio, en el martirio de nuestro pueblo. Estos casos siguen impunes y es tarea pendiente de las fuerzas progresistas y revolucionarias sacar a la luz pública la verdad y aplicar la justicia.

Las dudas de quién hubiera sido

De repente sentía un gran vacío, me cuestionaba a mí misma cómo hubiera sido mi personalidad si no hubiera estado en la guerra, ¿sería cocinera? ¿sería profesional? ¿sería bohemia? ¿me hubiera hecho cantante profesional o guitarrista? ¿me acompañaría de nuevo y conviviría bajo un mismo techo con algún hombre? Todas estas dudas me asaltaban. Y casi intuitivamente incursioné en unos meses en todo: fui a conocer los sitios bohemios, compartí con escritores y artistas, me fumé un puro de marihuana por primera y última vez, me dejaba enamorar por alguno. Al final concluí que ni volvería a tener un hombre viviendo bajo el mismo techo, ni era para mí la vida de la bohemia o las artes. Aprecio esa vida pero no tengo talante para ello. Pero me convencí que no era por la guerra que no estaba casada, que si no era escritora o guitarrista tampoco era por la guerra, sino por mí misma, que mi opción por continuar de cabeza en el impulso de los cambios propuestos del FMLN era una opción de vida, a la que no renunciaré por ningún motivo. Que nadie me podrá sacar del corazón y de la mente que mi felicidad está ligada indisolublemente a la construcción de ese país diferente, humano y solidario por el que han caído antes tantos y tantas.

Sólo me quedaba el gran dolor de no haber cursado ninguna carrera universitaria. Por otra parte en esos años desarrollaba una maternidad compulsiva; me convertí a mi manera en una super mamá, que cocinaba directamente cuanta vez podía, que tenía programas permanentes para atender a las cipotas, etc. Y es que si me pregunta alguien que fue lo que perdí con la guerra, contesto con claridad que mi costo personal fundamental fue no haber criado de cerca a mis hijas y a mi hijo. Y no haber estudiado todo lo que yo hubiera querido. Todo lo demás fue placentero, viví con alegría y recuerdo con alegría mi vida en la guerrilla, el hambre, las caminatas y el cansancio, hasta el miedo que a ratos sentía, todo lo acontecido lo llevo con orgullo como una gran oportunidad que forjó mi carácter, me permitió conocer personas maravillosas, campesinos, campesinas, jóvenes, ancianos, estudiantes, profesionales, todos ellos me siguen sirviendo de ejemplo, y toda esa experiencia me permitió humanizarme y comprender un poco más la complejidad de la vida.

Mis hijas crecían normalmente, sin embargo Adriana reclamaba en el fondo de su ser su condición de huérfana aún sin mencionar la palabra, y su rebeldía crecía día con día, y yo me encontraba desorientada y sin saber a ciencia cierta cómo actuar.

Busqué apoyo siquiátrico para Adriana en el doctor Reginaldo Hernández, y al final fui yo la paciente más asidua. Gracias a él aclaré muchas dudas básicas con las que pude tomar algunas decisiones importantes, una fue ingresar a la Universidad a estudiar la licenciatura en Economía, en la Universidad de El Salvador; la otra fue que no debería seguir planeando mi vida en función sólo de los objetivos de otros (del partido, del pueblo, de mi mamá, de mi abuelita, de mi hijo y de mis hijas) que debería saber bien que quería yo para mí, y trabajar por ello. Que mis luchas serían más fructíferas si estaban enmarcadas en el proyecto de mi vida, que nadie sin proyecto de vida propia puede finalmente contribuir a un proyecto de nación. Y que yo ya estaba grande y que no podía seguir esperando órdenes del partido, órdenes de mi madre, órdenes de nadie, que debía tomar mis decisiones.

Así, por terapia, reingresé a los estudios universitarios. Esa decisión me permitió vivir una de las experiencias más deliciosas de la postguerra, convivir con jóvenes y gente que trabaja y estudia, pelearme con los libros hasta comprenderlos, rendir exámenes, asumir disciplina académica, realizar investigaciones de campo. Lograr que cuadren las cifras y los modelos econométricos, todo ello, más las herramientas políticas nuevas que me dio la academia, me hacen valorar mi estudio universitario como una hermosa experiencia. Al principio todos y todas creían que yo era una profesora nueva, pues yo tenía cuarenta años y todos los demás estudiantes diecinueve y veinte años, y era una gran sorpresa cuando me veían como alumna sentada y oyendo las clases.

En ese tiempo también me enamoré de nuevo, bajo nuevos paradigmas, logré encontrar a alguien que no deseaba sojuzgarme, ni juzgarme, que respetaba mi libertad y mis ideas, y que era sinceramente feliz con mi felicidad. Y sobre todo, alguien que comprendía mi decisión de vivir con mi familia a la que por años dejé sin mi cuidado, y no tenía la menor intención de alejarme de mi oxígeno que es mi madre y mi hijo e hijas.

La red de colaboradoras

Poco a poco establecimos con otras compañeras una especie de colectivo de madres solteras, aunque había un par acompañadas, que teníamos hijas e hijos de las mismas edades. Anita Escher, Silvia Matus, Ana Biquel, Aloña (por ratos) y yo, nos cooperábamos en el cuido de las hijas e hijos. Un fin de semana la guardería la tenía yo, otro Anita, otro Silvia, otro Ana y otro Aloña. La que se quedaba con los niños y niñas tenía que cuidarlos, no salir a pasear, cocinarles, prepararles entretenimientos, etc. Así yo tenía tres fines de semana libres y uno con la guardería. Dormían en nuestras casas. Eso forjó en esas niñas y niños una unidad que aún hoy a sus veinte o veintidós años de edad mantienen. Y nosotras seguimos siendo un colectivo de mujeres en el que nos podemos apoyar, beber un vino, contar un problema, irnos a descansar o lo que queramos.

Eso propició que Ana Virginia tuviera una niñez muy agradable, casi mágica, pues un día armaban un circo o teatro en mi casa, otro fin de semana filmaban o editaban un video en casa de Ana bajo la dirección de Noé su compañero, otro día hacían una casa de brujas donde Silvia, en otra ocasión se iban a nadar donde Aloña y otro día hacían cerámica y llenaban todo de barro en casa de Anita.

Y esta red se complementa con otra a la que llegamos a ponerle nombre: «Comandos de Salvamento» donde están otras compañeras amigas un poco mayores que yo, Rhina, Angélica y Mercedes, que cada vez que alguna está deprimida o enferma, llegamos en equipo a darle apoyo, a llevarla al doctor, o lo que sea. En la medida que he ido viviendo la vida en familia, en medio de este capitalismo salvaje, más se destaca que estas formas colectivas de resolver nuestra cotidianidad nos han hecho más liviana no sólo la carga doméstica, sino la carga opresiva que el deterioro social y económico nos imponen.

El mundo de los trámites, que nunca había experimentado en mi vida, fue y es uno de los principales dolores de cabeza que tengo en la postguerra. La vez que fui a reinscribirme a la Universidad de El Salvador (UES) deambulaba como tonta de ventanilla en ventanilla, y no lograba entender el por qué de tanto papeleo. Ya frustrada me senté en una banca, donde una mujer que vendía de todo en los mercados y hace «ivas[1] a pequeñas tiendas» me tuvo compasión y en un dos por tres se metió en medio de varias filas y salió triunfante y me dijo: «Venga, firme, sólo eso falta». Silvia se llama esta mujer, que después abandonó los estudios, se fue de mojada bracera a los Estados Unidos, regresó y sigue con sus ivas, rebuscando trabajos mañana tarde y noche para sacar adelante a sus hijos e hijas, y sueña todavía que tendrán mejores oportunidades que las que ella tuvo. Hace poco vino con unas flores, en el «Día de la Amistad», la vi con más esperanza pero con menos bríos, la pobreza aturde y cansa, por eso le admiro mucho que, a pesar de sus limitaciones materiales, siempre avizora un futuro mejor.

Pero regresando a ese punto, si alguien quiere ubicar a un exguerrillero debe fijarse en como maneja sus trámites, estoy segura de que la mayoría somos un desastre.

Pilar, Dolores y Bego-Bego

Tengo tres buenas amigas, dos españolas y una vasca, que son para mí muy importantes. Son una especie de hermanas substitutas. A las tres las conocí al terminar la guerra, todas venían de participar activamente en la solidaridad con el pueblo salvadoreño en los años ochenta y se encontraban en la postguerra en diferentes situaciones.

Conocí por separado a Pilar y a Dolores y me preocupé de presentarlas para que se conocieran. Pilar me presentó a Bego-Bego y así hice con cada una, una buena amistad. Pero entre ellas, sobre todo en las dos primeras, a veces pienso que no resultó. Pero independientemente de ello, son dentro de las personas que conocí en la postguerra, parte importante de mi familia «ampliada».

Dolores es una periodista muy acuciosa que cubrió el conflicto armado salvadoreño y después la puesta en marcha de los acuerdos de paz. Realizó una excelente investigación para la Comisión de la Verdad, y otra que fue publicada bajo el título «Los ricos más ricos de El Salvador»; esta publicación casi le cuesta la vida en tiempos de paz, y finalmente decidió regresar a España donde hoy trabaja como periodista independiente.

Dolores es para mi una especie de madre-amiga, aun cuando no lo quiera yo, ella es eso. Y realmente se lo agradezco, mientras vivió aquí, yo tenía un sitio seguro donde ir a platicar, donde ir a hacer una siesta, donde ir a estar en silencio, o simplemente charlar. Dolores es solidaridad y franqueza a lo rudo, «es aragonesa» dice Pilar.

Pilar es mi otra gran amiga, es economista, es de un humor «que te cagas» como diría un español, sin muchos aspavientos y con algo de aparente frialdad resulta ser una mujer realmente entrañable, tiene un fuerte sentido de la ética y odia a la monarquía y todo su entorno. Como no es mi amiga-madre a veces le cuento con menos temor mis desgracias personales, pues es más cómplice que otra cosa. Compartimos la afición por la economía, por el feminismo, por la investigación y desvelación de fraudes, por desenmascarar contabilidades chuecas, etc. Cuando Pilar vivía por estas tierras, solíamos irnos a tomar cafés o cubatas y arreglar el mundo tardes enteras.

Bego-Bego es mucho menor que yo, curiosamente es amiga por separado de mi madre, de Vladimir, de mis hijas, de Amaranta, y lo lleva bien sin traicionar a ninguno. Es una joven ejemplar que vino aquí a trabajar con grupos de mujeres y se enamoró de estas tierras prolongando su estadía por muchos años. Yo la adopté de inmediato, me encanta su madurez, su sencillez, su sensibilidad y su rebeldía. Me encanta Lander su compañero, y la relación que ambos cultivan y su manera de relacionarse con terceros. Su sencillez, su orgulloso origen proletario, su orgulloso sentido de nacionalidad «abertzale»[2] ante la realidad de su país, su autonomía, su transparencia.

Estas tres brujitas de la península ibérica me han acompañado siempre, de cerca y de lejos, he ido a visitarlas y han venido a verme. He llorado y reído con ellas. Han corrido a apoyarme cuando lo he necesitado. ¡Les debo tanto y les doy tan poco! que quiero dejar en estos retazos de mi vida claramente establecido, que ellas también son un importante retazo, y que como ocurre con los demás retazos, ellas han influido en lo que soy ahora y en la comprensión que tengo del mundo y de las cosas. Ellas tres son un ejemplo vivo de internacionalismo, de amistad, de hermandad.

El horizonte entró en duda y apareció un enorme abismo

Desde que se firmaron los acuerdos de paz me preparé mentalmente para luchar contra la oligarquía y los sectores de la derecha que intentarían boicotearlos y golpearnos, pero no me había preparado para que dentro de nosotros mismos, dentro del FMLN, surgieran las dudas, los sabotajes, la confusión y la división. Y una grieta apareció en nuestras filas y se convirtió finalmente en un abismo, una minoría quedó de un lado, y por suerte la mayoría logró saltar la grieta y seguir adelante.

Con la caída del campo socialista todos los paradigmas que daban sustento y futuro a nuestra lucha entraron en crisis, la burguesía triunfante a nivel mundial anunciaba el fin de la historia, la eternidad del capitalismo, y promovía agresivamente la amnesia histórica y el individualismo aberrante.

El lenguaje mismo que gradualmente se iba imponiendo disminuía el valor y la profundidad de nuestros conceptos y otros quedaban descartados. Ya no debería de hablarse de clases, sino de sectores, ya no era moderno hablar del pueblo sino de la población, algunos incluso veían inconveniente el color de nuestra bandera y hasta nuestro nombre. Y pretendían que el FMLN se atuviera a la realidad, en la que supuestamente no nos quedaba más que aceptar las políticas y lineamientos del nuevo «consenso» de las multinacionales y los organismos financieros multilaterales que proponen construir sociedades sin regulaciones, sin protección a los derechos de los vulnerados; la idea de producir riqueza también se volvió obsoleta, ahora la cosa era ubicarnos en el tercer sector de la economía y movernos en el corral del consumismo, aceptando las migajas que del nuevo reparto mundial nos correspondía, o tenían a bien dejarnos.

Los artículos y folletos de Milton Friedman, Francis Fukuyama y otros, se convirtieron en libros de cabecera de algunos dirigentes del FMLN (más creo que los folletos, pues muchos de ellos no tienen paciencia ni cabeza para leer libros enteros), los que a esta fecha han evolucionado de una posición crítica de izquierda a un colaboracionismo descarado con la derecha de este país, e incluso han llegado a renegar de su militancia política y a justificar veladamente el genocidio que realizaron la fuerza armada y sus escuadrones de la muerte en las décadas de los años setenta y ochenta del siglo veinte.

Recuerdo como Joaquín Villalobos y Ana Guadalupe arrancaron con estas ideas, llegando a concluir que habían perdido lo mejor de su vida en «luchas estériles» y en «errores de juventud». Llegaban incluso a decir que ellos eran de la generación de los Beatles y otras tonterías, olvidando el gran legado de John Lennon y de George Harrison que murieron cuestionando al sistema imperante. Luego le seguirían otros y otras que cada cierto tiempo se desgajan de nuestras filas para ir a abrazar las filas del estancamiento y la depredación que significa la derecha neoliberal en este país.

Recién firmada la paz la confusión era general, y hasta los y las que resistimos a la ofensiva ideológica neoliberal no salimos ilesos, pues para defender el núcleo de nuestra ideología y de nuestro proyecto de sociedad, recurrimos muchas veces a prácticas autoritarias para intentar contener ese huracán de la derecha, con sus fuerzas activas dentro de nuestras filas, que amenazó con derrumbarnos.

Hoy en día, esas teorías están muy devaluadas. A un precio muy alto el pueblo ha debido entender que la supuesta libertad del mercado no le mejoró su dignidad, no le trajo comida, educación y salud, y en cambio nos arrebató servicios básicos conquistados hace cien años y, lo que es peor, nos ha sumido en una descomposición tal que la delincuencia y el crimen organizado ejercen una acción intensa e impune. Los y las jóvenes son las peores víctimas de esta realidad, con título académico o sin título, da igual, sus oportunidades de desarrollo son casi nulas, el desempleo crece y todo el territorio es un inmenso mercado de baratijas con el que malamente logran algunos ingresos un inmenso contingente humano. Muchos escogen el camino de la diáspora, huyen arriesgando sus vidas camino del norte, buscando alguna oportunidad de trabajo; es casi un tercio de nuestro pueblo el que dejó la tierra que le vio nacer frente a la imposibilidad de obtener en ella el pan para su familia.

El FMLN, en medio de cualquier cantidad de errores, logró sobreponerse y continuar adelante. Por ratos me convencía de que deberíamos depurar hasta el último militante que no pensara como yo creía que era lo correcto. Luego me di cuenta de que la complejidad de la lucha de las ideas requería no sólo firmeza, sino que también amplitud, calidad humana, crítica y autocrítica, y por sobre todo vocación de victoria y lealtad a los intereses populares. Que en esta nueva situación era fundamental rearmarnos teórica y moralmente y propiciar el surgimiento de nuevos contingentes de cuadros hombres y mujeres, capaces de conquistar el gobierno y el poder, para completar el cumplimiento de los acuerdos de paz e impulsar las transformaciones sociales y económicas que nos hagan posible en primer lugar darle viabilidad a la justicia, al desarrollo, a la dignidad nacional y a la dignidad individual que todos y todas merecemos. Y que esto no lo lográbamos arreciando campañas internas que cada vez se parecían más a procesos electorales burgueses inoculados en nuestra organización como «procesos democráticos».

La Señora Diputada

En 1994 el FMLN participó por primera vez en elecciones. La dirección de las FPL un buen día reunió al Concejo Nacional y dio a conocer la lista de personas que propondríamos para diputaciones en las listas del FMLN. Mi sorpresa fue que yo aparecía en esa lista. Yo propuse entonces a Salvador Samayoa en mi lugar y él me contestó riéndose: «Deja de joder Rebeca, a vos es que te estamos proponiendo», y sin mayor problema el pleno aprobó la lista y me convertí en candidata a diputada. Mi suplente sería, según yo, Ileana Rogel,[3] me parecía una interesante y joven dirigente del movimiento social que podría ocupar muy bien ese espacio. Sin embargo, el día de la convención me dijo que había consultado con Héctor Silva y que le había sugerido que no aceptara, que no era su momento. Las mujeres, que ya estábamos exigiendo cuotas, nos preocupamos de la posibilidad de que un hombre ocupara ese espacio y de repente vimos a Violeta Menjívar que estaba por ahí platicando y nos miramos todas con complicidad y sin más dilación nos dirigimos a ella, le explicamos lo que ocurría y le pedimos que sustituyera a Ileana. Violeta se rio y dijo: «Está bien, y les aseguro que vamos a ganar esa diputación». Violeta, no ha parado de crecer en su calidad política y humana, y hoy es la primera Alcaldesa de San Salvador, con excelentes resultados en su gestión edilicia, luego de haber ocupado diputaciones como propietaria y haber sido miembra de la Junta Directiva de la Asamblea Legislativa.

Cuando tuvimos los resultados electorales yo no entendía bien como eran los cálculos, por eso fue que hasta una semana después comprendí que había sido electa diputada propietaria, ocupando el tercer lugar de la lista nacional del FMLN.

Inmediatamente sentí que mucha gente me miraba distinto y que me empezaban a tratar diferente, incluso algunos con falso respeto por el sólo hecho de tener ese cargo, por lo que ese primer y último cigarro de marihuana que les cuento que me fumé, me lo fumé el día que me dieron mi diploma de diputada, con el simbolismo de que nunca el poder me iba a meter miedo, ni me iba a volver una persona cuadrada, emperifollada y tonta. No sé si estuvo bien lo del cigarro, pero estaba contenta de burlarme en privado de toda esa parafernalia.

Me tomé muy en serio la tarea de diputada. Inmediatamente creamos una oficina de iniciativas legislativas que se encargaría de ayudarnos a elaborar estudios y diagnósticos, para luego formular propuestas de ley que le dieran cumplimiento a la Plataforma de Mujeres 94, y solicité incorporarme a la Comisión de la Mujer, Niñez y Familia de la cual fui secretaria hasta 1997, y presidenta hasta el año 2000.

Establecimos que trabajaríamos en constante consulta con los movimientos de mujeres, y que si bien el FMLN no tenía suficientes votos en ese momento para lograr sus leyes, formulando propuestas de calidad, movilizando al pueblo, a las mujeres, generando opinión pública y cabildeando, podríamos conquistar algunas demandas. Me siento contenta que durante ese período logramos la ley en contra de la violencia intrafamiliar, la penalización y tipificación correcta del acoso sexual y las violaciones, reforzamos los derechos de la niñez y la adolescencia, aprobamos la cláusula social de la ley de zonas francas que regulaba las maquilas, reformamos el código procesal de familia para que sean los hombres los encargados de probar que no son padres de sus hijos e hijas. Fue un período muy fructífero en el que incluso las diputadas de otros signos políticos participaron en la conquista de nuevos derechos para las mujeres salvadoreñas.

También tuvimos una dura lucha a favor de la despenalización del aborto, para que fuese abordado como un asunto de salud pública y no como un delito. Esta batalla la perdimos en medio de una terrible, pero ridícula en esencia, campaña de manipulación de los sectores más oscurantistas y retrógrados de la derecha, que hasta regaron con agua bendita el Salón Azul, indicando nuestros «pecados».

Me incorporé en 1997 a la Comisión Legislativa y Especial del Presupuesto, donde aprendí mucho de finanzas públicas y pude conocer de cerca como las clases dominantes arreglan las leyes y los presupuestos para favorecerse y favorecer su modelo. Batallamos en contra de la privatización de las pensiones, de la venta de activos del estado, del endeudamiento del país. Realizamos un estudio del presupuesto del estado desde una perspectiva de género y comprobamos, ¡qué barbaridad! que en las mujeres no se invierte ni siquiera el uno por ciento de los fondos públicos. La Comisión de Hacienda me permitía además ir comparando en los hechos la política económica que estudiábamos en la Universidad, contra las realidades de las decisiones del gobierno.

Si alguien tiene conciencia, como diputada se vuelve más consciente, pues una puede conocer en detalle de que fina manera se articulan hasta en la última coma los intereses de las clases dominantes, nada dejan al azar son minuciosos en asegurarse sus ganancias y apoderarse de cuanto pueden. También es vergonzoso ver como algún diputado cambia en cosa de minutos su voto, cuando ya algún empresario o dirigente político le ha hecho una sustanciosa oferta.

La fracción del FMLN se ha caracterizado por funcionar colegiadamente, asignando a cada diputado o diputada un tema del que debe dar cuenta, con propuestas, con estudios, con contactos, etc. De tal forma que podamos cumplir lo mejor y más ampliamente nuestras obligaciones. La primera bancada del FMLN fue conocida como la bancada de la dignidad. Éramos catorce diputados y diputadas, un grupo muy potente que sin tener votos para ningún acuerdo, lográbamos incluso paralizar la plenaria y generar condiciones para hacer avanzar muchos puntos de los Acuerdos de Paz que estaban sin cumplirse. Éramos tres mujeres propietarias: Norma Guevara, Nidia Díaz y yo. Las tres nos apoyábamos para rendir buenos frutos y también ganamos mucha incidencia y respeto en la fracción y en la Asamblea. De hecho Norma llegó a ser vicepresidenta de la Junta Directiva. Su trabajo en Hacienda y Educación fue muy relevante. Logramos por esa época algunos puntos de la política de educación no sexista que propusimos. Además Norma inició a la fracción en el conocimiento de los temas de política fiscal, monetaria y crediticia.

Nidia a su vez se desenvolvía en la Comisión de Justicia y Derechos Humanos, le tocó enfrentar varias crisis penitenciarias, impulsar la nueva legislación penal y la penitenciaria. Leyes que algunos años después la mayoría derechista de la asamblea ha venido reformando, degenerando en una legislación represiva, anti garantista y totalmente inefectiva en el combate a la delincuencia y en la rehabilitación de los presos y las presas.

Luego la bancada aumentó considerablemente y con ello tuvimos más incidencia, más poder y también más problemas. Ya las diputaciones se volvieron codiciadas, disputadas. Hasta hubo algún diputado o diputada que por no ser reelecto terminó abandonando nuestras filas. Sin embargo, estos problemas no han logrado que el FMLN deponga de sus objetivos y su lucha. Felizmente seguimos siendo un grupo parlamentario que acompaña las luchas sociales, desde la curul y desde la calle, mantenemos una tribuna de información al pueblo permanentemente y somos una inmensa piedra en el camino neoliberal del entreguismo, en la ruta trazada por ARENA para vender a precios ridículos nuestros activos públicos, para privatizar la salud... sí, hemos sido hasta hoy una inmensa piedra en el camino de los corruptos. El Presidente de la República dijo recientemente que se iba a ir por un atajo si no lo dejábamos pasar libremente para realizar sus propósitos, y el atajo que tomó hoy lo lleva seguro al barranco de la derrota.

Doris Tijerino

Cuando estuve en Managua me impresionó mucho la actividad que desplegaban las comandantes de la Revolución. Una de ellas me tenía fijada, era la comandante Doris Tijerino, yo la miraba en la televisión como una mujerona, fuerte, seria, enérgica, ella era la Directora de la Policía Sandinista.

El pueblo hablaba mucho sobre esta mujer, una antigua luchadora que había sido cuatro veces presa política y liberada por las acciones del FSLN, torturada y violada por los esbirros somocistas en 1969 lo soportó todo sin delatar a nadie. Por el contrario, tuvo la valentía de denunciar ante la prensa que había sido violada por un miembro de la Guardia Nacional de Somoza. Doris estuvo en la clandestinidad toda una vida y luego en la revolución triunfante dirigía con éxito un delicado trabajo como era la dirección de la policía.

Sobre esta gran mujer Mónica Baltodano[4] nos dice:

> A Doris la capturan y la torturan. Cuando la presentan a la prensa —en aquellos tiempos en que no existía un nivel de conciencia feminista y de género como el que existe desde ya hace algunos años—, ella tiene el coraje de denunciar que fue violada, que un oficial de la seguridad le metió las manos en la vagina. Se levanta la falda y muestra sus piernas completamente amoratadas. Eso creó un impacto entre las mujeres y es curioso que quienes nos llevan a nosotras a ir a la marcha son algunas de las monjas. Nos movilizamos desde el colegio, un colegio exclusivamente de niñas. Eso nos marcó. Yo, en lo personal, digo que mi primer acto de compromiso revolucionario fue motivado por otra mujer, que es esta luchadora que después le dio título a la obra de Margaret Randall, *Todas estamos despiertas*, que es uno de los testimonios más importantes de las mujeres nicaragüenses en lucha.

Una vez llegó a México a una reunión de mujeres y fui a escucharla. Me dio miedo su mirada, era bien seria, además reflejaba que tenía muy claros y concretos los objetivos que deberíamos alcanzar. Finalmente la conocí en persona cuando asumí mi cargo como diputada en el Parlamento Centroamericano. Me sentí emocionada de tenerla cerca, pero al mismo tiempo me di cuenta de que no era tan alta ni fortachona como yo la recordaba, y que su mirada traducía lo mismo que mi tío abuelo, Manuel Mendoza, el maestro de mi papá, una dulzura y una severidad, una gran cultura y sensibilidad, y además me impresionó la claridad que tiene sobre los tiempos que vivimos.

Es una mujer que bien podría ser la protagonista de una novela de García Márquez, ha criado hijos propios y ajenos, ayuda a quien puede en asuntos domésticos hasta en tareas descomunales. Ella fue clave para poder repatriar a nuestra querida Mélida Anaya Montes. Es una conspiradora seria, no habla más de lo necesario, no es jactanciosa, tampoco es grandilocuente, pero su sola presencia nos impone respeto y cuando habla y actúa es clara, directa, recia y decidida. Es feminista aunque no se lo cree, de hecho ha sido una activa promotora de los derechos de las mujeres en su país y en América Latina. Doris ha perdido dos hijas, la última hace muy poco, y ha estado muy triste.

Creo que Doris sintetiza las luchas del siglo XX en la historia de Nicaragua, la dignidad de las revolucionarias y revolucionarios, y a sus más de sesenta años continúa en pie de lucha como el primer día. Por eso la respeto, por eso la quiero.

8

Las batallas del siglo XXI

Desde la firma de la paz hasta estos días la lucha del FMLN ha sido por revertir el modelo neoliberal y el cumplimiento de los Acuerdos de Paz, buscar la justicia social, hacer de mi país un lugar en el que podamos vivir todos y todas dignamente, en paz y realizando las potencialidades que como seres humanos tenemos, donde las mujeres y los hombres gocemos de nuestros derechos, donde a pesar de las limitaciones históricas podamos avanzar en dirección al progreso en todos los órdenes. Los Acuerdos de Paz constituyen una excelente plataforma para avanzar y alcanzar estos objetivos; el problema es que los acuerdos son esencialmente antagónicos con la implantación del modelo neoliberal. Pues para que funcione esa nueva esclavitud que es el neoliberalismo, para someter al pueblo a los niveles de depredación que este modelo impulsa, la derecha necesita revertir los derechos civiles y políticos que hemos conquistado, impedir la organización, la movilización, la expresión y la protesta popular, criminalizarla.

El final de la guerra fría sólo tuvo un pequeño intervalo entre ella y el inicio de las nuevas ofensivas militaristas del Gobierno de Estados Unidos en diversas regiones del mundo. Con el cuento del antiterrorismo y la guerra preventiva se ha querido someter a poblaciones enteras, intervenir y apropiarse de sus recursos naturales, e imponer la ideología y cultura de los neoconservadores estadounidenses. Y en Centroamérica han escogido a El Salvador como el conejillo de indias para experimentar sus medidas económicas, con la complacencia de los gobiernos de turno.

Este panorama ha vuelto a agudizar las contradicciones y las luchas sociales en El Salvador. Transformando el supuesto proceso de transición hacia la democracia en una enconada lucha entre las fuerzas progresistas y las fuerzas principalmente organizadas en el partido de gobierno, ARENA, que fuera fundado por el autor intelectual del asesinato de Monseñor Romero. Así, en nuestro país los procesos electorales son realmente batallas campales, donde debemos vigilar fieramente el proceso de organización de los comicios, el día de las votaciones y en el conteo papeleta por papeleta. En las elecciones del año 2006 fue necesaria una intensa protesta de calle para que el Tribunal Electoral le diera el gane de la alcaldía de San Salvador a Violeta Menjívar. ¡Clase de democracia! Yo he sido por muchos años jefa de defensa del voto en un centro electoral y parece absurdo, pero en la práctica ese acto «cívico» requiere de una preparación casi militar para que ellos no burlen todas las leyes y hagan fraude. En los últimos procesos electorales he tenido diversas experiencias, la más gratificante fue haber llevado la jefatura de la agenda del compañero Shafik Handal, cuando compitió por la presidencia.

Después de esas elecciones presidenciales que las perdimos, y de las que ganamos a la alcaldía capitalina con Violeta como candidata, me quedó claro que esta democracia nuestra está en pañales, que debemos dominar nuevas estrategias, nuevas tácticas y nuevas técnicas para derrotarles. No basta que tengamos la razón, no basta que seamos honestos y honestas. Como en la guerra militar, esta guerra electoral tiene sus reglas y su arte y debemos dominarlas para obtener la victoria.

Es cierto que el control del Estado sigue en manos de los opresores, pero también es cierto que el pueblo tiene importantes cuotas de poder, muchas más que antes, como para proponerse con serias posibilidades de victoria arrebatar el control del gobierno al adversario. Y, hoy, como en 1980, además de lo dicho, la izquierda, las fuerzas progresistas y democráticas debemos unificarnos alrededor de un programa para salvar al país y avanzar en la Revolución Democrática.

Leonel González en su libro *Con sueños se escribe la vida* nos propone «profundizar los Acuerdos de Paz». Y señala que «la igualdad formal en el terreno político no basta sino que tenemos que buscarla también en lo económico, en las oportunidades sociales». Nos propone «Democratizar la democracia», y subraya que «la fortaleza de la democracia está en el pueblo»... Estas ideas y la sólida unidad de todas las fuerzas que queremos los cambios están ya fructificando en una nueva época de transformaciones profundas en el país.

Schafik Handal

«No venimos como ovejas descarriadas que vuelven al redil, sino como enérgicos reformadores y luchadores por los cambios...». Esta frase famosa de Schafik en su discurso en Chapultepec en la Ceremonia de Firma de los Acuerdos de Paz fue su divisa clara, su línea política en toda la postguerra. Trabajé muchos años con él, en México en el equipo de negociadores del FMLN, luego fue mi jefe de Bancada en la Asamblea Legislativa y finalmente fui la encargada de su agenda cuando fue nuestro candidato a la Presidencia en el año 2004.

Jamás he conocido hombre tan enérgico en sus convicciones, tan apasionado de la causa del pueblo y tan agudo y profundo en su interpretación de los fenómenos sociales, humanos, políticos.

Rayano en la terquedad, defendía punto por punto sus propuestas, y había que desmontárselas de igual forma o no se daba por vencido hasta establecer el criterio correcto. «Si el problema o la pregunta está mal planteada, cualquier respuesta será falsa» me decía: «Por eso es importante que planteemos correctamente el problema o la pregunta». Sabía oír a la gente y a los compañeros y compañeras, era tremendamente solidario. Tenía además una voluntad de hierro y una energía y capacidad de trabajo como pocos. Era un buen bailarín y un gran seductor, del pueblo, de los jóvenes, de las mujeres, casi se diría que embrujaba a quienes le trataban. Costaba ser cuerdo y autoafirmado frente a semejante gigante de la historia. Amigos y enemigos se jactaban de conocerle, de tratar con él personalmente, o de insinuar que eran cercanos. Y es que era un buen amigo y un enemigo político formidable, un excelente conductor y militante del FMLN y un hombre profundamente humanista y carismático. Con un enorme poder en nuestra organización, conquistado a fuerza de no abusar del mismo.

Un buen día este gigante se nos fue, sin previo aviso su corazón suspendió su trabajo, todavía hoy no se lo perdono, lo sigo esperando en cada reunión... creo verlo sentado en el Parlamento en el curul que le correspondería... a veces sueño que llegué tarde a una reunión y me espera gruñón y molesto... a veces veo su mirada tierna y chispeante que se maravillaba de la vida, de la belleza, de la honradez y del ingenio. Creo que puede llegar de repente con su maletín de papeles y contarnos un chiste. O poner un café en su cocina y regalarme una taza. Bien dice el pueblo que se quedó, que no se fue. Y es que lo sentimos siempre con todos y con todas... «Tengo más argumentos» oigo que alguien me dice desde lejos.

La oficina en el Cementerio

De pequeña y adolescente me gustaba ir a pasear, a comer helado o al cine a las calles del centro de San Salvador. Como guerrillera urbana las recorrí de punta a punta. Sin embargo, cuando en el año 2000 entré a trabajar como Gerenta del Distrito del Centro Histórico, todo había cambiado. Miles de vendedores en la calle vendían frutas, peines, hierbas, artículos de cuero y de madera, especies, perfumes, jabones, café, «cachadas» como le dicen a los golpes de contrabando que desembarcan en esa jungla por la noche, y todo lo que se nos ocurra se vende en el Centro de la ciudad en un laberinto de puestos que han copado las principales calles, plazas, parques y aceras. Puestos improvisados con telas, plásticos, pedazos de madera, toallas y hasta sábanas proliferan por todas partes, y otros menos improvisados de gente de mucho dinero que ha empotrado verdaderas armazones de hierro y cemento en los famosos espacios públicos como son las aceras y otros.

Mi oficina quedaban en un edificio que con los terremotos del 2001 quedó inhabilitado, las paredes semi caídas y los techos destartalados, amenazando la vida de los y las que trabajábamos ahí. Así que decidí expresarle claramente a Héctor Silva, en ese tiempo nuestro alcalde, que yo estaba muerta de miedo y que no iba a entrar a ese edificio, ni dejar que ninguna persona bajo mi responsabilidad ingresara de nuevo.

Se me autorizó buscar un local para que la Alcaldía lo comprara, y mi frustración era que todos los vendedores ofrecían mordida, «comisión» le decían, si yo escogía su edificio para ser comprado. Así que busqué a Douglas Santamaría que también trabajaba en la Alcaldía, le conté mi problema y me ofreció que en vez de comprar local me pasara a un hermoso edificio de propiedad municipal que queda literalmente dentro del Cementerio General de la capital y que estaba desocupado. Ya desesperada de andar en la calle y de tanta propuesta corrupta que aparecía a la vista, acepté ese local, que, efectivamente es maravilloso, sólo que las computadoras se encendían solas... en mi oficina encontré varias lápidas de tumbas en calidad de adorno, y de vez en cuando alguien oía algún ruido extraño. Como la tumba de los míos queda a escasos metros de la oficina, yo solía ir a visitarlos a menudo, a platicar con ellos o a almorzar juntos.

Trabajé año y medio en el proyecto de rescate del Centro Histórico. Esa tarea tiene varios componentes importantes, económicos, sociales, culturales, urbanísticos, artísticos. Requiere de un arduo trabajo de concertación con todos los actores que intervienen en ese micromundo que son los centros históricos o cascos viejos de las ciudades capitales.

La gente que vende en la calle es alucinante. Yo llegué a admirar mucho a Natalia y Fina, dos lideresas de armas tomar de dos asociaciones de vendedoras. Me miraban desafiantes y me retaban con aplomo, exigiéndome propuestas viables para su reubicación y ofreciéndome feroz resistencia si yo no cumplía lo que se pactara. Natalia tiene un cabello rubio teñido, sus largas uñas siempre rojas, sus ojos de tigresa y grandes pulseras de oro en cada brazo. En un rostro curtido por el sol, la violencia, el desvelo y la lucha diaria por la sobrevivencia. Fina por el contrario, es ordenada, siempre con su delantal, poco maquillaje, parece pintura antigua, una especie de Gioconda sin sonrisa. Ella dirige a vendedores de CD, de DVD y también a vendedores de mercería. Me decía: «Yo soy de ARENA, a mí no me de casaca, dígame que pretende hacer con nuestras ventas».

Hace poco le decía a un amigo, que en el Centro Histórico hay que tener una proyección urbanística clara, valorar y precisar el patrimonio cultural tangible e intangible que se debe recuperar y proteger, buscar y concretar alternativas económicas para la reubicación exitosa del comercio que hoy funciona en la vía pública, negociar y concertar siempre y finalmente tener el carácter suficiente para poner en marcha los planes. Pero si el gobierno central se sigue haciendo el loco, por más que trabajemos desde lo municipal, no podremos concretar un plan realmente amplio y sustentable de rehabilitación y reactivación del Centro Histórico.

Natalia y Fina en estos últimos años han sido perseguidas interminablemente por la Policía Nacional Civil, acusándolas de violar el Tratado de Libre Comercio con Estados Unidos, ¡no les faltaba más! Las multinacionales pidieron que se las acabaran por vender discos en la calle. Ambas mujeres ahora reconocen que la derecha no merece más su apoyo y forman parte de un interesante movimiento social que ha nacido frente a la necesidad de protegerse de los desmanes económicos del gobierno central.

Guardo un delantal de vendedora de la calle, con sus adornos y sus mil depósitos, que me regalara un grupo de vendedores cuando me retiré de este trabajo. Después jamás he vuelto a ver una ciudad con los mismos ojos que antes, hoy sé lo que se teje debajo del bullicio, sé cuantas cuevas tiene una ciudad, cuantos recovecos, cuantos submundos, cuantos misterios...

Los Peña y los Mendoza

Las dos ramas de mi familia son gente muy diversa, tanto en sus condiciones sociales, sus profesiones laborales y sus ideologías. Pero ambas tienen en común ese sentido de tribu que nos permite estar juntos y juntas en los momentos alegres y sobre todo en los críticos. A decir verdad, cuando terminó la guerra me daba pavor reencontrarme con ellos, sobre todo con el lado de la familia Peña Cordón. Con el lado Mendoza era más fácil, mi mamá estaba viva y además había mantenido estrecha comunicación con ellos.

Sabía a lo lejos que del lado Mendoza, sobre todo mis primos hermanos más cercanos, que son tres, a pesar de que tengo decenas pues mi abuelito Felipe Abelardo tuvo cerca de una docena de hijos e hijas con diferentes madres, pues sabía que sólo uno, mi primo Felipe —en la rama Mendoza hay tatarabuelo Felipe, abuelo Felipe, tío Felipe, sobrino Felipe, hermano Felipe— era un médico muy progresista, también muy rígido, además un buen pintor que simpatizaba con mis ideas y prácticas. De los otros dos yo no sabía nada, más bien sabía que uno era de ARENA.

También contaba como buen puntal emocional a la Tía Ruth, que es todo un personaje, llena de vida, siempre con las últimas noticias, siempre muy animada. Dispuesta a una buena conversación, a un vodka o a un concierto, aún hoy a sus más de setenta años. Pero a todos tenía muchos años sin verlos.

Del lado de los Peña Cordón tenía menos información reciente. Mi abuelita Juana ya había muerto y lo poco que sabía era que todos eran primos o primas «de derecha», trabajando con empresas privadas importantes y, como la guerra en el país no fue broma, me los imaginaba hasta molestos conmigo por mi participación en el conflicto. Cuando digo los primos y las primas, me refiero a los que provienen de la abuelita Juana, pues el abuelito Víctor Manuel también tuvo quizás más de una docena de hijos e hijas, de tal forma que estoy segura que no conozco a la mayoría, únicamente a los que provienen de los cuatro hijos más que tuvo mi abuelita aparte de Chepe.

Poco a poco fuimos restableciendo el contacto, al principio muy tímidamente, pero no cabe duda que «la sangre llama», a estas alturas puedo decir que realmente me reincorporé también a mi familia materna y paterna, a lo mejor soy la prima rara, pero sé que soy una prima más para todos y todas, compartimos invariablemente momentos de unidad todos los años. Nos apoyamos en lo que podemos y nos respetamos, de eso no cabe duda. Y ha sido la tía Pilar, el motor de todos los reencuentros, una mujer jovial, que me alucinaba de pequeña cuando yo la miraba bailar rock and roll, era una experta completa. Por cierto que es imposible calcularle los años, siempre aparenta quizás unos veinte menos de los que en realidad tiene.

Con ellos me ha ocurrido lo que a mis hijos les ocurrió antes: me siento contenta cuando nos juntamos de ver tanta nariz grande, porque tanto los Peña como los Mendoza somos narizones, de apreciar cuantos gestos y manías comunes, de echarnos mutuamente la mano cuando lo requerimos y hasta de juntarnos de cuando en vez para un cafecito, para un traguito o para la Navidad.

Unos viven fuera del país por razones de empleo, otros son funcionarios públicos, otros son profesionales independientes, hay un matemático, tenemos en la familia un cocinero experto en cocina china, un veterinario, hay una economista, hay un médico, hay técnicos en sistemas, hay un arquitecto, hay amas de casa, hay una trabajadora social, unos son católicos, otros pertenecen a otras iglesias, en fin, como todas las familias salvadoreñas somos una variopinta comunidad, unida por ese sentido de familia, que en El Salvador es potente, que sobrepasa todo para finalmente ser solo eso, familia. Tienen en común ambas familias, que son gente trabajadora, que se gana honradamente la vida, que no son arribistas, que son gente con los pies en la tierra y la mirada lejos. Y que tienen mente abierta para comprender los caminos que todas y todos hemos escogido.

Angelita

Madre, que tu nostalgia se vuelva el odio más feroz.
Madre, necesitamos de tu arroz.
Madre, ya no estés triste, la primavera volverá,
madre, con la palabra «libertad».
Madre, los que no estemos para cantarte esta canción,
madre, recuerda que fue por tu amor.

Silvio Rodríguez. *Madre.*

Hace unos días se celebraba el día de la madre y yo le decía a
Angelita que ella había sido la dueña de todos mis miedos, pues
los conocía muy bien y me había protegido. Le recordaba cómo
cuando pequeña me pasaba a su cama, y de vez en cuando la
orinaba sin que ella protestara. Y Angelita sonriendo me contestó: «Así era yo con tu abuelita también».

Mi relación con Angelita ha sido intensa, de mucho amor y
mucha controversia. Hemos luchado juntas por salir adelante.
Hemos discutido por enfoques diferentes sobre la vida, pero sobre todo nos amamos inmensamente. Ella como muchas madres
salvadoreñas es testimonio fiel del martirio de nuestro pueblo,
de su perseverancia y de su espíritu de lucha. Después de la firma de la paz ha participado en los comités de solidaridad con
Cuba, «Esos cubanos si valen la pena» me dice. Hasta hace poco
tiempo Angelita volanteaba en las plazas folletos en contra del
embargo a la República de Cuba.

Para la derrota electoral que sufrimos en el 2004, Angelita se
sumó a las actividades de apoyo que se realizaron en las plazas.
«En estos momentos es que hay que sacar pecho» me decía dándome ánimo.

Cuando murió Schafik ella se encontraba en Cuba operán-
dose de cataratas en sus ojos y me llamó por teléfono para dar-

me ánimo: «Fuerza hija, hay que acompañar a toda la gente que debe estar muy triste» me decía, y agregaba: «Ellos lo mataron, ningún corazón podía soportar tanta infamia y tanto ataque».

Cada día de elecciones se viste de rojo y me dice: «Siempre voy a marcar el voto en la bandera por la que cayeron mis hijos, no me importa si ustedes se pelean adentro, yo siempre estaré del lado del que estuvieron mis muertos».

De vez en cuando me critica mi estilo de vida, pero es que es mi mamá, no podría ser de otra manera, pero esas críticas sólo reafirman que me sigue cuidando y queriendo como cuando yo era pequeña. Angelita me evoca a Cornelia la madre de los Gracos, que cuenta la historia que cuando le preguntaron por qué no usaba joyas, ella mostró a sus hijos diciendo: «Ellos son mis joyas». Nos educó con devoción y esmero, nos cultivó el espíritu para ser gente honrada y trabajadora. Lleva con orgullo y dignidad la vida y la muerte de mis hermanas y mi hermano y nos siguen reivindicando a todos como sus más queridos tesoros.

Terminará sus días, algún día, terriblemente enamorada de mi padre, su Chepe. Con el que vivió una historia de amor sin igual y que sigue presente irradiando nuestro hogar. A veces le bromeo y le pregunto por qué no se casa otra vez. «Después de alcalde es difícil un alguacil» me responde, pues según ella después de Chepe todos los hombres son «alguaciles».

Para mi es eterna, la trato como si tuviéramos los mismos años, me gusta salir con ella sin mis hijas a tomarnos un café y hablar de política que es lo que más le gusta, junto al cuido del jardín y darme observaciones generales y concretas de cómo marchan la casa y las niñas.

Tenemos una especie de telepatía, nos entendemos con los ojos. Es mi hermana, mi amiga, mi compañera y sigue siendo como lo dije al principio, mi gran retaguardia estratégica.

Epílogo

Gracias a la Vida

Ha pasado el tiempo y avanzo inexorable por la quinta década de mi vida. Mis hijas crecieron y Vladimir es ya todo un hombre. Adriana y Ana Virginia, junto a mi sobrina nieta Amaranta se desenvuelven con responsabilidad y normalidad, después de toda esta vorágine. La abuela Anita descansa con los míos que se han ido antes. Angelita como columna romana sigue de pie, como matrona que aún en su vejez gobierna, ama, opina y aporta.

Cuando regreso a casa del trabajo, Amaranta hace sus tareas escolares o mira algún programa en la televisión. Adriana después de una jornada de trabajo diurna está regresando de la Universidad y Ana Virginia ya realiza sus prácticas de periodismo en un medio tiempo por la mañana y estudia de tarde y de noche. Ya ellas también regresan cansadas buscando la retaguardia de las Peña. Busco más tarde en el chat a Vladimir que, desde Bangladesh donde trabaja en logística de programas humanitarios con refugiados de Myanmar, se comunica para contarme como ha estado su día y contarme sus cuitas. Y posiblemente Angelita ya duerme o está pendiente de los noticieros.

Doy Gracias a la Vida, como Violeta Parra. He vivido muchas cosas agradables, agridulces y amargas. Me he decepcionado muchas veces de mis acciones y a veces de algún compañero o compañera. Pero siempre me ocurre que cuando creo que no hay luz al final del túnel, algo se mueve, una estrellita pasa y me señala que el movimiento y el cambio continúan y que mi causa tiene un sendero por el que puedo seguir andando.

Ya pasé la menopausia, me asustó, la conocí y nos hicimos amigas. Me cuesta controlar mis libras de más, la artritis me merodea de vez en cuando, no bailo como antes. A veces amanezco con pereza... Pero todos los días me levanto confiada como en el inicio de que se acerca la gran oportunidad de los olvidados, de los abandonados y abandonadas, de los por siempre vilipendiados.

Ya no me imagino una victoria final, eso sería la muerte, las victorias son continuas, después de una necesitamos otra. Derrotar a la dictadura militar fue una gran victoria, conquistar el gobierno y reorientar el modelo económico y político será otra, luego habrá que continuar luchando por más. Saber la verdad del paradero de nuestros muertos y nuestras muertas será otra victoria. Hacerle justicia a los mártires. Dejar que la gente viva sus opciones sexuales sin represión y escarnio será otra. El mundo y mi país deben seguir progresando, de victoria en victoria, enfrentando derrotas para sacar lecciones y buscar nuevas victorias.

Estos retazos de mi vida me han sacado lágrimas, pero también muchas sonrisas. Hace unos años estuve en un proceso de terapia con el método del sicodrama, ahí sané muchas de mis heridas de la guerra, que las tuve, acepté finalmente que mis hermanas y mi hermano no volverían jamás. Dejé de culparme por estar viva. Abandoné la manía de supermamá pagando la culpa del rol no cumplido. Entendí también por qué tanta gente llega hasta a matar por la ambición del poder y del dinero, como una pobre compensación a su miseria humana que no logró hacerse de un horizonte y propósito más alto.

Mil veces me he vuelto a reclutar yo misma para nuestra causa libertaria y humanista. Me he hecho la pregunta de si valió la pena tanto esfuerzo y me he contestado que sí. He reflexionado sobre la posición privilegiada en que participé en estas jornadas de las últimas tres décadas de mi país, y siento que sería injusto pensar que los campesinos y campesinas, que los obreros y las obreras y todos y todas las que participaron desde condiciones todavía más difíciles estén avergonzados de ello, repito sería injusto dudar de su convicción y de su orgullo por haber movido a finales del siglo XX y principios de este siglo, las ruedas de nuestra historia.

Ahora creo que no sólo debemos decir que valió la pena, sino que VALE LA PENA SEGUIR LUCHANDO POR UNA PATRIA NUEVA POR UN EL SALVADOR ALEGRE, JUSTO, HUMANO, QUE ES POSIBLE Y NECESARIO. Basta ver el rostro de los niños y las niñas para sentir el llamado de la conciencia que nos dice que se merecen un mundo mejor al que ahora vivimos.

Así que pienso envejecer luchando, envejecer soñando, envejecer amando a la vida, envejecer dudando y envejecer buscando. No podría además vivir de otra manera.

San Salvador, El Salvador, mayo de 2008

Anexo

Hoja de vida de Lorena Peña Mendoza

Fecha de nacimiento: 20 de diciembre de 1955.

Descendencia: un hijo, dos hijas y una sobrina-nieta.

Estudios realizados:

- Quinto año de Licenciatura en Economía, (Universidad de El Salvador)
- Diplomada en Género y Desarrollo (Universidad Centroamericana),
- Diplomada en Finanzas Públicas (Ministerio de Finanzas de Japón).

Experiencia política y laboral

- Guerrillera (1973-1992),
- Comandante Guerrillera (1980-1990)
- Jefa del Frente Occidental Feliciano Ama del FMLN. Sector Central y Norte.
- Jefa de las FPL del Frente Paracentral Anastacio Aquino del FMLN.
- Miembra de la Comisión Político Diplomática del FMLN. (1990-1992)

- Equipo Negociaciones de Paz del FMLN (1990-92)

- Fundadora y Presidenta del Movimiento de Mujeres Melida Anaya Montes (1992-2000)

- Coordinadora Adhonorem de la «Iniciativa Legislativa de las Mujeres» de Las Melidas. (1994-2000)

- Diputada Nacional, Asamblea Legislativa de El Salvador (1994-2000)

- Presidenta de la Comision Legislativa de la Familia, la Mujer y la Niñez.

- Miembra de la Comisión Legislativa de la Comisión Especial de Hacienda y Especial del Presupuesto.

- Integrante de la Mesa Nacional de La Plataforma «Mujeres 94» (1993-94)

- Gerenta del Centro Histórico de San Salvador (2000-2001)

- Parlamentaria Centroamericana (2001-2011).

- Presidenta del Grupo Parlamentario de Izquierda del Parlamento Centroamericano 2002-2003.

- Vicepresidenta del Parlamento Centroamericano, 2003-2004.

- Presidenta de la Comisión de Integración Comercio y Desarrollo Económico del Parlacen. 2007-2008.

- Presidenta de la Comisión Especial para la Reforma de las Instituciones del Sistema de Integración Centroamericana. 2006-2008.

- Miembra de la Asamblea Eurolatinoamericana de Diputados. Eurolat. 2006-2008.

Cargos desempeñados en el FMLN. Partido Político

- Miembra del Concejo Nacional del FMLN. (1992-2003)

- Secretaria Nacional de la Mujer, FMLN, 1992-1993•
  Miembra del Concejo Asesor del FMLN (1999-2005)

- Secretaria de Educación Político Ideológica de la Directiva
  Municipal de San Salvador del FMLN. (2006-2007)

- Miembra del Comando Nacional de Campaña del FMLN-
  Elecciones 2004 y Elecciones 2006.

- Jefa del Equipo de Agenda del cro. Schafik Handal (2003-
  2004).

- Coordinadora del Comando de Campaña de San Salvador.
  Elecciones 2009.

- Vicepresidenta Ddel Parlamento Centroamericano, Ppor
  Eel Estado Dde El Salvador. Periodo 2008-2009.

Reconocimientos Recibidos

- «Mujer del Año» otorgado por la Concertación Feminista
  «Prudencia Ayala» en el año 2000.

- «Mujer del Siglo» otorgado en el 2001 por el Instituto de
  Investigaciones de la Mujer Imu y otros Organismos de
  Mujeres.

- Orden «Ana Betancourt» otorgada por el Jefe de Estado
  y Gobierno y el Concejo de Ministros de la República de
  Cuba en 1987.

- Premio de Derechos Humanos «Monseñor Romero,
  Semillas de Libertad» otorgado por GANO y CARECEN
  en Houston, Texas. Marzo 1997.

- Diploma de «Bruja Distinguida» por la Organización
  «Mujeres por la Dignidad y la Vida». Noviembre 2000.

Notas

Primera parte

1. PCN. Partido de Conciliación Nacional fundado en los años sesenta por militares progresistas que poco a poco fueron cooptados por los gobiernos norteamericanos. Hoy en día es un partido de militares muy desprestigiado, de derecha, minoritario en términos electorales.

2. Frente Farabundo Martí para la Liberación Nacional, organización revolucionaria político militar que derrotó a la dictadura militar salvadoreña y que actualmente es el primer partido político de El Salvador y disputa el gobierno a nivel nacional.

3. Roque Dalton: destacado poeta y revolucionario salvadoreño, se incorporó al Ejército Revolucionario del Pueblo, ERP, en cuyas filas fue asesinado en 1975 por órdenes del grupo dirigente del ERP. Su hijo Roquito desapareció en Chalatenango en manos del ejército gubernamental en 1981.

4. Comisión Ejecutiva Portuaria Autónoma.

5. Movimiento Nacional Revolucionario dirigido por el Doctor Guillermo Manuel Ungo, vicepresidente de la Internacional Socialista.

6. Padre Ignacio Ellacuría, sacerdote jesuita, destacado promotor de los cambios en el país y de la solución política negociada a la guerra civil. Murió asesinado en noviembre de 1989 junto a cinco sacerdotes más y sus dos empleadas. Las investigaciones confirman que fueron asesinados por elementos del Batallón Atlacatl por órdenes del Estado Mayor de la Fuerza Armada.

7. Juventud Estudiantil Católica.

8. Fundador de la terrorista organización de derecha llamada «la mano blanca».

9. Nombre cariñoso que le decían a mi papá por ser muy alto y recio.

10. Inframen: Instituto Nacional Francisco Menéndez, el principal instituto público de la capital al cual tradicionalmente asisten estudiantes provenientes de familias de la clase trabajadora.

11. Uno de los cuatro primeros hombres de la creación según el Popol Vuh.

12. Radio Venceremos: voz oficial del FMLN durante la guerra civil.

13. Bolo: borracho.

14. Cheros: amigos.

Segunda parte

1. Unos sesenta dólares al tipo de cambio de 1972.

2. La limpieza de campaña sólo se realiza a las piezas principales del arma: cañón, corredera, mecanismo de cerrojo, porque «en campaña» no puede desarmarse totalmente un arma.

3. Los judiciales eran policías de civil que investigaban a posibles militantes revolucionarios para capturarlos.

4. Organización social representativa de los pobladores y pobladoras de las comunidades marginales del país, fundada en 1975.

5. FTC: Federación de Trabajadores del Campo.

6. Industrias Unidas, fábrica de telas.

7. Machetes.

8. Federación de Trabajadores del Campo.

9. Movimiento de Estudiantes Revolucionarios de Secundaria.

Tercera parte

1. Gerson Martínez: comandante guerrillero del FMLN, actualmente diputado de la Asamblea Legislativa por el Partido FMLN.

2. Mónica Baltodano: comandante del Frente Sandinista de Liberación Nacional, actualmente dirigente del Movimiento por el Rescate del Sandinismo.

3. Bayardo Arce: comandante y dirigente nacional del Frente Sandinista de Liberación Nacional.

Cuarta parte

1. Eduardo Linares: comandante Guerrillero del FMLN. Actualmente es concejal del Gobierno Municipal de la ciudad capital, gobernada por el FMLN.

2. Orejas: espías, chivatos, informantes.

3. Este listado de compañeros y compañeras corresponde a los integrantes de la Comisión Política de las FPL en 1980-1981.

Quinta parte

1. Metro: se refiere a la zona metropolitana de San Salvador.

2. Tropa del PCS.

3. Cultivos de maíz.

4. Treinta y uno y Chucho son juegos de naipes y apuestas.

5. Unión Nacional de Trabajadores Salvadoreños.

6. Le dicen garrucha en esa zona a una especie de polea que a través de un cable o lazo sirve para transportar bultos o personas desde un punto a otro superando con ella abismos, barrancos o ríos caudalosos.

7. FENASTRAS: Federación Nacional de Sindicatos de Trabajadores Salvadoreños.

8. Entre las víctimas de la matanza figuraban el rector de la Universidad Centroamericana José Simeón Cañas, José Ignacio Ellacuría; los profesores Segundo Montes, Ignacio Martín Baro, Amando López, Juan Ramón Moreno y Joaquín López, todos ellos españoles y miembros de la Compañía de Jesús, y Elba Ramos y su hija Celina Ramos, empleadas del centro.

9. Ver informe de la Comisión de la Verdad: «De la Locura a la Esperanza».

10. Sistema de codificación mediante el cual exclusivamente los miembros de la comisión política podíamos descifrar un mensaje.

11. Compañero Paco: José Manuel Olivares capitán del Ejército Popular del FMLN.

12. Cristina Ibáñez: compañera argentina, fue presa política en su país por más de diez años, finalmente se incorporó a la guerrilla en El Salvador, actualmente vive de regreso en su patria.

Sexta parte

1. La Declaración Franco Mexicana reconoce al FMLN como fuerza beligerante y representativa de un sector del pueblo salvadoreño. Es el primer reconocimiento diplomático oficial del FMLN.

2. CPD Comisión Político Diplomática del FMLN.

3. Comité Internacional de la Cruz Roja.

4. CPDN: Comité Permanente del Debate Nacional por la Paz.

5. Cispes: comités de solidaridad con el pueblo salvadoreño de Estados Unidos.

6. El Acuerdo de San José sobre derechos humanos se firmó en Costa Rica el 26 de julio de 1990, siendo el primer Acuerdo del proceso de negociación relacionado con el respeto irrestricto a los derechos humanos. El Acuerdo de San José permitió la creación de la Misión de Observadores de las Naciones Unidas en El Salvador (ONUSAL) por resolución 693 (1991) del Consejo de Seguridad, la cual fue definida como una misión integrada para verificar el cumplimiento de todos los acuerdos políticos celebrados entre el FMLN y el GOES (Gobierno de El Salvador), pero cuyo mandato, en su primera fase, quedaría circunscrito a la verificación de dicho Acuerdo. Esta fue la primera vez que la ONU verificaba un acuerdo en el que una fuerza insurgente era contraparte de ella y del gobierno legalmente instalado.

7. PRD: Partido de la Revolución Democrática, PT: Partido del Trabajo.

8. A lo largo de estas memorias he identificado a Chusón como Jesús Rojas. Ambos son seudónimos, pues su verdadero nombre era Jesús Antonio Cardenal, de origen nicaragüense.

Séptima parte

1. IVAS: declaraciones de impuestos de pequeñísimos negocios.

2. Patriota vasco.

3. Ileana Rogel, exmiembra del FMLN, actualmente milita en otro partido político.

4. Mujeres Inconvenientes. Diálogo con Mónica Baltodano. Comandante Guerrillera Sandinista. Entrevista realizada por Claudia Korol. Sao Paulo. Octubre de 2003.

CON SUEÑOS SE ESCRIBE LA VIDA
AUTOBIOGRAFÍA DE UN REVOLUCIONARIO SALVADOREÑO

SALVADOR SÁNCHEZ CERÉN
(LEONEL GONZÁLEZ)

346 PAGINAS | ISBN 978-1-921438-16-5

Con sueños se escribe la vida es un elogio a la esperanza. Recoge la apasionante historia de Salvador Sánchez Cerén, Comandante "Leonel Gonzalez", quien a través de su memoria describe sus pasos por las luchas sociales y por la guerrilla salvadoreña, guiado por ideales humanistas y revolucionarios. Su epopeya personal es de alguna manera fiel reflejo de la epopeya de todos, hombres y mujeres, que en las últimas décadas han vivido y luchado del lado de la justicia y por la libertad. Su narración no se limita a recuperar el pasado, para pensarlo y evitar su regreso, sino que convoca a la esperanza anunciando un futuro mejor.

" …la autobiografía de Leonel, además de autobiografía, es una excelente historia de El Salvador contemporáneo. Por años será una obligada referencia para todos los que quieran comprender mejor la dramática historia de El Salvador."
—Padre Miguel D'Escoto

LAS GUERRILLAS CONTEMPORÁNEAS EN AMÉRICA LATINA
Alberto Prieto

Las guerrillas latinoamericanas son portadoras de una larga tradición. Desde la conquista hasta nuestros días, ha sido una de las formas de lucha más recurrida en el continente americano. Alberto Prieto nos introduce a los movimientos guerrilleros contemporáneos, desde la epopeya de Sandino hasta la actualidad, profundizando en acontecimientos relevantes y figuras significativas como Fidel Castro y Ernesto Che Guevara.

316 páginas | ISBN 978-1-921235-54-2

AMÉRICA LATINA ENTRE SIGLOS
Dominación, crisis, lucha social y alternativas políticas de la izquierda
Roberto Regalado

Una aproximación al contexto político y social latinoamericano, con énfasis en su conflictiva relación con los Estados Unidos. El texto sintetiza las vivencias y reflexiones acumuladas por un testigo privilegiado, activo participante en los debates de la izquierda latinoamericana y caribeña. El autor hace un análisis teórico e histórico de la polémica reforma o revolución en el continente y aborda diferentes experiencias políticas, con atención particular en las alternativas que la izquierda se propone construir.

278 páginas | ISBN 978-1-921235-00-9

AMÉRICA, MI HERMANO, MI SANGRE
Un canto Latinoamericano de dolor y resistencia
Oswaldo Guayasamín y Pablo Neruda

En este volumen dialogan las obras de dos de los más sobresalientes creadores de América Latina: el poeta chileno Pablo Neruda y el pintor ecuatoriano Oswaldo Guayasamín. Los versos de Canto General, creación magistral de Neruda, se enlazan esta vez con los elocuentes trazos del artista plástico, para dar vida al rosario de batallas, victorias, derrotas y héroes de la historia de eterna resistencia de nuestro continente.

120 páginas + 93 imágenes a color | ISBN 978-1-920888-73-2

BOLIVIA EN LOS TIEMPOS DE EVO
Claves para entender el proceso boliviano
Hugo Moldiz

Este libro nos conduce a través del complejo proceso político boliviano: la crisis del Estado, el despertar protagónico e irreversible de los excluidos, la construcción de su propio «instrumento político» en respuesta a la caducidad del sistema de partidos, y la lucha entre un bloque nacional-indígena-popular y un bloque imperial-burgués-colonial, que es en esencia el enfrentamiento entre el proyecto fundacional, de una nueva Bolivia, y el proyecto refundacional, de los sectores históricamente dominantes que aspiran a eternizarse en el poder.

178 páginas | ISBN 978-1-921438-14-1

EL DIARIO DEL CHE EN BOLIVIA
Edición autorizada
Ernesto Che Guevara
Introducción por Fidel Castro, prólogo por Camilo Guevara

El último de los diarios escrito por el Che Guevara, que compila los cuadernos de notas hallados en su mochila después de su asesinato, perpetrado en La Higuera, Bolivia, por orden de los gobiernos de Lyndon B. Johnson y René Barrientos en 1967. Este libro narra sus vivencias en pos de extender la experiencia revolucionaria al resto de América Latina.

320 páginas + 32 páginas de fotos | ISBN 978-1-920888-30-5

OTRA VEZ
Diario del segundo viaje por Latinoamérica
Ernesto Che Guevara
Prólogo de Alberto Granado

Graduado ya de Medicina, Ernesto Guevara emprende un segundo viaje por Latinoamérica que cambió su vida para siempre. Texto sugerente y lleno de claves que nos permiten entender la vida y obra del Che, en su búsqueda del camino hacia la revolución, la consolidación de su gran amor por la humanidad y su inmensa estatura moral.

200 páginas = 32 páginas de fotos | ISBN 978-1-920888-78-7

PASAJES DE LA GUERRA REVOLUCIONARIA
Edición autorizada
Ernesto Che Guevara
Prefacio de Aleida Guevara

Texto clásico donde Ernesto Guevara relata con emoción y realismo testimonial la guerra revolucionaria de Cuba. Transformadora de todo un pueblo, esta epopeya erigió al Che en símbolo rebelde de alcance mundial. La presente edición incluye sus correcciones a la versión original y un prefacio de su hija Aleida Guevara.

320 páginas | ISBN 978-1-920888-36-7

LA GUERRA DE GUERRILLAS
Edición autorizada
Ernesto Che Guevara
Prólogo de Harry Villegas «Pombo»

Ensayo clásico del Che Guevara, convertido en texto visitado tanto por admiradores como por adversarios. Se acerca a la experiencia de la lucha guerrillera en Cuba y de cómo un pequeño grupo rebelde, a pesar de sus limitaciones, conquistó el apoyo de todo el pueblo y derrocó al ejército de la dictadura batistiana.

165 páginas | ISBN 978-1-920888-29-9

MIGUEL MÁRMOL
Los sucesos de 1932 en El Salvador
Roque Dalton

Texto clásico de la historia contemporánea de El Salvador, *Miguel Mármol* es el resultado de varias entrevistas realizadas por Roque Dalton en Praga, entre mayo y junio de 1966. El militante salvadoreño Miguel Mármol, sobreviviente de la masacre de 1932, narra la heroica insurrección dirigida por el Partido Comunista en esa nación centroamericana, y la brutal represión del gobierno.

430pp + 16pp fotos | ISBN 978-1-921235-57-3

TABERNA Y OTROS LUGARES
Roque Dalton

Premio Casa de las Américas en 1969, esta obra reúne versos nacidos en el seno de una taberna de Praga, antigua Checoslovaquia, donde la sensibilidad y el compromiso de Roque Dalton supieron forjar una excelente poesía política. Sin sacrificar el valor literario de sus composiciones, el poeta salvadoreño exhibe su agudeza periodística y su conmoción ante la injusticia social y la desigualdad.

278 páginas | ISBN 978-1-921235-00-9

UNA GUERRA PARA CONSTRUIR LA PAZ
Schafik Handal

Breve reseña del proceso revolucionario que estremeció a El Salvador. Incluye un ensayo histórico elaborado por Schafik Handal sobre las causas, el desarrollo y desenlace de la guerra revolucionaria. Contiene documentos que denuncian los incumplimientos de los Acuerdos de Paz por parte del gobierno y reflexiona sobre la estrategia y táctica de la izquierda salvadoreña en la etapa de lucha político electoral abierta en 1992.

150 páginas | ISBN 978-1-921235-13-9

¿POR QUÉ LAS ARMAS?
Desde los mayas hasta la insurgencia en Guatemala
María del Rosario Sotomayor

Este texto hace un recorrido por la historia del pueblo maya en Guatemala, desde sus orígenes hasta la actualidad. En sus páginas se demuestra cómo la conquista, el saqueo, el racismo, la exclusión, la sobreexplotación y los grandes conflictos por la tenencia de la tierra provocaron el subdesarrollo, la dependencia y la discriminación de quienes constituyen la inmensa mayoría de esta nación centroamericana.

363 páginas | ISBN 978-1-921235-99-3

CHE GUEVARA PRESENTE
Una antología mínima
Ernesto Che Guevara

Una antología de escritos y discursos que recorre la vida y obra de una de las más importantes personalidades contemporáneas: Ernesto Che Guevara. Este libro recoge trabajos cumbres de su pensamiento y obra, y permite al lector acercarse a un Che culto e incisivo, irónico y apasionado, terrenal y teórico revolucionario.

452 páginas | ISBN 978-1-876175-93-1

LA REVOLUCIÓN CUBANA
45 grandes momentos
Editado por Julio García Luis

La Revolución cubana es uno de los acontecimientos que define el perfil del siglo XX. Para comprender la acción de Fidel Castro, sus compañeros de lucha y su pueblo, este tomo reúne por primera vez 45 grandes momentos del proceso que transformó la cómoda posición neocolonial de Estados Unidos hasta los años 50, en abanderada de la revolución y el socialismo.

360 páginas | ISBN 978-1-920888-08-4

FIDEL CASTRO
Antología Mínima
Introducción de Felipe Pérez Roque

La voz de uno de los más grandes políticos y oradores de nuestros tiempos, Fidel Castro, vibra en esta antología de sus discursos más representativos, que abarca desde los años cincuenta hasta la actualidad. Con la ola de transformaciones políticas y sociales que ocurren hoy en América Latina, el ideario de Fidel adquiere mayor vigencia.

560 páginas + 26 páginas de fotografías | ISBN 978-1-921438-01-1

REBELIÓN TRICONTINENTAL
Las voces de los condenados de la tierra de África, Asia y América Latina
Editado por Ulises Estrada y Luis Suárez

Una amplia selección de importantes textos sobre el movimiento anticolonial y de liberación desde los años sesenta hasta principios del siglo XXI, publicados la revista Tricontinental, órgano de difusión de la Organización de Solidaridad con los Pueblos de África, Asia y América Latina (OSPAAAL).

512 páginas | ISBN 978-1-920888-58-9